Für Caspar und Milu

und für Martha

und für Friedrich, Greta, Julius, Sophie, Nelson, Victor, Magda, August, Milo, Sascha, Antonia, Romy, Theresa, Alva, Yuma, Aino und Ilary

Kristina Volke

ALEX, ZILLE UND SPIONE

DAS BERLIN-LEXIKON FÜR SCHLAUE KIDS UND WISSBEGIERIGE ELTERN

AF168401

und für ...

BRAUS

IMPRESSUM

Die Edition Braus ist eine Marke der
Aufbau Verlage GmbH & Co. KG

© Aufbau Verlage GmbH & Co. KG, Berlin 2021

www.editionbraus.de

Grafische Gestaltung:
Stefan Himmer, tableau, Berlin
Lektorat:
Frauke Berchtig, Anne Scholz
Reproduktionen:
bildpunkt Druckvorstufen GmbH, Berlin
Druck und Bindung:
Neografia, a.s., Martin-Priekopa, Slowakei

ISBN 978-3-86228-227-2

DIT IS BERLIN!

Als ich vor vielen Jahren nach Berlin kam, fand man an jeder Straßenecke Geschichten aus Berlins Vergangenheit. Man musste nur die Augen aufsperren, um hier einen Rest der **MAUER** zu sehen oder dort ein altes Haus zu entdecken, in dem Hunderte Einschusslöcher groß wie Tischtennisbälle von den Kämpfen am Ende des Zweiten Weltkriegs zeugten. Der Mauerstreifen, der einst **OST-** und **WEST-BERLIN** getrennt hatte, war noch unbebaut. Wenn man mit der **S-BAHN** vom Bahnhof Friedrichstraße in Richtung **ZOO** fuhr, blickte man auf verwilderte Wiesen, auf denen Kaninchen herumtollten. Vor dem **REICHSTAGSGEBÄUDE** spielten die West-Berliner Fußball und grillten, so dass das ehrwürdige Gebäude in grauen Rauchschwaden verschwand. Die Regierung saß damals noch weit weg in der damaligen **HAUPTSTADT** Bonn. Oft traf man Leute, die neugierig umherspazierten und erfahren wollten, was in den vielen Jahren der Mauer im anderen Teil Berlins passiert war, was dort gebaut oder abgerissen wurde. Alles war im Wandel, alles war unfertig und musste wie in einem großen Puzzlespiel wieder zusammengesetzt werden. Das ist (aus Erwachsenensicht) erst 25 Jahre her, doch selbst den Potsdamer Platz, der heute ganz selbstverständlich als moderne Mitte Berlins gilt, gab es damals nur auf alten Fotos und in der Erinnerung.

Heute ist von alledem kaum noch etwas zu sehen. Zum Glück, denn Berlin ist wieder ein Ganzes geworden. Ein bisschen schade ist, dass mit den alten Straßen und Hausfassaden auch ihre Geschichten verloren gingen. Na ja, sie sind natürlich noch da, aber es ist schwerer, sie zu finden. Und weil es außerdem viele Neuberliner gibt, die von weit her nach Berlin zogen, wissen immer weniger Kinder, was Berlin eigentlich so besonders macht. Was ein echter **BERLINER** (oder eine echte Berlinerin) ist zum Beispiel, oder dass hier die **CURRYWURST** und der **DÖNER** erfunden wurden, dass im heutigen Monbijoupark eines der schönsten **SCHLÖSSER** Berlins stand, was ein echter **GASSENHAUER** ist, warum es einen französischen **DOM** gibt und so weiter und so fort.

Dieses Berlin-Lexikon ist vor allem für Kinder, aber nicht nur. Ich wette, dass die Berliner Großeltern (ganz egal, ob sie aus Ost oder West kommen oder aus anderen Teilen der Welt hierherzogen) noch viel mehr zu dieser Stadt und ihren Besonderheiten zu berichten haben. Dieses Lexikon erzählt die schönsten, spannendsten, lustigsten Geschichten aus Berlin. Von Fussballvereinen und **TRÜMMERFRAUEN**, von **SPIONEN** und **PRINZESSINNEN**, von **U-BAHNEN** und **ROSINENBOMBERN**, von **FERNSEHTÜRMEN** und **VOLKSBÄDERN**, vom **URVOGEL** und von **NOFRETETE** und allen anderen Wundern dieser Stadt. Dass es davon noch viel mehr gibt, versteht sich von selbst.

ZUR BENUTZUNG NOCH DREI HINWEISE:

1. Wenn ein Wort **GROSS UND FETT** geschrieben wird, heißt das, Ihr findet dazu ein eigenes Stichwort.
2. Egal ob in den Texten von der Berlinerin oder dem Berliner die Rede ist: Gemeint sind (außer es wird anders begründet) sowohl als auch. Das gilt auch für alle anderen, die es in männlicher und weiblicher Form gibt. Logisch.
3. Auch Erwachsene können sich irren.

Viel Spaß!

KRISTINA VOLKE

wurde in Dresden geboren und lebt seit 1992 in Berlin. Sie studierte an der Humboldt-Universität Kunstgeschichte und arbeitet seit vielen Jahren an einem der schönsten Arbeitsplätze, den man für dieses Fachgebiet finden kann: die Kunstsammlung des Deutschen Bundestages. Sie hat zwei Kinder, die stolze (echte) Berliner sind (und sich nicht vorstellen können, dass die Welt irgendwo anders genauso schön verrückt, bunt, reich und zugleich schnoddrig ist wie hier).
Das Berlin-Lexikon für Kinder erschien zum ersten Mal im Jahr 2007 nach der Geburt ihrer Tochter. Diese Ausgabe wurde natürlich überarbeitet.

Für die Wahl zum Berliner Abgeordnetenhaus wird die Stadt in 78 Wahlkreise unterteilt.

ABGEORDNETENHAUS

Anders als der Name es vermuten lässt, ist das Abgeordnetenhaus kein Gebäude, sondern eine Bezeichnung für alle Abgeordneten des Landes Berlin. (Abgeordnete sind gewählte Vertreter des Volkes, sie sind für Gesetze und Bestimmungen zuständig.) Das Berliner Abgeordnetenhaus besteht aus mindestens 130 Abgeordneten, die alle fünf Jahre von den Einwohnern Berlins in allgemeiner, freier und geheimer Wahl gewählt werden. Es ist Berlins höchstes Verfassungsorgan und Landesparlament, hier werden alle Gesetze beschlossen oder geändert, die für das Land Berlin gelten. Das Abgeordnetenhaus wählt auch den Regierenden **BÜRGERMEISTER** und kontrolliert seine und die Arbeit des von ihm bestimmten **SENATS**. Wer Abgeordneter wird, trägt für die Zeit seines Mandats hinter seinem Namen das Kürzel MdA: Mitglied des Abgeordnetenhauses. Das Abgeordnetenhaus tagt alle zwei Wochen im Plenum: der Versammlung aller Abgeordneten. Vorbereitet werden die Plenarsitzungen in Ausschüssen, in denen sich kleinere Abgeordnetengruppen mit bestimmten Themen auseinandersetzen und Empfehlungen für das große Plenum vorbereiten. Während der Teilung Berlins in Ost und West hatte das Abgeordnetenhaus seinen Sitz im Rathaus Schöneberg. Nach der Wiedervereinigung zog es wieder ins Gebäude des Preußischen Landtags nahe dem **POTSDAMER PLATZ**. Hier befindet sich auch die Galerie der Berliner **EHRENBÜRGER**.

ADLON

Nahe dem **BRANDENBURGER TOR** in der Allee **UNTER DEN LINDEN** gelegen, war das Hotel Adlon für lange Zeit die beste Adresse Berlins. Niemand Geringeres als Kaiser Wilhelm II. weihte das Hotel 1907 ein und adelte den Bau damit auf eine Weise, wie es sonst nur Schlössern und Regierungsgebäuden zukam. Das Adlon war nämlich von Anbeginn an mehr als nur ein Hotel. Vielmehr diente es der High Society (den »hohen Herrschaften« aus Politik, Wirtschaft und Kultur also) als Ort des Vergnügens, an dem Bälle, Diners (große Essen für geladene Gäste) und Empfänge gegeben wurden. Dafür enthielt es einen großen Festsaal, Cafés und ein Restaurant, eine Bibliothek, einen Rauchersalon, einen Wintergarten, einen Musiksalon und ein »Damenzimmer«, in das sich die Frauen (wie es zu dieser Zeit üblich war) zurückziehen konnten, während ihre Ehegatten über Politik redeten. Das Adlon war zudem technisch auf neuestem Stand: Die Zimmer waren mit Elektrizität und fließend Warmwasser ausgestattet – was viel komfortabler war als das Schloss des Kaisers oder die hochherrschaftlichen Wohnungen des Berliner Adels. Kein Wunder also, dass das Adlon nicht nur von wohlhabenden und berühmten Gästen der Stadt aufgesucht wurde, unter ihnen Könige und Kaiser der europäischen Nachbarstaaten. Viele wohlhabende Adelige und Bürger richteten sich hier Zweitwohnsitze ein, um den Luxus und den Komfort zu genießen. Auch nach dem Sturz der Monarchie (der Königsherrschaft) blieb das Adlon Berlins beste Adresse. Das änderte sich erst im Nationalsozialismus, denn jetzt blieben die vielen internationalen Besucher aus. Während des Kriegs dienten Teile des Hauses als Lazarett für verwundete Soldaten. Das Adlon überstand den Krieg und die Kämpfe um Berlin, die besonders um den »

Zu den fett gedruckten Begriffen findet Ihr in diesem Lexikon eigene Einträge

Könige und Kaiser im warmen Wasser

REICHSTAG und das Brandenburger Tor tobten, zunächst unbeschadet. Aber wenige Tage nach der Kapitulation Nazideutschlands wurde es von Rotarmisten (Soldaten der sowjetischen Armee) besetzt und brannte danach bis auf einen Seitenflügel aus. Nach der Teilung Berlins in vier **SEKTOREN** befanden sich die Überreste des Adlons in der sowjetisch besetzten Zone, die wenig später zu **OST-BERLIN** wurde. Dort nutzte man die verbliebenen Gebäudeteile als Hotel und später als Wohnheim für Berufsschüler, der zerstörte Hauptbau aber wurde gesprengt. Um zu verhindern, dass Menschen über die Fenster des Adlon in den Westen flüchteten, wurden sie unmittelbar nach dem Mauerbau zugemauert. Nach der Wiedervereinigung wurde an die Stelle des alten Adlons ein neues Gebäude gesetzt. Es wurde 1997 durch Bundespräsident Roman Herzog eröffnet und ist auch heute wieder die beste Adresse der Stadt. Zu seinen Gästen zählten viele weltberühmte Schauspieler wie der James-Bond-Darsteller Pierce Brosnan, das tibetische Staatsoberhaupt Seine Heiligkeit der Dalai Lama, die Königin des Vereinigten Königreiches von Großbritannien Queen Elisabeth II. und der US-amerikanische Präsident Barack Obama.

Beim Betrachten dieser alten Postkarte kann man sich vorstellen, wie luxuriös das Adlon war.

AEG In Berlin wurden viele Unternehmen gegründet, die Deutschlands guten Ruf als Hersteller moderner, langlebiger und zuverlässiger Technik begründeten. Dazu zählte auch die Allgemeine Elektricitäts-Gesellschaft – abgekürzt AEG. Während der **GRÜNDERZEIT** im Jahr 1883 von Emil Rathenau (1838–1915) in Berlin gegründet, war sie viele Jahrzehnte einer der größten Elektrizitätskonzerne der Welt. Die AEG stellte Maschinen und Motoren für Straßenbahnen, Lokomotiven und Haushaltsgeräte her – die damals allesamt neue moderne technische Erfindungen waren und den Menschen ein bequemeres Leben ermöglichten. Am Anfang standen Glühbirnen (eine Erfindung des US-amerikanischen Elektroingenieurs Thomas Alva Edison), die damals noch wie ein Wunder angesehen wurden und nur wenigen Menschen zur Verfügung standen. Rathenaus Unternehmen entwickelte auch die dazugehörige Technik. So erfand ein Ingenieur des Unternehmens den ersten funktionsfähigen Drehstrommotor, mit dem man Tausende Glühlampen auf einmal zum Leuchten bringen konnte. Die AEG schuf damit die Voraussetzungen für eine großflächige

Elektrifizierung von ganz Deutschland und brachte auch Licht ins nächtliche Berlin. Aber das war erst der Anfang einer beeindruckenden Unternehmensgeschichte: Die Ingenieure der AEG arbeiteten an der Entwicklung der Berliner S-Bahn und von Telefonen mit, erfanden elektrische Straßenlaternen, Kaffeemaschinen, Elektroherde oder den ersten elektrischen Haartrockner. Sie beteiligten sich an der Entwicklung von Automobilen, Flugzeugen und Radargeräten und erfanden das erste Tonband der Welt.

So fortschrittlich das Unternehmen viele Jahre war, so problematisch war seine Rolle im Nationalsozialismus. Während des Zweiten Weltkriegs arbeitete die AEG mit Zwangsarbeitern und KZ-Häftlingen. Einer der Werkstandorte in Köpenick wurde sogar zur Außenstelle des KZ Sachsenhausen genutzt. Nach Ende des Kriegs gehörten die meisten AEG-Werke zu **WEST-BERLIN** und gründeten in der ganzen Bundesrepublik Tochterunternehmen, in denen später die erste vollautomatische Waschmaschine oder Farbfernseher entwickelt wurden, die nicht nur in ganz Deutschland, sondern in der ganzen Welt gern gekauft wurden.

AFRIKANISCHES VIERTEL

Vor dem Ersten Weltkrieg plante der Hamburger Zoodirektor Carl Hagenbeck in Berlin einen großen Tierpark. Im **VOLKSPARK** Rehberge im Wedding sollten Wildtiere aus den damaligen deutschen Kolonien in Afrika gehalten und gezeigt werden. Daraus wurde wegen des Kriegs nichts – aber die Straßennamen existierten bereits: Afrikanische Straße, Damarastraße, Dualastraße, Mohasistraße und viele mehr. Darunter waren auch drei Straßen mit Namen von Feldherren, die grausame Eroberungszüge geführt hatten. Die Petersallee, die Lüderitzstraße und der Nachtigalplatz wurden deshalb erst kürzlich umbenannt – die Petersallee zum Beispiel heißt nun Maji-Maji-Allee und erinnert damit nicht mehr an einen Deutschen, der die afrikanische Bevölkerung bekämpfte, sondern an einen Aufstand in »Deutsch-Ostafrika« (ein Gebiet, das heute die Staaten Burundi, Tansania und Ruanda umfasst). Der Name Maji-Maji war ein Schlachtruf gegen die Kolonialherren. In Berlin wohnen heute übrigens fast 20 000 Menschen afrikanischer Herkunft, viele von ihnen im Wedding.

Es gab auch eine Lüderitzstraße, ebenso wie in Windhoek, der Haupstadt von Namibia, dem ehemaligen Deutsch-Südwestafrika. Nach einem Vorschlag des Bündnisses »Völkermord verjährt nicht!« wurde sie zeitgleich mit der Straße in Berlin umbenannt.

AKADEMIE Seit den alten Griechen bezeichnet der Begriff Akademie eine Vereinigung von Wissenschaftlern verschiedener Fachgebiete, die sich zusammenfinden, um ihr Wissen auszutauschen und dadurch zu erweitern. Das heißt: Mathematiker lernen von Philosophen, Physiker von Hirnforschern und Germanisten von Biologen – und andersherum. Neben den Akademien für Wissenschaftler gibt es auch solche für Künstler. Hier treffen sich Bildhauer, Schriftsteller, Komponisten, Theatermacher usw., um miteinander zu reden und zu arbeiten.
Mitglied einer Akademie zu sein, ist überall auf der Welt eine große Ehre. Das gilt auch für die beiden Berliner Akademien: die Berlin-Brandenburgische Akademie der Wissenschaften, die in einem schönen alten Gebäude am **GENDARMENMARKT** zu Hause ist. Sie wurde 1700 von dem berühmten Gelehrten Gottfried Wilhelm Leibniz gegründet. Zu ihren Mitgliedern zählten so bedeutende Wissenschaftler wie die Brüder **HUMBOLDT**. Und für die Akademie der Künste, die sich seit 2005 wieder am Pariser Platz, gleich neben dem **ADLON** befindet. Viele ihrer Mitglieder sind berühmte Künstler. Die Geschichte der Akademie der Künste begann schon ein paar Jahre früher als die der Wissenschaften. 1696 gründete der brandenburgische Kurfürst Friedrich III., der spätere König Friedrich I., die »Akademie der Mahler-, Bildhauer- und Architectur-Kunst«. Richtige Bedeutung bekam sie allerdings erst ungefähr hundert Jahre später, als sie zu einem wichtigen Ort für öffentliche Kunstausstellungen wurde, was sie bis heute geblieben ist.

ALBA BERLIN Einer der erfolgreichsten deutschen Basketball-Vereine ist ALBA Berlin. 1991 gegründet, ist ALBA einer der jüngsten Berliner Sportvereine. Und trotzdem einer der berühmtesten, denn er wurde bislang zehn Mal Deutscher Meister und zehn Mal Pokalsieger, der Verein spielte durchgehend in der Basketball-Bundesliga und in europäischen Wettbewerben. Verständlich also, dass die Mannschaft Tausende von Fans hat, die sie bei ihren Heimspielen in der Mercedes-Benz-Arena anfeuern. Zu seinem Namen kam der Verein durch seinen Hauptsponsor, das Berliner Abfallentsorgungsunternehmen ALBA AG & Co. KG. Maskottchen des Vereins ist der Albatros, der vor jedem Spiel die Spieler abklatscht und während des Spiels gute Laune im Stadion verbreitet. Die Spieler werden Albatrosse genannt. ALBA engagiert sich übrigens großartig für Kinder und Jugendliche, unterstützt Kita- und Schulsport und unterhält mehrere Vereine, in denen Breiten- und Leistungssport betrieben werden kann.

ALEX | ALEXANDERPLATZ Der Alexanderplatz, von den Berlinern kurz »Alex« genannt, liegt in Berlin-Mitte am Ende der großen Magistrale (eine Hauptverkehrsstraße, die durch mehrere Stadtviertel führt, meist vom Zentrum in die Außenbezirke), die Berlin von Ost nach West wie ein großer Fluss durchschneidet. Seine Lage kann man schon von den Stadtgrenzen aus erkennen, weil der **FERNSEHTURM** gleich neben dem Alex hoch in die Luft ragt. Seinen Namen erhielt der Platz zu Ehren des russischen Zaren Alexander, als dieser 1805 den preußischen König Friedrich Wilhelm III. besuchte. Geplant und angelegt worden war er allerdings schon viel früher. Zu Zeiten des **ALTEN FRITZ** lag der Platz noch vor den Toren der Stadt, genauer gesagt vor dem alten Königstor, wo schon seit dem Mittelalter Märkte stattgefunden hatten. Der preußische König benutzte den neuen Platz vor allem für Paraden.
Seine Blütezeit erlebte der Alex Anfang des 20. Jahrhunderts. (Deshalb nannte der Schriftsteller **ALFRED DÖBLIN** einen seiner wichtigsten Romane »Berlin Alexanderplatz«.) Nach dem Abbau der Königskolonnaden 1910 (sie stehen heute am Kleistpark) entstanden an allen Seiten des Platzes riesige Warenhäuser

Schlechtes Wetter auf dem Alexanderplatz vor 100 Jahren.

mit bunt geschmückten Schaufenstern. Das Warenhaus Tietz zum Beispiel hatte mit 250 Metern die längste Kaufhausfassade der Welt. Im Norden des Platzes stand seit 1895 die 7,5 Meter hohe **BEROLINA-STATUE**, um die herum der Verkehr tobte. Denn der Alex war inzwischen einer der wichtigsten Verkehrsknotenpunkte Berlins geworden. Hier hielten drei unterirdische **U-BAHN-LINIEN**, die Fern- und die **S-BAHNEN**, die Omnibusse und die Straßenbahnen, dazwischen drängelten sich Pferdefuhrwerke. Man kann sich kaum vorstellen, wie viele Tausend Menschen hier täglich ankamen und abfuhren, ein- und umstiegen.
Um 1920 fürchteten die Stadtverwalter, dass der Verkehr eines Tages im totalen Chaos endet. Um etwas Ordnung in das Getümmel zu bringen, wurde ein Kreisverkehr für alle Verkehrsteilnehmer gebaut. Darum herum sollten neue Gebäude errichtet werden. Zwei von ihnen, das Alexanderhaus und das Berolinahaus, sind heute noch erhalten.

Der Alex, den man heute sieht, hat mit dem alten kaum noch etwas zu tun. Viele Gebäude wurden bei Bombardierungen und Straßenkämpfen in den letzten Kriegstagen 1945 beschädigt und danach abgerissen, weil man hier ganz neu planen und bauen wollte. Und das möglichst modern, schließlich war der Alex das Zentrum von **OST-BERLIN**. Zwischen 1969 und 1971 entstanden hier das große Warenhaus, das 120 Meter hohe Hotel und viele andere Plattenbauten, die noch heute den Platz bestimmen. Auch die **WELTZEITUHR** kam in dieser Zeit an ihren Platz. Für Ost-Berlin wurde der Alex so wieder das wichtigste Einkaufs- und Verkehrszentrum der Stadt. Große Geschichte spielte sich hier noch einmal ab, als am 4. November 1989 – wenige Tage vor dem Fall der **BERLINER MAUER** – eine Million Menschen zusammenkamen, um gegen die Politik der DDR-Regierung zu demonstrieren.
Seit vielen Jahren gibt es Pläne, den Alex zu einem wirklich modernen Platz umzubauen. Sie stammen vom Architekten Hans Kolhoff, der zehn Hochhäuser konzipierte. Für das erste haben die Bauarbeiten inzwischen begonnen.

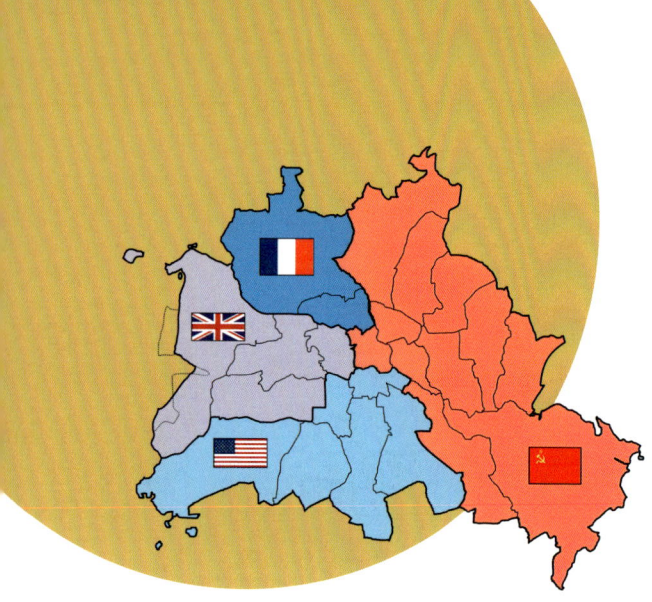

ALLIIERTE Verbündete, die sich im Kampf gegen einen gemeinsamen Feind zusammengeschlossen haben, sind »Alliierte«. Ihr Bündnis heißt Allianz. In Deutschland werden mit dem Begriff meist die Siegermächte des Zweiten Weltkriegs bezeichnet, also Frankreich, Großbritannien, die USA und die Sowjetunion (heute Russland oder GUS). Nach der Kapitulation am 8. Mai 1945 unterstand Deutschland der Befehlsgewalt des Alliierten Kontrollrates, der mit Vertretern aller vier Siegermächte besetzt war. Deutschland wurde in vier Besatzungszonen geteilt, die **HAUPTSTADT** Berlin in vier Sektoren. In jedem **SEKTOR** und in jeder Besatzungszone kontrollierten die Alliierten alle wirtschaftlichen, politischen und kulturellen Entwicklungen und versuchten gemeinsam mit den Deutschen, die gegen die Nazis gekämpft hatten, ein demokratisches Deutschland aufzubauen (siehe auch **ALFRED DÖBLIN**). Doch das gemeinsame Handeln der alliierten Mächte dauerte nur kurz. Schon 1948, im Jahr der **BERLINBLOCKADE**, waren die vier Alliierten in zwei feindliche Lager geteilt. Auf der einen Seite standen die Westmächte Frankreich, Großbritannien und die USA, auf der anderen die Sowjetunion. Berlin wurde zur Frontstadt, in der Osten und Westen aufeinandertrafen. Beide waren erst nur durch eine Sektorengrenze, ab 1961 durch die **MAUER** voneinander getrennt.

Mit der Wiedervereinigung 1990 endete der Auftrag der Alliierten. Nach einer Übergangszeit verließen sie 1994 Deutschland und damit auch Berlin. Trotzdem ist Berlin immer noch voller Hinweise auf die Zeit der Alliierten: Die Kronprinzenallee in Zehlendorf wurde 1949 nach dem Amerikaner Lucius Dubignon Clay, dem »Erfinder« der **LUFTBRÜCKE**, in Clayallee umbenannt. In Reinickendorf lag einst das Hauptquartier der französischen Alliierten. Innerhalb des Viertels Cité Foch, des Wohngebiets der Angehörigen des französischen Militärs, und auch in anderen Teilen des französischen Sektors, erhielten viele Straßen die Namen bedeutender Franzosen, z.B. die Allée Pierre de Coubertin und die Allée St. Exupéry. In der einst sowjetisch verwalteten **ZONE (OST-BERLIN)** erinnern vor allem Denkmale an die Alliierten. Die größten sind die **SOWJETISCHEN EHRENMALE** in Treptow und Pankow, die zugleich Friedhöfe für die gefallenen sowjetischen Soldaten sind. Als Straßenname erinnert noch der Bersarinplatz an die sowjetischen Alliierten, benannt nach Nikolai Erastowitsch Bersarin, dem ersten Berliner Stadtkommandanten nach dem Zweiten Weltkrieg. Alles Wissenswerte zum Thema Alliierte findet ihr im Berliner Alliiertenmuseum und im Museum Karlshorst. Das befindet sich in jenem denkwürdigen Gebäude, in dem die Alliierten mit Vertretern der Deutschen Wehrmacht die bedingungslose Kapitulation Deutschlands unterzeichneten. Die Ausstellungen beschäftigen sich vor allem mit dem Zweiten Weltkrieg in Russland und mit den sowjetischen Alliierten in Deutschland.
www.alliiertenmuseum.de
www.museum-karlshorst.de

ALTER FRITZ ist ein anderer Name für **FRIEDRICH II.**, auch Friedrich der Große genannt.

AMERIKA-GEDENKBIBLIOTHEK

Am Blücherplatz steht seit Anfang der 50er-Jahre ein breites, leicht geschwungenes Gebäude, dessen Fassade in viele kleine Vierecke gegliedert ist: die Amerika-Gedenkbibliothek. Das Besondere an ihr ist die Entstehungsgeschichte, denn das Gebäude ist ein Geschenk der USA an die **WEST-BERLINER** nach der **BLOCKADE** der westlichen **SEKTOREN** durch die sowjetischen **ALLIIERTEN**. Umgerechnet 5,4 Millionen D-Mark (die Währung Deutschlands vor der Einführung des EURO) wurden unter der amerikanischen Bevölkerung gesammelt, um West-Berlin eine öffentliche Bibliothek zu schenken. Ziel einer öffentlichen Bibliothek ist es, dass alle Menschen das Angebot an Büchern, Zeitschriften und Musik nutzen können. Dadurch unterscheidet sie sich zum Beispiel von Universitätsbibliotheken, die vor allem für Professoren und Studenten gedacht sind. Die Amerika-Gedenkbibliothek wurde mitten im **KALTEN KRIEG** eröffnet und galt als Freiheitssymbol der westlichen Welt. Man wollte damit sagen: In **OST-BERLIN** werden Bücher und Zeitschriften kontrolliert und sogar verboten, aber hier in West-Berlin dürfen alle alles lesen. 1954 wurde das Haus eröffnet und seitdem mehrmals umgebaut und erweitert. Lange Zeit galt die Bibliothek als eine der am stärksten genutzten Bibliotheken in ganz Europa.

AMPEL 1924 wurde Berlins erste Ampel auf dem **POTSDAMER PLATZ** in Betrieb genommen. Der war zu dieser Zeit der verkehrsreichste Platz Europas und vor allem für Fußgänger gefährlich, die zwischen Autos, Pferdefuhrwerken, Straßenbahnen und Omnibussen über die Straße kommen mussten. Diese erste Ampel stand auf der Mitte des Platzes und war ein acht Meter hoher Turm mit fünf Seiten. Auf jeder leuchteten ein rotes oder ein grünes Licht, darunter zeigte eine Uhr die aktuelle Zeit, und oben in der Kanzel wachte ein Polizist über das Geschehen. Ein Nachbau von Berlins erster Ampel ist seit 1997 wieder auf dem Platz.

Von außen ist sie nicht sehr aufregend. Innen (zwischen den Buchdeckeln) aber schon.

Habt Ihr den strengen Polizisten gesehen?

AMPELMÄNNCHEN

1969 wurde an der Kreuzung Friedrichstraße/**UNTER DEN LINDEN** zum ersten Mal eine **AMPEL** in Betrieb genommen, deren rote und grüne Lichter ein so genanntes Ampelmännchen trugen. Bei Rot zeigte es ein stehendes Männchen mit ausgebreiteten Armen, bei Grün ein laufendes Männchen. Die Ampeln ersetzten also die Verkehrspolizisten, die vorher an großen Kreuzungen den Verkehr geregelt hatten. Die Ampelmännchen waren eine Erfindung des Verkehrspsychologen Karl Peglau, der vor allem Kinder und ältere Menschen sicher über die Straße geleiten wollte. Er hatte den beiden Männchen auch Namen gegeben: Das für das rote Licht hieß »Stoppi«, jenes für das grüne »Galoppo«. Die **OST-BERLINER** Erfindung zeigte Wirkung und wurde bald in der gesamten DDR auf die Fußgängerampeln aufgebracht. Nach der Wende wurden viele davon abgebaut. Fast wäre das Ampelmännchen ganz verschwunden, hätte es nicht Proteste und ein »Komitee zur Rettung des Ampelmännchens« gegeben, die schließlich zum Umdenken führten. Seitdem werden sie in ganz Berlin und in vielen, auch in westdeutschen Städten genutzt. Nur

Bayern verbietet die »Fußgängersignalbilder«. Das Ampelmännchen ist inzwischen eine Kultfigur geworden, das viele Touristen auf T-Shirts und Taschen mit nach Hause nehmen.

ÄPPELKAHN

ist **BERLINERISCH** und bedeutet entweder kleines oder altes Boot – eben jene Kähne, die früher noch vielmehr als heute auf der Spree herumfuhren, um Kohle oder Baumaterialien zu transportieren – oder steht flapsig für ausgetretene Schuhe (»Dit sin' ja mal Äppelkähne!«)

AQUARIUM

Wenn ihr in Berlin zu einem Besuch des Aquariums eingeladen werdet, ist damit nicht das kleine Glasgefäß mit einem einsamen Goldfisch auf der Fensterbank gemeint, sondern ein dreistöckiges Gebäude neben dem **ZOO**, in dem man so ziemlich alles Schöne, Seltsame und Gruselige finden kann, was es in den Meeren, Seen, Flüssen und Pfützen dieser Welt gibt. Dabei handelt es sich um den Nachfolger jenes berühmten »Berliner Aquariums«, das Ende des 19. Jahrhunderts von Alfred Brehm (einem berühmten Biologen und Afrikaforscher) **UNTER DEN LINDEN** Ecke Schadowstraße gegründet worden war. Als das zu klein und unmodern wurde, zog man in die Budapester Straße um. Dort eröffnete 1913 das neue Aquarium und wurde bald zur artenreichsten Sammlung der Welt an Fischen, Amphibien, Reptilien und Insekten.

Und ist es bis heute geblieben. Alles, was ihr schon immer mal anschauen, aber mit Sicherheit nie im Bett

haben wolltet, lebt in einem der unzähligen Glaskästen des Aquariums: Skorpione und Vogelspinnen, Riesenradnetzspinnen, Kuhkopfrochen und Schwarzspitzriffhaie, Erdbeerfrösche und Feuerbauchmolche, Blattschneiderameisen, Ichfressgernmenschenkrokodile, Riesenschlangen, Baum- und Blattsteigerfrösche, Wabenkröten und Krallenfrösche, Seepferdchen, Anemonenfische, Piranhas, japanische Streichelmichkarpfen, Katzenhaibabys ... Überlegt euch also gut, mit wem ihr hingeht. Das kann man übrigens ganz normal (also hinfahren, Eintrittskarte kaufen, Augen auf- und Mund zusperren) oder de luxe. Letzteres etwa zum Kindergeburtstag mit allen Freunden oder bei einer Nachtführung mit der Taschenlampe (gruselig!) oder in den Ferien mit besonderen Programmen.

AVUS ist die Abkürzung für »Automobil-Verkehrs- und-Übungs-Straße«. Heute würde man dazu Piste oder Rennstrecke sagen. Die AVUS liegt im Südwesten Berlins am **FUNKTURM** und ist seit einigen Jahren nur noch ein Teil der Stadtautobahn. Man erkennt sie an den Zuschauertribünen am Rand der Straße. Ursprünglich handelte es sich aber um eine echte Rennstrecke, auf der die deutschen Rennfahrer trainierten. Und das mussten sie auch. Denn der einzige Grund für den Bau der AVUS lag darin, dass Deutschland bei internationalen Autorennen immer grottenschlecht abschnitt.

Mit dem Bau der Straße hatte man 1913 begonnen. Durch den Beginn des Ersten Weltkriegs 1914 wurden die Arbeiten kurz vor der Fertigstellung unterbrochen. Erst 1921 kam es zur Eröffnung der insgesamt 19 km langen Rundstrecke. Auf der übten aber nicht nur die Rennfahrer: Auch »ganz normale« Leute durften hier fahren – wenn sie sich die Gebühr leisten konnten. »

Ein einmaliges Durchfahren der AVUS kostete immerhin 1 Mark, was damals nicht wenig Geld war.
In den ersten Jahren nach ihrer Eröffnung fanden nur wenige große Rennen auf der neuen Strecke statt – denn Deutschland steckte mitten in der Weltwirtschaftskrise, und Rennautos waren Luxus. Erst Mitte der 1920er-Jahre nahmen die Rennen zu, und von da an machte die AVUS von sich reden. Und das nicht nur mit guten Nachrichten, sondern auch mit schlechten. Die Steilkurven machten die Strecke gefährlich, und die Qualität der Straße war so schlecht, dass der Asphalt sich an einigen Stellen bis zu zehn Zentimeter wölbte. Dadurch gab es viele Unfälle. Beim ersten »Großen Preis von Deutschland« 1926 zum Beispiel, starben gleich mehrere Fahrer und Angestellte der Rennbahn.
Trotzdem zogen die großen Rennen Zehntausende Zuschauer an, die Zeugen sensationeller Rekorde wurden. Der spektakulärste dürfte der von 1928 gewesen sein, als ein raketengetriebener (!) Opel »RAK 2« auf über 230 km/h beschleunigte. Das Publikum bekam hier die allerneuesten Autos vorgeführt, wie die berühmten »Silberpfeile« von Mercedes-Benz.
Während des Zweiten Weltkriegs gab es keine Rennen auf der AVUS, große Teile der Strecke wurden sogar stark beschädigt. Das erste Rennen nach dem Krieg fand 1951 statt. Jetzt lag die AVUS in **WEST-BERLIN** und war nur noch für die West-Berliner Bevölkerung gut erreichbar. Das änderte sich erst wieder mit dem Fall der **MAUER** 1989, doch da war die große Zeit der Autorennen in Berlin vorbei. Bis 1998 blieb die AVUS Rennstrecke. Danach übernahm der »Euro Speedway Lausitzring« in Brandenburg diese Funktion.

BAHNHOF ZOO Vollständig und offiziell heißt der Bahnhof »Berlin Zoologischer Garten«. Was allerdings, außer den »Sehr-geehrte-Damen-und-Herren-in-Kürze-erreichen-wir-den-Bahnhof-X-Y-Z«-Ansagern in den Zügen, kein Mensch sagt. Wie sein Name schon andeutet, liegt der Bahnhof direkt am **ZOO**, so dass man beim Ein- und Ausfahren einen Blick in die Tiergehege werfen kann, wenn man auf der richtigen Seite des Zuges sitzt.

Als der Bahnhof Zoo 1882 als S-Bahn-Station eröffnet wurde, fuhr man von hier aus raus ins Grüne. Mit der Eröffnung der **U-BAHN** 1902 wurde er immer wichtiger für den Verkehr innerhalb Berlins. Als dann auch noch die Eisenbahnen auf dem Weg in die weite Welt hier Station machten, war der Bahnhof einer der wichtigsten Verkehrsknotenpunkte der Stadt geworden. Während der Teilung Berlins war der Bahnhof Zoo der Hauptbahnhof **WEST-BERLINS**.
Legendär wurde der Bahnhof Zoo durch den Film »Wir Kinder vom Bahnhof Zoo«. Die Geschichte handelt von Christiane F., einem sehr jungen Mädchen, das drogensüchtig wird und die Kontrolle über sein Leben verliert. Sowohl die Geschichte des Mädchens als auch die Geschichte des Bahnhofs sind wahr. Mehr darüber erfahren kann man im Musical »**LINIE 1**«.

Schaffner vor dem Bahnhof Zoo:
Auch damals machte Arbeit müde ...

Schilder und Kunstobjekte erinnern im Bayerischen Viertel an die Verbrechen der Nazis gegen Juden.

BAUCHBINDE Laut letzter Zählung gibt es in Berlin 827 allgemeinbildende Schulen mit entsprechend vielen Schülerinnen und Schülern. Und natürlich auch Lehrerinnen und Lehrern. Eines des markantesten Häuser des **ALEX** ist den Lehrenden gewidmet: Das »Haus des Lehrers«, ein zwölfstöckiges **HOCHHAUS**, wurde zwischen 1962 und 1964 an der Stelle gebaut, wo bis zum Zweiten Weltkrieg das Berliner Lehrervereinshaus gestanden hatte. Nun lag es in **OST-BERLIN** im Herzen der **HAUPTSTADT** der DDR. Ungefähr auf halber Höhe des 54 Meter hohen Bauwerks befindet sich ein bemalter Bilderfries, die so genannte Bauchbinde. Dabei handelt es sich um ein das ganze Gebäude umlaufendes Gemälde, auf dem Schüler im Klassenzimmer, Studierende im Forschungslabor, Kinder mit ihren Eltern im Garten zu sehen sind – alles Szenen, in denen Menschen mit- und voneinander lernen. Es heißt »Unser Leben« und stammt von Walter Womacka. Die »Bauchbinde« überdeckt das dritte und vierte Stockwerk des Gebäudes. Mit sieben Metern Höhe und 125 Metern Länge zählt die »Bauchbinde« zu den größten Kunstwerken Europas.

BAYERISCHES VIERTEL Mitten in Schöneberg, zwischen Schöneberger Rathaus und **KADEWE**, liegt das Bayerische Viertel. Wie der Name es schon vermuten lässt, heißen die Straßen hier nach bayerischen Städten wie zum Beispiel Bamberger, Landshuter oder Heilbronner Straße. Gebaut wurde das Viertel erst zwischen 1900 und 1914 (für Berliner Verhältnisse ist es also ziemlich jung), und es war von Anfang an für wohlhabende Berliner Familien gedacht. Die Häuser hier bekamen von Architekten reich geschmückte Fassaden und große Wohnungen, und die Planer dachten auch an Schulen, an eine **SYNAGOGE** und eine Kirche. Es dauerte nicht lange, da war das Bayerische Viertel das Zuhause von Ärzten, Richtern, Anwälten, Künstlern, Wissenschaftlern und Schriftstellern – der vielleicht berühmteste unter ihnen **ALBERT EINSTEIN**. Viele von ihnen waren Juden, die die Herrschaft der Nationalsozialisten sofort bitter zu spüren bekamen. Viele Anwohner des Bayerischen Viertels flohen nach 1933 ins Ausland. Wer blieb, wurde gedemütigt, enteignet, in Konzentrationslager gezwungen und umgebracht. 1943 wurden viele Straßen im Viertel » von den Luftangriffen der **ALLIIERTEN** großflächig zerstört. Die Kriegsschäden sind natürlich längst beseitigt, und das Bayerische Viertel ist auch heute wieder eine begehrte Wohngegend. Wirklich außergewöhnlich aber ist der Umgang der Anwohner mit der Geschichte ihres **KIEZES**. Die Künstler Renata Stih und Frieder Schnock schufen 1993 ein über das ganze Viertel verteiltes, begehbares Denkmal, das an die aberwitzig dummen und menschenverachtenden Verbote erinnert, mit denen die Nazis jüdische Mitbürger demütigten und ausgrenzten. Und ein Verein kümmert sich mit Veranstaltungsreihen, in denen über die damals vertriebenen Nachbarn berichtet wird, darum, dass die Geschichte nicht vergessen wird: www.wirwarennachbarn.de

CARL BECHSTEIN

Als der aus Thüringen stammende Friedrich Wilhelm Carl Bechstein 1853 damit begann, in Berlin die ersten Klaviere herzustellen, hatte er einige Lehrjahre bei anderen Klavierbauern in Berlin und Paris hinter sich – und eine Idee, dass man dieses Handwerk sehr viel besser ausführen könnte als in den Traditionswerkstätten, deren Instrumente ihm oft zu altmodisch klangen und neuere Musik nicht so recht zur Geltung brachten. Bechstein wählte Berlin aus gutem Grund als Standort seines Unternehmens. Die Stadt liebte die Musik, am königlichen Hof und in den bürgerlichen Salons fanden oft kleine Konzerte statt, und Klaviere spielten dabei eine große Rolle. Bechsteins Klaviere und Konzertflügel machten sich bald einen großen Namen, der von berühmten Komponisten wie Franz Liszt und Richard Wagner in die ganze Welt hinausgetragen wurde. Dass der preußische König Friedrich Wilhelm IV. ihn zu seinem Hoflieferanten machte, trug zu diesem Ruhm natürlich bei. Der hält sich bis heute, auch wenn die Konkurrenz anderer Klavierhersteller aus den USA oder China groß ist. Aber wer spielt nicht gern auf Klavieren, auf deren Vorgängern sogar die Beatles, David Bowie und Freddie Mercury legendäre Konzerte gespielt und millionenfach verkaufte Platten aufgenommen haben? Heute befinden sich die Werkstätten Bechsteins nicht mehr in Berlin, sondern in Sachsen. Eine Berliner Erfindung bleiben sie aber dennoch.

BER ist der Buchstabencode für den Flughafen Berlin-Brandenburg »**WILLY BRANDT**« in Berlin-Schönefeld an der Grenze zu Brandenburg. Es ist Berlins neuester und größter **FLUGHAFEN**, ersetzt den Flughafen Tegel und soll jährlich bis zu 55 Millionen Passagiere abfertigen. Dafür wurden fünf Terminals (Ankunfts- und Abflughallen) mit zwei parallelen Start- und Landebahnen gebaut. Zudem gibt es einen Flughafenteil für Militärmaschinen. Der Bau des BER wurde im Jahr 2006 begonnen und mit viel Verspätung 2020 eröffnet. Das waren neun Jahre mehr als ursprünglich gedacht. Der Bau verzögerte sich so oft, dass es in Berlin schon eigene Witze über den Flughafenbau gab.

BELETAGE Alle Wohnhäuser, die während der **GRÜNDERZEIT** gebaut wurden, haben eine so genannte Beletage. Das Wort ist eine Abwandlung der französischen belle étage, auf Deutsch: das schöne Geschoss. Gemeint ist damit das erste Obergeschoss eines Vorderhauses, in dem besonders schöne und großzügige Wohnungen lagen. Wer in die Beletage einzog, bewies einen »gehobenen« (also besseren und anspruchsvollen) Lebensstil. Die Wohnungen hier waren größer, die Decken höher, die Türen und auch die Decken aufwendig verziert. Auch von außen kann man die Beletage gut erkennen, denn meist sind die Fenster größer als in den anderen Stockwerken, oft gibt es nur hier einen Balkon und die Fassade ist reich geschmückt. Diese Bauweise hatten sich die Architekten von den **SCHLÖSSERN** und Herrenhäusern der Adeligen abgeschaut. Auch hier war die erste Etage besonders prunkvoll gehalten, denn hier befanden sich die Fest- und Speisesäle der hohen Herrschaften. In einem Außenstandort des Museums Pankow kann man sehen, wie sich das Leben in einer Beletage in Berlin anfühlte: In der Heynstraße 8 befindet sich die Wohnung des Fabrikanten Fritz Heyn mit originaler Badewanne und Wandmalereien, Lampen, Möbeln und Deckenstuck.

Sie hätte den BER geliebt: Elly Maria Frida Rosemeyer-Beinhorn (1907–2007) war eine Flugpionierin, deren Rekorde weltweit von sich Reden machten. Sie flog 1931 allein nach Afrika (der Weg dauerte fast einen Monat), umrundete kurze Zeit später die Welt (in sechs Monaten) und überflog drei Kontinente an einem Tag. Ihren Pilotenschein erhielt sie 1929 in Berlin, von wo aus sie viele ihrer Flüge startete.

gleichlichen Sammlung werden. Berggruen kam zunächst nur kurz nach Deutschland zurück: Erst als Sergeant der US-Army im Kampf gegen Hitler, dann, nach Ende des Kriegs, als Journalist in München. Doch es zog Berggruen weiter nach Paris, wo er viele Jahre lebte, als Galerist arbeitete und Künstler förderte. 1996 kam Berggruen in seine Heimatstadt Berlin zurück und bot der Stadt den Kauf seiner weltweit einmaligen Kunstsammlung an. Diese Werke werden im Museum Berggruen in Charlottenburg gezeigt. Ihr Sammler starb 2007 in Paris, der Stadt seines Lebens. Er hatte dort seinen 93. Geburtstag gefeiert. 2004 wurde Berggruen zum **EHRENBÜRGER** Berlins ernannt. Sein Grab befindet sich auf dem Waldfriedhof Dahlem. Es ist ein Ehrengrab.

HEINZ BERGGRUEN

... gehört zu den bedeutendsten Kunstsammlern des 20. Jahrhunderts. Seiner Leidenschaft verdankt Berlin ein wunderbares Museum, in dem man Originalwerke von Picasso, Matisse und Klee anschauen kann. Heinz Berggruen wurde 1914 in eine jüdische Familie geboren, die im **BEZIRK** Wilmersdorf lebte und dort ein Papier- und Schreibwarengeschäft unterhielt. Er interessierte sich schon früh für Kunst und studierte deshalb erst an der **HUMBOLDT-UNIVERSITÄT**, dann in Frankreich Germanistik und Kunstgeschichte. Nach dem Studium arbeitete er als Journalist für die »Jüdische Wochenzeitung« und die »Frankfurter Zeitung«. Doch Berlin war in jenen Jahren kein freier Ort mehr – weder für die Künste, noch für andere Bereiche des Lebens, und vor allem nicht für Juden, die von den Nationalsozialisten verfolgt und enteignet wurden. Berggruen hatte Glück. Eine amerikanische Universität gewährte ihm ein Stipendium (er konnte dort also forschen, ohne die Gebühren zahlen zu müssen). Er reiste 1936 in die USA aus und holte seine Eltern später nach. 1940 kaufte er dort sein erstes Bild: ein Aquarell von Paul Klee. Es sollte das erste in seiner unver-

Berggruen sammelte auch ganz besondere und seltene Kunstwerke wie diese Marionette. Sie stammt von zwei berühmten Künstlern: George Grosz und John Heartfield, die sie extra für ein verrücktes Theaterstück anfertigten, das ab 1919 im Berliner Schauspielhaus aufgeführt wurde.

BERGHAIN Das Berghain ist einer der berühmtesten Techno-Clubs der Welt. Der Name erklärt sich über seinen Standort, denn es enthält Teile beider Stadtteile, aus denen sich der Name des **BEZIRKS** Friedrichshain-Kreuzberg zusammensetzt. Das Berghain ist jedenfalls Kult und auf der ganzen Welt unter Jugendlichen bekannt, weil man hier Nächte durchtanzen kann. Laut Besuchern handelt es sich um die coolsten Partys der ganzen Stadt – in die aber nur rein darf, wer an den Türstehern vorbeikommt. Zumindest einer von ihnen, der Fotograf Sven Marquardt, ist selbst eine Berühmtheit. Der viergeschossige Club befindet sich in einem umgebauten Fernheizwerk am Ostbahnhof und hat mehrere Bars und Tanzflächen. Im Sommer kann man sogar im Garten tanzen.

Durch diese Türen wollen alle.

BERLINALE Seit 1951 finden in Berlin die Internationalen Filmfestspiele statt. Der Genauigkeit halber muss man sagen: in **WEST-BERLIN**, denn die Berlinale, wie die Festspiele kurz heißen, wurde mit Unterstützung der amerikanischen Militärregierung Berlins (siehe **ALLIIERTE**) in dem von ihr kontrollierten **SEKTOR** gegründet. Die erste Berlinale eröffnete am 6. Juni 1951 mit einem Film von Alfred Hitchcock. Wie man an diesem Datum sieht, fanden die Festspiele zuerst im Sommer statt, was für die angereisten Stars in ihren tollen Kleidern bestimmt auch viel angenehmer war. Seit 1978 richtet man sie zwei Wochen im Februar aus. Das hält aber weder die Stars noch die Zuschauer vom Kommen ab. Denn anders als die Filmfestspiele von Cannes (in Frankreich) und Venedig (in Italien) ist die Berlinale ein Filmfestival, bei dem nicht nur Fachleute und Journalisten, sondern Tausende Gäste dabei sein können, wenn die Filme aus aller Welt zum ersten Mal über die Leinwand flimmern.

Den besten Filmen des Festivals wird der Goldene **BÄR** verliehen. Seit der Gründung der Berlinale sind aber noch viele andere Auszeichnungen hinzugekommen, zum Beispiel die Silbernen Bären und die Goldene Kamera. Auch die Filmkategorien, in denen sie verliehen werden, sind im Laufe der Jahre mehr geworden. Zu den ältesten zählt der Kinderfilm, für den seit 1978 das Kinderfilmfest der Berlinale reserviert ist.

BERLINER Obwohl es sich total easy anhört, ist die Frage, wer oder was ein Berliner ist, nicht ganz einfach zu beantworten. Vielleicht aber dreifach. Beziehungsweise dreieinhalbfach:

1. ist natürlich jeder Einwohner Berlins ein Berliner oder eben eine Berlinerin. Das ist einfach. Wenn man von der Tatsache absieht, dass viele Berliner eigentlich Bayern, Sachsen, Hessen oder Thüringer oder Inder oder Türken oder sonst welche Landsleute sind, die irgendwann im Laufe ihres Lebens nach Berlin kamen. Man sagt sogar, dass es nur noch sehr wenige »echte Berliner« gibt, also solche, die hier geboren sind und von der ersten Minute ihres Lebens an **BERLINER LUFT** geschnuppert haben. Das ist auch nicht verwunderlich. Auf der ganzen Welt wird die besondere Atmosphäre von Großstädten von der Verschiedenheit ihrer Bewohner und ihrer Kultur geprägt. Das ist auch in Berlin so.

1,5. Das ist dann der halbe Unterschied: »Echte« Berliner sind die hier geborenen, die am besten auch noch **BERLINERISCH** sprechen, ganz normale Berliner sind alle anderen, die hier leben.

2. essen Berliner gerne Berliner. Nicht ihre Nachbarn, sondern die in Öl gebackenen, mit Pflaumenmus oder Marmelade gefüllten und mit Zucker bestreuten runden Teigkrapfen. Berliner heißen sie nur außerhalb Berlins. Wenn man hier zum Bäcker geht, verlangt man einen (oder ganz viele) Pfannkuchen. In Süddeutschland heißen sie Krapfen oder Faschingsküchle (zu Fasching bekommt man sie auch mit Senf- oder Eierlikörfüllung und das auch in Berlin).

3. Als sich der amerikanische Präsident John F. Kennedy am 26. Juni 1963 in einer Rede vor dem Schöneberger Rathaus als »Berliner« bezeichnete, meinte er damit ganz bestimmt nicht den Pfannkuchen. Sein berühmter Satz »Ich bin ein Berliner« (den er als einzigen seiner Rede in Deutsch sagte) sollte seine Verbundenheit mit den Berlinern, vor allem aber mit **WEST-BERLIN** ausdrücken, das erst die **BERLIN-BLOCKADE** überstanden hatte und nun durch die **MAUER** abgeriegelt war. Kennedy sagte: »Vor zweitausend Jahren war der stolzeste Satz ›Ich bin ein Bürger Roms‹. Heute, in der Welt der Freiheit, ist der stolzeste Satz ›Ich bin ein Berliner‹«.

Kennedy sprach vor dem Schöneberger Rathaus.

Der Berliner Bär auf der Berliner Flagge vor dem Roten Rathaus.

BERLINER LUFT Sieht man von der enormen Konzentration an Schmutz und Staub ab, ist an der Berliner Luft eigentlich nichts Besonderes. Aber das ist gar nicht gemeint, wenn von der »Berliner Luft« die Rede ist. Dabei geht es vielmehr um das, was Berlin ausmacht, um das Besondere der Berliner, ihren Humor, ihre **SCHNAUZE** und ihre Herzlichkeit. All das beschreibt ein Liedtext von Paul Lincke, einem Berliner Komponisten, der mit seinen **OPERETTEN** zu einem berühmten und sehr beliebten **BERLINER** wurde. Der Liedtext erklärt ganz wunderbar, was an der Berliner Luft nun eigentlich so besonders ist (und ist gleichzeitig ein gutes Beispiel für **BERLINERISCH**):

> Das ist die Berliner Luft Luft Luft,
> so mit ihrem holden Duft Duft Duft,
> wo nur selten was verpufft pufft pufft,
> in dem Duft Duft Duft
> dieser Luft Luft Luft. Ja ja ja:
> Das ist die Berliner Luft Luft Luft …
>
> Ich frug ein Kind mit jelbe Schuh:
> Wie alt bist du denn, Kleene?
> Da sagt sie schnippisch: »Du? Nanu,
> ick werd' schon nächstens zehne?«
> Doch fährt nach Britz sie mit Mama'n
> da sagt die kleine Hexe
> zum Schaffner von der Straßenbahn:
> Ick werd' erscht nächstens sechse!
> Ja ja! Ja ja! Ja ja ja ja!
> Das ist die Berliner Luft Luft Luft …

BERLINER BÄR Das Tier, das am engsten mit Berlin verbunden ist, ist der Berliner Bär. Man findet ihn auf Andenken, Postkarten, Stadtführern und seit einigen Jahren auch als große, bunt bemalte Gipsfigur vor Geschäften und in Einkaufspassagen. Der Bär, der dafür als Vorbild dient, stammt aus dem Berliner Wappen, das seit dem Mittelalter einen stehenden schwarzen Bären mit roter Zunge und roten Krallen zeigt. So kam er erst auf die Flagge der Stadt, dann auf die Rückseite von Münzen, auf Briefmarken und später auf das, was man Souvenir oder Mitbringsel nennt. Warum gerade der Bär das Wappentier Berlins wurde, weiß man heute nicht mehr. Vielleicht weil Albrecht I., der Eroberer und Begründer der Mark Brandenburg, in der Berlin ja liegt, »der Bär« genannt wurde. Oder weil sich der Bär irgendwie auch ein bisschen in dem Wort Bärlin versteckt. Oder haben wir hier was falsch verstanden?

Das Bauhaus-Archiv

BERLINER MODERNE | BAUHAUS

Nach dem Ende des Ersten Weltkriegs änderte sich in Deutschland viel. Der Kaiser hatte abgedankt, der Krieg war vorbei – durch alle Lebensbereiche wehte der Wind der Veränderung und Modernität. Vor allem Künstler suchten nach neuen Wegen, um dem modernen, von Technik und Fortschritt getragenen Zeitgeist Ausdruck zu verleihen. Eine der berühmtesten und wichtigsten Bewegungen jener Zeit war deshalb das »Bauhaus« – eine Bewegung, die 1919 in Weimar gegründet wurde und zunächst mal eine Kunstschule war. Wie der Name es schon ausdrückt, ging es den Künstlern hier nicht um die alten Vorstellungen von Kunst, die von wenigen Vermögenden angeschaut oder gekauft werden konnte. Sondern es ging um das Leben der Vielen, um Gegenstände des täglichen Gebrauchs, um Möbel, Geschirr, Teppiche, Vasen, technische Geräte wie Telefone oder Kaffeemaschinen und sogar Wohnungen und ganze Häuser, mit und in denen ein modernes, gutes Leben für jedermann möglich sein sollte.

Die Architektur war so etwas wie die Königsdisziplin des Bauhaus', und hier gab es auch besonders viel zu tun: Überall wuchsen die Städte, überall suchten Menschen nach Wohnraum – und mussten allzuoft in alten, dunklen **MIETSKASERNEN** ohne fließend Wasser mit modrigen Wänden wohnen. Die Architekten des Bauhaus' entwarfen deshalb ganze Gebäudekomplexe, in denen helle, praktische Wohnungen gebaut wurden. Berlin, die große Metropole, war dafür das ideale Experimentierfeld. Hier gab es ständig Bedarf an neuen Industriegebäuden, Kinos und vor allem an Großsiedlungen, in denen viele Menschen wohnen und leben konnten. Schöne Beispiele für die Bauhausarchitektur und die Berliner Moderne sind die **HUFEISENSIEDLUNG** in Neukölln, die Siemensstadt in Charlottenburg und Spandau oder die »Weiße Stadt« in Reinickendorf.

Die Nazis lösten das Bauhaus wie alle modernen Kunstzentren auf. Viele der Architekten und Künstler flohen in andere Länder. Ihre Bauten kann man aber auch heute noch in Berlin bewundern. Und im Bauhaus-Archiv, das von Walter Gropius, einem der berühmtesten Bauhaus-Architekten, noch selbst entworfen worden war, bewahrt die Zeugnisse dieser großartigen Künstler auf und stellt sie aus.

www.bauhaus.de

BERLINER RING

Rund um Berlin führt die Bundesautobahn A10. Auf einer Landkarte sieht das aus wie ein ziemlich verbeulter Fingerring, von dem aus kleine und große Adern ins Innere, also in die Stadt führen. Die A10 ist 196 km lang und wird oft in den Verkehrsnachrichten genannt, weil sich an den Knotenpunkten leicht Staus bilden, in denen man unter Umständen viele Stunden stecken bleibt. Mitten in Berlin gibt es außerdem den »Berliner Stadtring«, die A100. Die umgibt die Innenstadt im Südwesten als Autobahn-Halbkreis, der die **BEZIRKE** Mitte, Charlottenburg-Wilmersdorf und Neukölln miteinander verbindet. Ein Halbkreis ist der Stadtring wegen der einstigen Teilung Berlins in Ost und West durch die **MAUER**. Da die nun nicht mehr steht, soll er in den nächsten Jahren weitergeführt werden. Ein Teil der Stadtautobahn ist die **AVUS**.

BERLINER SCHNAUZE

Wenn man nicht gerade selbst Opfer eines schlecht gelaunten Berliners wird, ist die Berliner Schnauze eine richtig lustige Sache. Gemeint ist damit das zur **BERLINERISCHEN** Mundart gehörige (lose) Mundwerk. Berliner Schnauze ist meist schnoddrig und übahaupt nich etepetete. Das heißt: Es kommen ziemlich viele Schimpfworte vor, oft soll der Angesprochene hinters Licht geführt oder aufgezogen werden. Sprachforscher sagen, dass sich das Berlinerisch als Mundart der »kleinen Leute« herausbildete und man gerade deshalb und im Unterschied zum Hochdeutsch nicht höflich, nicht gebildet, nicht nett sprach, sondern witzig und frech. Wenn man dem zum ersten Mal ausgeliefert ist, kann das ganz schön erschrecken. Deshalb ist es wichtig zu wissen, dass der Berliner mit Schnauze zwar frech, aber nicht böse ist und selbst gerne über den Spruch lacht, den er gerade gemacht hat. Und wenn nicht, gibt's hier ein paar handfeste Sprüche zum Zurückschnauzen: »Ick jeb dir gleich eens uff'n Deez (Deez = Kopf), detste durch de Rippen kiekst wie'n Affe durch't Jitter.« (ist ein Zitat aus »Der **HAUPTMANN VON KÖPENICK**«) oder »Du hast ooch noch keen' nackten Mann 'n Bonbon an't Hemde jeklebt.« (= Veralbern kannst du jemand anders. Ich falle nicht auf Dich rein.) oder »Du willst wohl, det ick dir jleich ma verkassematuckel, wa?!« (= Gleich setzt es eine Tracht Prügel!)

BERLINER TRAUFHÖHE

Ende des 19. Jahrhunderts wurde Berlin zu einer echten Großstadt. Immer mehr Menschen kamen in die deutsche **HAUPTSTADT**, um in großen Fabriken und Produktionshallen am Bau der neuen Eisenbahnen, Automobile und Beleuchtungen mitzuarbeiten oder um die Straßen und Gleisnetze zu bauen, die die neuen Produkte in die Läden der Stadt oder im ganzen Land brachten. Es ist **GRÜNDERZEIT** in Berlin – und auch die Zeit, in der man in Berlin auf einen Schlag viel mehr Wohnungen für viel mehr Menschen benötigt. Plötzlich werden große, mehrstöckige Häuser gebaut, in denen viele Familien wohnen konnten – oft trotzdem auf engem Raum. Die so genannten **MIETSKASERNEN** stellten die Stadt vor ungeahnte Herausforderungen: Wenn es in einem oberen Stockwerk brannte, kam die Polizei gar nicht oder nur mühsam an den Brandherd. Brannte das ganze Haus nieder, konnte es beim Zusammenbrechen andere Häuser in Brand stecken. Aus diesem Grund führte man 1887 eine Maximalhöhe für alle Neubauten ein. Die neuen Häuser durften nicht höher als 22 Meter sein – was zugleich die Mindestbreite für Berliner Straßen war. Fiel also ein Haus in sich zusammen, würde es kein anderes beschädigen oder in Brand stecken. Zudem waren die Feuerwehrleitern auch nur 19 Meter lang. Diese Traufhöhe (das Maß vom Boden bis zur Traufe, also der Regenrinne) gilt heute noch immer, zumindest in den Gründerzeit-**KIEZEN**.

BERLINER WEISSE

Ein typisches und langsam wieder in Mode kommendes Berliner Getränk ist die Berliner Weiße. Dabei handelt es sich um ein Bier mit wenig Alkohol, das mit Hilfe von Hefe- und Milchsäurebakterien gebraut wird. Das dunkelgelbe, säuerliche Bier ist sehr lange haltbar. Kenner behaupten, dass es auch erst eine Weile lagern muss, bevor es schmeckt. Wonach es dann eigentlich schmeckt, kriegt man aber gar nicht so richtig raus, denn der echte **BERLINER** trinkt seine Weiße mit »Schuss«. Der besteht aus Himbeer- oder Waldmeistersirup, was dem Getränk eine rote oder grüne Farbe und so viel Süße verleiht, dass man das Gebräu auch trinken kann, ohne den Mund zu verziehen.

BERLIN(ER)ISCH sprechen noch ein paar von den echten **BERLINERN**, denn Berlinisch oder Berlinerisch heißt die Berliner Mundart oder der Berliner Dialekt. Typisch dafür ist zum Beispiel, das G am Anfang eines Wortes durch J zu ersetzen (gut= jut), das Ei in der Mitte durch ein langes E (kein = keen), das au zu oo (auch = ooch) zu machen und das S am Ende mit einem T (was = wat) zu vertauschen. Außerdem zieht man möglichst viele Buchstaben zusammen, verschluckt Endungen und verwendet ein paar Worte, die nur hier benutzt werden (ihr findet davon einige im Buch). Das eigentlich Tolle am Berlinerischen ist aber die zum Dialekt gehörige **BERLINER SCHNAUZE**, die alles andere als höflich, dafür aber meistens herzlich ist. Das beste Beispiel für Berlinerisch ist dieses kleine Gedicht:

Ick sitze da un' esse Klops,
uff eenma klopp's.
Ick kieke, staune, wundre mir:
uff eenma jeht se uff, die Tür.
Nanu! Denk ick. Ick denk: Nanu!
Jetz isse uff, erst warse zu?
Ick jehe raus un' kieke:
un' wer steht draußen? Icke.

BEROLINA Früher wurden Länder und Städte oft durch eine bestimmte Frauenfigur dargestellt, die mit allen Eigenschaften ausgestattet war, die man der Stadt oder dem Land zusprach. Man nennt sie Allegorien. Die vielleicht bekannteste unter ihnen ist die New Yorker Freiheitsstatue. Die »Lady Liberty« (wie sie auf Englisch heißt) steht für die Vereinigten Staaten von Amerika und für die Freiheit als das höchste Gut der Amerikaner. Manche kennen vielleicht auch die französische Marianne oder die deutsche Germania. Eine Allegorie Berlins ist die »Berolina«. Sie stand viele Jahre als kupfernes Standbild auf dem **ALEXANDERPLATZ**. Vorbild für die Frauenfigur soll die Berliner Schuhmachertochter Anna Sasse gewesen sein, so ist es jedenfalls aus den Erinnerungen des Bildhauers Emil Hundrieser überliefert. Die erste »Berolina« war noch aus Gips gefertigt und wurde auf dem Potsdamer Bahnhof zur Begrüßung des italienischen Königs Umberto I. aufgestellt. Später wurde sie durch die 7,5 m hohe witterungsbeständige kupferne »Berolina« ersetzt, die von 1895 bis 1927 auf ihrem dunkelroten Sockel aus schwedischem Granit auf dem Alex stand. Auf dem Kopf trug sie eine Mauerkrone und einen Kranz aus Eichenlaub und auf dem Körper ein Kettenpanzerhemd zum Zeichen, dass sie nicht so schnell zu besiegen war. Dreißig Jahre lang blickte die »Berolina« auf die an ihr vorbeieilenden Berliner. 1927 musste die fünf Tonnen schwere Dame dem **U-BAHN**-Bau weichen, weil man fürchtete, dass sie die unterhöhlte Straßendecke eindrücken würde. Erst 1933 kehrte sie an ihren alten Standort zurück. Elf Jahre später verschwand sie dann über Nacht scheinbar spurlos. Man vermutet, dass das Kupfer eingeschmolzen und für die Herstellung von Kriegsmaschinen genutzt wurde. Seitdem gibt es die »Berolina« nur noch auf Fotos und in den Erinnerungen von Menschen, die damals schon gelebt haben.

BETHANIEN Die Berliner Diakonissenanstalt Bethanien wurde Mitte des 19. Jahrhunderts am Stadtrand auf dem so genannten Köpenicker Feld gebaut. Auch wenn das Gebäude mit zwei hohen Türmen am Eingang eher an eine Burg erinnert, handelt es sich um ein kirchliches Krankenhaus, in dem sich einhundert Jahre evangelische Nonnen (Diakonissen) um Kranke kümmerten.

Heute liegt das mächtige Haus mitten in Kreuzberg, und kaum einer erinnert sich an den ursprünglichen Zweck dieses Gebäudes. Denn seit vielen Jahren ist aus dem Krankenhaus ein Kreativzentrum mit Druckwerkstätten, Musikschule, Galerieräumen, Medienwerkstatt und vielen anderen Nutzern geworden – allerdings mit etwas mehr Tamtam, als man bei diesem einfachen Satz denken könnte. Zuerst wurde das Krankenhaus 1970 stillgelegt, dann sollte es abgerissen werden. Das verhinderte eine Bürgerinitiative. Dann kamen die **HAUSBESETZER**, die den Mariannenplatz in ganz Deutschland berühmt machten, weil sie sich mit der Polizei Straßenschlachten lieferten. Rio Reiser und die Band »Ton Steine Scherben« haben darüber gesungen. Später richtete man Ateliers, Werkstätten und Ausstellungsräume ein. In der Nordostecke des Hauptgebäudes befindet sich bis heute die original erhaltene Apotheke, in der einst **THEODOR FONTANE** arbeitete.

BEZIRK Seit 2001 ist Berlin in zwölf so genannte Großbezirke unterteilt. Sie heißen Mitte, Friedrichshain-Kreuzberg, Pankow, Charlottenburg-Wilmersdorf, Spandau, Steglitz-Zehlendorf, Tempelhof-Schöneberg, Neukölln, Treptow-Köpenick, Marzahn-Hellersdorf, Lichtenberg und Reinickendorf. Sinn und Zweck von Bezirken ist es, die Großstadt Berlin besser verwalten zu können. Deshalb hat jeder Bezirk eigene Gerichte, Schulen, Kitas, Standesämter sowie **BÜRGERMEISTER** und Abgeordnete (die so genannten Bezirksverordneten). Die regeln das Geschehen in ihrem Stadtgebiet, so lange es Angelegenheiten sind, die nicht auch andere Stadtbezirke oder vielleicht die ganze Stadt betreffen. Für die ist nämlich der **SENAT** zuständig.

Wie man an den Namen der meisten Großbezirke schon erkennen kann, besteht jeder Bezirk aus mehreren Ortsteilen, die bis vor kurzem zum Teil sogar eigenständige Bezirke waren. Hier ein Beispiel: Der Großbezirk Friedrichshain-Kreuzberg wurde 2001 aus den Bezirken Friedrichshain und Kreuzberg zusammengelegt. Zu Friedrichshain gehören wiederum verschiedene Ortsteile, zum Beispiel Stralau und Oberbaum, zu Kreuzberg die Stadtteile **SO 36** und **SW 61**. Jeder Ortsteil ist seinerseits in verschiedene **KIEZE** aufgeteilt. So ließe sich das für jeden Bezirk aufzählen. Zählt man alle zusammen, besteht Berlin aus 95 Ortsteilen. Fast jeder von ihnen war einmal eine selbstständige Stadt, ein Dorf oder eine Landgemeinde, die 1920 nach »Groß-Berlin« eingemeindet wurde. Viele Jahrzehnte existierten 23 Bezirke, die erst 2001 auf die am Anfang genannten zwölf reduziert wurden.

Der Dichter in der Apotheke

BIER Berlin hat eine lange Tradition im Bierbrauen. Und obwohl alle Süddeutschen automatisch die Nase rümpfen (weil angeblich das Bier nur dort schmeckt), war das Berliner Brauereiwesen lange Zeit eine Angelegenheit von höchstem Rang: Berlins berühmteste Bierbrauer waren **FRIEDRICH DER GROSSE** und sein Vater Friedrich Wilhelm I. (siehe **SOLDATENKÖNIG**). Letzterer war bekannt für seine Liebe zu Tabak und Bier, beides genoss er gern und viel. Aber das taten auch die **BERLINER** außerhalb des Königshauses. Bier galt als gesund und nahrhaft. Kein Wunder also, dass gerade in Berlin viele **BRAUEREIEN** gegründet wurden – und die Berliner viel Bier tranken: in den berühmten Berliner Eckkneipen, in Biergärten wie dem **PRATER** oder in Bierhallen, die sich zum Beispiel in Charlottenburg oder rund um die **HACKESCHEN HÖFE** größter Beliebtheit erfreuten. Um 1900 soll jeder (!) Berliner im Jahr 242 Liter (!) Bier getrunken haben. Heute wird in Berlin immer noch Bier gebraut und getrunken wird es noch genauso gern wie früher. Ob genauso viel, weiß allerdings niemand genau …

BIKINI-HAUS Nahe dem **ZOO** steht ein Gebäude mit dem hübschen Namen Bikini-Haus – was aber nicht in erster Linie mit dem Aussehen, sondern mit der Geschichte des Gebäudes zu tun hat. Die begann in der Zeit des »Wirtschaftswunders« im **WEST-BERLIN** der fünfziger Jahre: Das Bikini-Haus wurde 1956–1957 mit Hilfe des Marshallplans, also amerikanischem Geld, gebaut. Es war Teil eines ganzen Gebäudeensembles, das »Zentrum am Zoo« genannt wurde und zu dem auch das Kino »Zoo-Palast«, ein Parkhaus und ein Hochhaus gehörten. Das Bikini-Haus hat im Gegensatz zu den vielen Hochhäusern in nächster Nähe nur sechs Stockwerke. In den Etagen drei bis fünf lagen früher Produktionsstätten, die die West-Berliner Damen mit Oberbekleidung (Bikini!) versorgten. Dafür ratterten hier etwa 700 Nähmaschinen. Unter den Produktionshallen lag das so genannte Bikini-Geschoss, das den unteren Teil des Hauses (da befanden sich die Geschäfte) vom oberen abtrennte und so etwas wie eine offene Flaniermeile darstellte. Das Haus war also zweigeteilt wie ein Bikini, der als Bekleidungsstück übrigens erst seit 1946 die Modewelt in Aufruhr versetzte. Das Bikini-Haus steht unter Denkmalschutz und ist heute Heimat für viele junge Modelabels, die hier ihre Geschäfte haben, und Restaurants, in denen man Essen aus aller Welt probieren kann. Auch kleinere Ausstellungen werden hier gezeigt.

Bismarck-Denkmal am Großen Stern im Tiergarten

BISMARCK Weder die Geschichte **PREUSSENS** noch die Deutschlands ist ohne Otto von Bismarck denkbar. Er war Politiker und Staatsmann in Preußen und erster Reichskanzler des Deutschen Kaiserreichs: des ersten deutschen Staates, der 1871 aus 26 Kleinstaaten gegründet wurde und dem preußischen König (der von Berlin aus regierte) unterstand. Dass es trotz der lang gepflegten Feindschaften zwischen den deutschen Königshäusern zur Vereinigung kam, war zu großen Teilen Bismarcks Verdienst. Der war gut ausgebildet (unter anderem hatte er sein Abitur am **GRAUEN KLOSTER** abgelegt und danach Recht studiert) und schnell zum **ABGEORDNETEN** des Preußischen Landtags aufgestiegen. Als Gesandter (**BOTSCHAFTER**) des preußischen Königs in Sankt Petersburg und Paris und später, als er die die preußische Armee in Kriegen gegen Österreich und Sachsen führte, wusste Bismarck, dass die deutschen Kleinstaaten sich vereinigen mussten, um gegen die Großreiche von Frankreich, Österreich-

Ungarn oder gar Russland bestehen zu können. Nach dem Ende des Kriegs gegen Österreich 1866 gründete Bismarck deshalb zunächst den Norddeutschen Bund: ein Bündnis von allen deutschen Kleinstaaten nördlich des Flusses Main unter der Vorherrschaft Preußens. Während des deutsch-französischen Kriegs 1870/1871 kämpften die süddeutschen Königreiche und Herzogtümer mit dem Norddeutschen Bund zusammen gegen die Franzosen. Der gemeinsam besiegte Feind und Bismarcks geschickte Verhandlungen führten 1871 zur Gründung des ersten Kaiserreichs deutscher Nation mit **HAUPTSTADT** in Berlin. Es war viel größer als das heutige Deutschland und galt als eines der mächtigsten Reiche Europas.

So erfolgreich Bismarck in seinen Verhandlungen mit anderen Staaten war, so schwierig wurde es für ihn bei der eigenen Bevölkerung. Vor allem die Fabrikarbeiter forderten mehr Rechte, besseren Lohn und mehr Mitbestimmung. Die Sozialistische Partei Deutschlands gründete sich, um ihre Interessen gegen die der Fabrik- und Grundbesitzer durchzusetzen – Bismarck verbot sie mit dem so genannten Sozialistengesetz und führte selbst die erste Kranken- und Unfallversicherung ein, um die Forderungen der Millionen Arbeiter nach mehr Gerechtigkeit zu befriedigen. Das reichte aber nicht aus. 1890 reichte Bismarck sein Rücktrittsgesuch beim Kaiser ein und verbrachte die letzten Lebensjahre verbittert auf seinem Familiensitz in Lauenburg, wo er seine Memoiren (Lebenserinnerungen) schrieb.
Er starb 1898 im Alter von 83 Jahren.

BLOCKADE Berlin-Blockade wird ein Ereignis aus der Geschichte Berlins genannt, das die ganze Welt bewegte. Gemeint ist damit der Zeitraum vom 24. Juni 1948 bis zum 12. Mai 1949, in dem die sowjetische Besatzungsmacht (siehe **ALLIIERTE**) die Zufahrtswege nach **WEST-BERLIN** sperrte (= Blockade), so dass keine Lieferautos, keine Lastkähne und keine Lastzüge in die westlichen **SEKTOREN** gelangen konnten. Da West-Berlin normalerweise Nahrungsmittel und das meiste, was man zum Leben braucht, aus anderen Teilen Deutschlands bekam, bedeutete die Blockade, dass es den Menschen an Nahrung, an neuen Kleidungsstücken, an Holz und Kohlen zum Heizen fehlte. Auch die Versorgung mit Gas und Strom wurde fast ganz eingestellt, weil die Kraftwerke West-Berlins von den Sowjets kontrolliert wurden. Es bestand also die Gefahr, dass die West-Berliner wieder hungern und frieren mussten.
Die Sowjets erhofften sich davon, dass die gerade in der Bundesrepublik und in den Westsektoren Berlins eingeführte D-Mark wieder zurückgenommen werden würde, denn die Westteile hatten sich mit der Einführung einer eigenen Währung unabhängig gemacht. Aber es kam ganz anders. Anstatt klein beizugeben, organisierte der Militärgouverneur Lucius D. Clay (siehe Alliierte) die **LUFTBRÜCKE**. Mit insgesamt fast 200 000 Flügen in den so genannten **ROSINENBOMBERN** transportierte man 1,5 Millionen Tonnen lebenswichtiger Güter nach Berlin und bewahrte die Bevölkerung vor Hunger und Kälte. Die Berliner Blockade war der erste Höhepunkt des **KALTEN KRIEGS** und hat gleichzeitig die Freundschaft zwischen den West-Berlinern und den Vereinigten Staaten für viele Jahrzehnte geprägt.

Die westlichen Alliierten führten am 20. Juni 1948 die Deutsche Mark als neue Währung ein, in Berlin mit B-Stempel.
In der sowjetischen Zone gab es danach ab 23. Juni 1948 »Neugeld«.

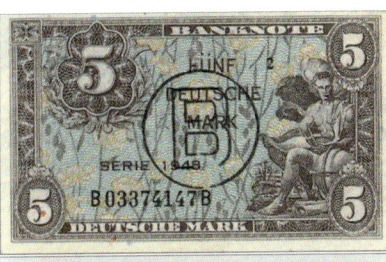

Neues Geld für Ost und West

BOLLE Wenn es in Berlin einen Tellerwäscher gibt, der (wie es im Sprichwort so schön heißt) zum Millionär wurde, dann ist das Carl Andreas Julius Bolle. Er wurde 1832 als sechstes Kind seiner nicht sehr wohlhabenden Eltern in einem kleinen Ort in Brandenburg geboren. Sowohl Vater als auch Mutter starben früh. Aber Bolle war zäh und ehrgeizig. Er lernte das Maurerhandwerk, ging auf Wanderschaft und gründete bald ein Baugeschäft, mit dem er Grundstücke in der Nähe des Lützowplatzes in Berlin erwarb. Die Stadt wuchs in dieser Zeit schnell, man brauchte Wohnhäuser für die vielen Arbeiter, die in den Berliner Fabriken Arbeit fanden. Mit den Mietshäusern machte Bolle sein erstes Vermögen. Dann gründete er die erste Berliner Eisfabrik – die allerdings nicht süßes Speiseeis, sondern große Eisblöcke für die Kühlung von Nahrungsmitteln herstellte. Schließlich gab es damals noch keine Kühlschränke. Zudem kaufte und bewirtschaftete er Obstplantagen, Baumschulen und gründete eine Konservenfabrik für Fisch, der so haltbar gemacht wurde. Im Jahr 1879 gründete er ein Milchgeschäft, die Meierei C. Bolle. Anfangs verkaufte er hier nur die Milch von 30 Kühen, die er sich hielt, um genug Dünger für seine Obstplantagen zu haben. Die Milch, die er dafür nicht brauchte, verkaufte Bolle an die **BERLINERINNEN UND BERLINER**. Dafür wartete er aber nicht, bis diese den Weg zu ihm fanden, sondern er schickte »Bolle-Wagen« (**KREMSER**, die Milch geladen hatten) zu den Kunden. Die Milchverkäufer machten mit Handglocken auf sich aufmerksam, bald nannte die Stadt ihn »Bimmel-Bolle«. Und weil es so viele Berliner Familien gab, die seine Milch kaufen wollten, nahm er Milch von Bauern im Brandenburger Umland hinzu. Nach kurzer Zeit fuhren 250 Milchwagen für Bolle und er beschäftigte insgesamt 2000 Mitarbeiter in seinem Unternehmen. Bolle war ein verantwortungsvoller und sehr christlicher Unternehmer, der sich nicht nur um seinen Gewinn kümmerte, sondern auch um seine Angestellten. Eine Villa in seinem Geburtsort zum Beispiel stellte er ihren Familien als Urlaubsort zur Verfügung. Und er beschäftigte Pfarrer und Krankenschwestern, die sich um ihr Wohl kümmerten. Die ehemalige Meierei Bolle ist heute noch erhalten. Die einstige Kapelle und der Festsaal können für Feste gemietet werden.

BORSIGTURM 1924 wurde in Tegel das erste **HOCHHAUS** Berlins eröffnet: der Borsigturm. Er erhielt seinen Namen nach der Lokomotiv- und Maschinenfabrik Borsig, für die er als Bürogebäude gebaut wurde. Auch wenn man sich das heute kaum noch vorstellen kann, war ein 65 Meter hohes Gebäude damals kolossal. Elf Stockwerke türmten sich übereinander in den Himmel, und wenn man ganz oben stand, konnte man das Gefühl haben, über den Wolken zu schweben, weil es rundherum nichts gab, das einem die Sicht versperrte. Damals wurden Hochhäuser auch noch nicht mit Fertigbetonteilen gebaut, die heute die typische glatte Fassade von Hochhäusern ausmachen. Der Borsigturm ist (wie auch der **FUNKTURM**) ein Stahlskelettbau, der mit Klinkersteinen verkleidet wurde. Inzwischen steht er unter Denkmalschutz, eine Besichtigung ist nur von außen möglich.

Der Botanische Garten Berlin befindet sich in Dahlem. Die zwischen 1897 und 1910 gebaute Anlage sollte den schon im 17. Jahrhundert angelegten landwirtschaftlichen Mustergarten im Kleistpark ablösen. Vor allem aber wollte man die exotischen Pflanzen aus deutschen Kolonien untersuchen. Dazu waren große Gewächshäuser nötig, in denen man ein Klima herstellen konnte, das die Pflanzen in ihrer Heimat gewöhnt waren. Die großen Glasbauten musste man damals noch mit viel Kohle beheizen, um auch mitten im Winter auf die in den Tropen üblichen 30 °C als Durchschnittstemperatur zu kommen.

Mit einer Fläche von über 43 Hektar und etwa 22 000 Pflanzenarten gehört der Botanische Garten Berlin zu den größten und bedeutendsten der Welt. In Europa ist er sogar der größte. In den Gewächshäusern gedeihen der im Minutentakt wachsende Riesen-Bambus aus China, fleischfressende Orchideen, Bananenstauden, mannshohe Kakteen, die riesigen Victoria-Seerosen und viele andere exotische Pflanzen. Im Freigelände wurden große »Pflanzengeographische Abteilungen« angelegt, in denen man auf ganz kleinem Raum sehen kann, wie die Pflanzenwelt in dichten Wäldern, an Seen und Flüssen, in Heiden oder auf Almwiesen zusammengesetzt ist. Zum Botanischen Garten gehört das Botanische Museum, in dem man die Pflanzen, die man gerade noch lebendig und in ihrer fast natürlichen Umgebung bewundert hat, in tausendfacher Vergrößerung oder als Modell ansehen kann. Das Museum berichtet von den Besonderheiten der Pflanzen, von ihrem Nutzen und ihrer Verbreitung auf der Welt. Das Ganze ist so interessant, dass man fast vergessen könnte, dass die echten Pflanzen draußen auf einen Besuch warten. Bedeutend ist auch das »Herbarium Berolinense«, eine Sammlung präparierter Pflanzen aus dem Berliner Raum. **www.bgbm.org**

Dem Namen Borsig begegnet man in Berlin an vielen Stellen: Borsigwerke, Borsigwalde, Borsigvilla. Die Firma Borsig, die unter anderem Namen heute noch besteht, war eine der größten und wichtigsten deutschen Maschinenbaufabriken und spielte für die Industrialisierung Deutschlands eine entscheidende Rolle. Ihr Begründer war Ernst August Paul von Borsig (1869–1933), dessen Söhne und Enkel das Unternehmen zu einem der erfolgreichsten Deutschlands machten.

BOTANISCHER GARTEN Die Botanik ist die Wissenschaft von den Pflanzen. Ihr Name leitet sich vom griechischen Wort »botanikos« her. Das bedeutet: alles, was Kräuter anbelangt. Botanische Gärten zählen zu den artenreichsten Plätzen unserer Erde, denn in ihnen werden Bäume, Sträucher, Blumen, Gräser, Moose, Farne und andere Pflanzenarten aus allen Teilen der Welt gesammelt.

Fleischfressende Blümchen

BOTSCHAFTEN Botschaften sind die offiziellen Vertretungen von Staaten im Ausland. Hier verhandeln hohe Diplomaten (Beauftragte der Regierung, die die Interessen des eigenen Staates gegenüber anderen Staaten vertreten) über Handels-, Politik-, Wissenschafts-, Kultur- und Reisebeziehungen zwischen ihrem eigenen Land und dem Gastgeberland. Hier werden Visa (Einreisegenehmigungen) für Reisen in das eigene Land ausgestellt, hier können die eigenen Staatsbürger Schutz und Hilfe erwarten, wenn sie in Not geraten sind. Der Staat Deutschland unterhält 153 Botschaften in der ganzen Welt. Und in Deutschland befinden sich wiederum Botschaften von 159 Ländern. Meist haben Botschaften in den Hauptstädten ihren Sitz. Das ist auch in Berlin so. Nur wenige befinden sich noch in Bonn, der ehemaligen **HAUPTSTADT** der Bundesrepublik Deutschland. In **TIERGARTEN** befindet sich sogar ein eigenes Botschaftsviertel, in dem 30 Botschaften in eigens errichteten Gebäuden ihren Sitz haben. Aber auch nahe dem Pariser Platz und in vielen anderen Stadtteilen finden sich Botschaften. Die erste Botschaft in der Stadt war die chinesische, die damals »Gesandtschaft des kaiserlichen China« hieß. Sie wurde schon 1878 eingerichtet.

BRANDENBURGER TOR Das Brandenburger Tor ist das bedeutendste und weltweit bekannteste Wahrzeichen Berlins. Das Bauwerk steht am Ende der Straße **UNTER DEN LINDEN** und am Anfang der Straße des **17. JUNI** und des **TIERGARTENS**. Genau hier spielten sich viele große Veränderungen in der Geschichte Berlins ab. Der Fall der **MAUER**, der am Brandenburger Tor besonders oft gefilmt wurde, ist nur das letzte von vielen großen Ereignissen. Davor ritten oder fuhren der preußische König Friedrich Wilhelm II. und später der letzte deutsche Kaiser durch das Tor. **NAPOLEON** raubte die **QUADRIGA**, die das Tor bekrönt, als er Preußen eroberte. 1933 feierten die Nationalsozialisten hier ihre Machtübernahme und läuteten damit den Nationalsozialismus, den schrecklichsten Abschnitt der deutschen Geschichte, ein. Und während der Teilung Berlins in Ost und West stand das Tor mitten im Sperrgebiet der Berliner Mauer.

Bevor das Brandenburger Tor zum Wahrzeichen der Stadt wurde, war es ein ganz normales Tor an der Stadtgrenze Berlins. Das heißt: Was heute die Mitte Berlins ist, war um 1738 (als das erste Tor gebaut wurde) der Rand der Stadt. Dahinter begann die Mark Brandenburg mit Wäldern und Seen. Wer von dort kam und nach Berlin hineinwollte, musste an einem der achtzehn Stadttore Zoll entrichten. König Friedrich Wilhelm II. beauftragte den Architekten Carl Gotthard Langhans (1732–1808) damit, das alte Stadttor am Ende der Allee Unter den Linden durch ein Triumphtor zu ersetzen. Ähnliche Tore entstanden in Paris, Moskau, Sankt Petersburg und London.

Das Brandenburger Tor ist 26 Meter hoch, 65,5 Meter breit und hat sechs Säulenpaare, die einen dreieckigen Giebel und die Quadriga mit der Siegesgöttin Viktoria tragen. Um das Tor vor Beschädigung durch Autos und Abgase zu schützen, ist es heute nur für Fußgänger geöffnet.

WILLY BRANDT

Berlins berühmtester **BÜRGERMEISTER** war Willy Brandt, der spätere **BUNDESKANZLER**. In der Hansestadt Lübeck 1913 als Herbert Ernst Karl Frahm geboren, war Willy Brandt schon als Jugendlicher politisch aktiv und engagierte sich für die Sozialistische Arbeiterpartei Deutschlands. Da er aktiv gegen die Nationalsozialisten kämpfte und von ihnen verfolgt wurde, flüchtete er nach Norwegen. Dort studierte er Geschichte und arbeitete als Journalist. Als die Nazis Norwegen besetzten, geriet er in deutsche Gefangenschaft. Da er inzwischen den Namen Willy Brandt angenommen hatte und gut Norwegisch sprach, blieb er unerkannt. Nach dem Krieg ging Brandt (der den Decknamen nun als offiziellen Namen trug) nach Berlin zurück. Hier wurde er für die Sozialdemokratische Partei (SPD) erst Mitglied des Deutschen **BUNDESTAGES**, dann Präsident des Berliner **ABGEORDNETENHAUSES**. Von 1957 bis 1966 war er Regierender Bürgermeister von **(WEST-)BERLIN**. In seine Regierungszeit fiel der Bau der Berliner **MAUER** 1961 – ein Ereignis, das ihn sein Leben lang prägte. Denn obwohl die Mauer die Teilung Deutschlands besiegelte und den Kalten Krieg erst so richtig anfachte, setzte Brandt sich zeitlebens für die Annäherung zwischen Ost und West ein. Er nannte das die »Politik der kleinen Schritte« und vermied dabei alles, was als Aggression verstanden werden konnte. 1969 wurde Brandt der erste sozialdemokratische Bundeskanzler der deutschen Geschichte. Weltweit berühmt wurde er 1970, als er in Polens Hauptstadt Warschau am Ehrenmal für die Toten des Warschauer Ghettos auf die Knie fiel und um Vergebung für die deutschen Verbrechen während des Zweiten Weltkriegs bat. Mit dieser Geste hatte niemand gerechnet. Brandt sprach eine neue politische Sprache, in der es nicht um Macht und Stärke, sondern um Verständnis und Verständigung ging. Für diese Politik der Entspannung erhielt Brandt 1971 den Friedens-Nobelpreis.

Seine Kanzlerschaft endete plötzlich und unfreiwillig: Am 6. Mai 1976 wurde einer seiner engsten Mitarbeiter als **SPION** der DDR enttarnt. Doch Brandt blieb ein aktiver Politiker, auch ohne Amt. Er engagierte sich für Frieden und Entwicklung, gründete Stiftungen, vermittelte in großen internationalen Konflikten. Als im November 1989 die Berliner Mauer fiel, hielt er vor dem Schöneberger Rathaus spontan eine Rede. Und auch seine letzte politische Handlung hatte mit der Stadt zu tun: Obwohl seine Amtszeit als Bundeskanzler ausschließlich in Bonn stattgefunden hatte, beantragte er im Deutschen Bundestag die Verlegung des Regierungssitzes von Bonn nach Berlin.

Am 8. Oktober 1992 starb Willy Brandt in Unkel in der Nähe von Bonn. Beerdigt wurde er auf dem Waldfriedhof in Zehlendorf. In Berlin gibt es eine Willy-Brandt-Straße (die Adresse vom Kanzleramt), ein Willy-Brandt-Haus (die Parteizentrale der SPD), die Bundeskanzler-Willy-Brandt-Stiftung **UNTER DEN LINDEN**. Dort könnt Ihr auch mehr über das Leben und die Ansichten des Politikers Willy Brandt erfahren: **www.willy-brandt.de**

BRAUEREI Um 1900 gab es in Berlin 121 Brauereien. Die meisten dieser schönen alten Brauhöfe aus rotem oder gelbem Backstein sind inzwischen zu Theatern, Kinos, Galerien und Firmensitzen umgebaut, wie zum Beispiel die einstige Kindl-Brauerei in Neukölln, die seit einigen Jahren eins der aufregendsten Zentren für zeitgenössische Kunst beherbergt oder die Kulturbrauerei in Prenzlauer Berg, wo sich Kinos, Fitness- und Tanzstudios und zahlreiche Restaurants angesiedelt haben und man einen der schönsten Weihnachtsmärkte der Stadt besuchen kann.
www.kindl-berlin.de / www.kulturbrauerei.de

BERTOLT BRECHT

Auch wenn er 1898 nicht hier, sondern in Augsburg geboren wurde, ist der Schriftsteller und Regisseur Bertolt Brecht einer der berühmtesten **BERLINER.** (Gleichzeitig behaupten die Augsburger natürlich, dass Brecht einer der berühmtesten Augsburger sei.) Seine Theaterstücke, Lieder und Gedichte kennt man in der ganzen Welt. Noch zu Lebzeiten ist er dafür oft ausgezeichnet worden. Nach Berlin kam Brecht im Alter von 26 Jahren. Da hatte er in München schon Philosophie und Medizin studiert und erste Erfahrungen als Theaterregisseur gesammelt. Berühmt wurde Brecht 1928 mit der **»DREIGROSCHENOPER«**. Danach folgten viele Stücke, die bis heute überall auf der Welt aufgeführt werden. Zum Beispiel »Mutter Courage«, das »Leben des Galilei« oder »Der kaukasische Kreidekreis«.

Brecht war ein politischer Künstler, er wollte mit seinem Theater die Welt verändern. Mit dem Machtantritt der Nationalsozialisten 1933 wurde diese Art Kunst jedoch nicht mehr geduldet. Die Nazis stürmten eine seiner Aufführungen und bezichtigten ihn des »Hochverrats«. Dafür konnte man hingerichtet werden. Anfang 1933 floh Brecht mit Freunden über Prag, Wien und Zürich nach Dänemark. Wenig später wurden seine Bücher auf dem Bebelplatz verbrannt. Nachdem er acht Jahre in Dänemark, Schweden und der Sowjetunion verbracht hatte, kam er 1941 in die USA. Dort lebte er in Kalifornien in der Nähe von Hollywood, wo schon damals die großen amerikanischen Filme gedreht wurden. Brechts Bemühungen, ins amerikanische Filmgeschäft einzusteigen, scheiterten jedoch

BRÜCKE **1 |** Hartnäckig hält sich die Behauptung, dass es in Berlin mehr Brücken gebe als in Venedig. Dieser Vergleich ist zwar schön, genaue Zahlen, die ihn rechtfertigen, sind aber nur sehr schwer herauszufinden. Bis zu 1700 Brücken soll Berlin angeblich haben – wirklich verbürgt sind aber nur (oder besser immerhin) 979. So viele jedenfalls zählen die genauesten Zähler der Stadt im Statistischen Landesamt Berlin. Die meisten Brücken befinden sich in Mitte, Charlottenburg-Wilmersdorf und Treptow, wo es auch besonders viele Flussarme und Wasserläufe der **SPREE** gibt.

Die Geschichte der Berliner Brücken ist so alt wie die Stadt selbst. Da sowohl das alte Berlin als auch seine Schwesterstadt **CÖLLN** an den Ufern der Spree lagen, kamen die ersten Siedler der Stadt von Anfang an nicht ohne sie aus. Und je mehr Berlin wuchs, desto mehr Brücken brauchte man, um die vielen Flussarme und Wasserstraßen zu über»brücken«. Von diesen ersten Brücken ist nichts mehr erhalten, denn sie waren aus Holz, das schnell durch Steine oder Eisen ersetzt wurde. Daran erinnert noch eine Inschrift an der Brücke auf der **MUSEUMSINSEL**, die hinter dem Alten Museum in Richtung Maxim-Gorki-Theater führt. Solltet ihr mal dort vorbeikommen, schaut Euch die eisernen Engel an, die als Schmuckelemente in den Stein eingefügt sind.

Eine der neuesten und spektakulärsten Brücken Berlins ist der schmale Fußgängersteig, der in schwindelerregender Höhe vom Paul-Löbe-Haus zum Marie-Elisabeth-Lüders-Haus führt. Beide Gebäude sind Teil des Parlamentsviertels in der Nähe des **BRANDENBURGER TORES**.

kläglich. Die Amerikaner interessierten sich nicht für seine Stoffe. Und mehr noch. Nach dem Krieg war Brecht auch bei den Amerikanern nicht mehr gern gesehen, denn die USA zogen Ende der 1940er-Jahre gegen die Kommunisten zu Felde. So floh er 1947 erneut, diesmal in die andere Richtung. 1949 kam er wieder nach Deutschland und gründete in **OST-BERLIN**, in der sowjetisch besetzten **ZONE** (SBZ), mit seiner Frau, der Schauspielerin Helene Weigel, das Berliner Ensemble – ein Theater, das sich bis heute am Schiffbauerdamm befindet. Brecht starb 1956. Sein Grab befindet sich auf dem **DOROTHEENSTÄDTISCHEN FRIEDHOF**, gleich neben seiner letzten Wohnung in der Chausseestraße 125. Der Platz vor dem »Berliner Ensemble« am Schiffbauerdamm erhielt 1963 Brechts Namen. Dort sitzt er auch als Bronzefigur, die mit der Stimme des Schauspielers Axel Prahl zum Sprechen gebracht wird, wenn man den davor angebrachten QR-Code scannt.

Berliner Ensemble:
www.berliner-ensemble.de
Bertolt-Brecht-Haus:
lfbrecht.de

2 | »Brücke« nannte sich auch eine Künstlergruppe, die Anfang des 20. Jahrhunderts die Kunstwelt durcheinanderbrachte. Gegründet wurde sie 1905 in Dresden von den vier jungen Künstlern Ernst Ludwig Kirchner, Fritz Bleyl, Erich Heckel und Karl Schmidt-Rottluff. Ihr Ziel war es, neue Wege in der Kunst zu finden. Damit wandten sie sich gegen die an den deutschen Kunst**AKADEMIEN** gelehrte Auffassung, dass Kunst entweder naturgetreu oder »mit dem innerlichen Blick«, also impressionistisch dargestellt werden soll. Im Gegensatz dazu wollten die Maler der Brücke das, was sie fühlten, auf die Leinwand bringen oder in Skulpturen ausdrücken. »

Die von der Brücke mitbegründete Kunstrichtung heißt Expressionismus. Die Brücke-Künstler zogen 1911 nach Berlin, um in der Großstadt mehr Anregungen durch internationale Künstler und auch Beziehungen zu Kunsthändlern zu bekommen. Berlin wurde für viele Brücke-Künstler zum häufigen Motiv. Zum Beispiel malte Ernst Ludwig Kirchner viele Berliner Straßenszenen, die berühmt wurden, weil man in ihnen die Stimmung der schnellen, großen, verrückten Stadt an der **SPREE** nachempfinden kann.

1913 löste sich die »Brücke« auf. Ihre Kunst wird aber mehr als je zuvor bewundert. In Berlin kann man das am besten im Brücke-Museum am **GRUNEWALD** tun. Das besitzt die weltweit umfangreichste Sammlung der Künstlergruppe; zum Teil haben die Künstler selbst ihre Werke der Stadt Berlin geschenkt.
www.bruecke-museum.de

BÜCHERVERBRENNUNG Am 10. Mai 1933 wurden auf dem Bebelplatz gegenüber der **HUMBOLDT-UNIVERSITÄT** öffentlich Bücher verbrannt, die in den Wochen zuvor Professoren und Studierende der Berliner Universitäten in den Bibliotheken und Buchhandlungen der Stadt zusammengesammelt hatten. Die Aktion ging auf einen Aufruf »Gegen den deutschen Ungeist« zurück, mit dem die Nationalsozialisten, kaum dass sie an der Macht waren, die deutsche Kultur von allen Einflüssen »säubern« wollten, die sie für schlecht hielten. Das bezog sich nicht nur auf die Literatur, sondern auch auf alle anderen Künste und meinte eigentlich alles, was die weltoffene, kritische, verrückte, laute und wehrhafte Kultur der **GOLDENEN ZWANZIGER** ausgemacht hatte. Und viele andere, die sich kritisch gegenüber dem Staat äußerten und neue Politikideen entwickelt hatten. Hier in Berlin veranstalteten die Nazis eine der beschämendsten Aktionen, die die einstige Kulturstadt Berlin je gesehen haben dürfte: Die Verbrennung von Büchern, die von jüdischen, kommunistischen, pazifistischen oder überhaupt von Schriftstellern stammten, die gegenüber den ausgrenzenden, biederen und gewaltverherrlichenden Ideen der Nazis kritisch waren. Im Feuer landeten Tausende Werke von Heinrich und Thomas Mann, Erich Kästner, Stefan Zweig, Heinrich Heine, Karl Marx, Alfred Kerr, Kurt Tucholsky und von zahllosen weiteren Schriftstellern. Die Studenten, die sich daran beteiligten, bezeichneten diese Bücher als »Schund und Schmutz« und dachten sich blödsinnige Sprüche aus, mit denen sie sie in die Flammen warfen. Die Werke blieben bis zum Ende des Nationalsozialismus verboten. Heute erinnert eines der schönsten und zugleich verstecktesten Denkmäler Berlins an dieses Ereignis: Mitten auf dem Platz blickt man durch ein in den Boden eingelassenes Glasfenster in einen weißen Raum mit leeren Bücherregalen. Das Denkmal des israelischen Künstlers Micha Ullmann wurde 1995 eingeweiht und trägt den Titel »Versunkene Bibliothek«.

BULETTE 1| Wenn ein **BERLINER** ausdrücken will, dass sich ein Junge ganz schön an ein Mädchen ranschmeißt, hat er einen Spruch: »Der jeht ran wie Hektor anne Buletten!« Hektor ist der Hund, die Buletten sind die Fleischklopse. Jeder weiß, wie gierig der eine auf die anderen ist. Neben einem schönen Beispiel für **BERLINERISCH** ist der Spruch allerdings auch ein Hinweis darauf, was des Berliners liebste Speise ist. Ich sag lieber angeblich, denn Berliner Leibspeise wollen so einige Gerichte sein. Die Bulette also ist ein gebratener Fleischklops, der aus Gehacktem (Rind- und Schweinefleisch), Ei, Zwiebeln und Weißbrot hergestellt wird. In Bayern sagt man dazu »Fleischpflanzerl«, in Frankreich »boulettes« (Kügelchen) und in Norddeutschland »Frikadelle«. Wenn die Kügelchen besonders klein sind, kann es in Berlin passieren, dass auf der Speisekarte »Pferdeäppel« stehen – aber das ist eher selten. Seit Erfindung des **DÖNERS** und der **CURRYWURST** ist die Konkurrenz für die Buletten groß. Trotzdem findet man sie immer noch an fast jeder Ecke – manchmal mit Kartoffelsalat, manchmal mit Brot, aber immer mit viel Senf.

2| Die große Liebe der Berliner zu den Buletten zeigt sich auch daran, dass sie einem Flusspferd diesen Namen gaben. Bulette lebte bis zum Dezember 2005 im **ZOO**, wo sie ansehnliche 53 Jahre alt wurde. Ihr Vater hatte ebenso berlinerisch »Knautschke« geheißen und als einziges Flusspferd den Zweiten Weltkrieg in Berlin überlebt.

BUNDESKANZLER

So viel steht schon mal fest: Der Bundeskanzler ist der Regierungschef Deutschlands und faktisch der mächtigste deutsche Politiker. Das stimmt aber auch, wenn man sagt: Die Bundeskanzlerin ist die mächtigste deutsche Politikerin. Tatsächlich gab es in der Geschichte der Bundesrepublik bis 2005 nur Männer in diesem Amt. Sieben an der Zahl, die meisten mehrere Wahlperioden hintereinander. Sechzehn Jahre lang war dann zum ersten Mal eine Frau, Angela Merkel, Bundeskanzlerin. Alles, was im Folgenden gesagt wird, gilt sowohl für Kanzler als auch für Kanzlerinnen: Der Bundeskanzler gilt als der wichtigste Politiker in Deutschland, weil er die Richtlinien der Politik der Bundesregierung festlegt. Das bedeutet so viel wie: Er darf bestimmen, welche Aufgaben die von ihm angeführte Regierung zuerst erledigt und was dabei besonders wichtig ist. Außerdem verhandelt der Bundeskanzler mit den Chefs anderer Länder, fährt dazu zum Beispiel nach Russland, China, Paraguay oder auf einen so genannten »Gipfel«, auf dem sich die Chefs verschiedener Staaten treffen, um über anstehende Probleme zu beraten.

So kurz zusammengefasst hört sich der Job eines Bundeskanzlers viel leichter an als er ist. In Wirklichkeit verstecken sich hinter jedem einzelnen Punkt Tausende Aufgaben. Um die alle erledigen zu können, stehen dem Kanzler in der Regierungszentrale etwa 500 Angestellte zur Seite. Diese Zentrale ist das Bundeskanzleramt, in dem sich auch das Kanzlerbüro befindet. Seit dem Umzug der Regierung von Bonn nach Berlin befindet sich das Bundeskanzleramt in Berlin. Es wurde neu gebaut und liegt im Parlamentsviertel an der **SPREE** nahe dem **BRANDENBURGER TOR**. In das moderne Gebäude dürfen allerdings nur Mitarbeiter mit entsprechenden Ausweisen. Anders könnte man die Sicherheit des Kanzlers nicht gewährleisten.

Einmal im Jahr gibt es einen Tag der offenen Tür, wo ihr mal gucken könnt, wie es im Kanzleramt aussieht.
www.bundesregierung.de

BUNDESPRÄSIDENT

Obwohl der **BUNDESKANZLER** faktisch der mächtigste Posten im Staat ist, steht er dem Protokoll nach erst an dritter Stelle, nämlich nach dem Bundespräsidenten und dem **BUNDESTAG**präsidenten. Der Bundespräsident ist also das Staatsoberhaupt unseres Landes (und bisher gab es in dieser Funktion auch wirklich nur Männer). Der Bundespräsident regiert nicht, sondern er repräsentiert das Land, das heißt, er schließt zum Beispiel im Namen des ganzen Landes einen Vertrag mit einem anderen Land ab. Oder er macht einen Staatsbesuch oder empfängt einen anderen Präsidenten.

Die Bundespräsidenten stehen (anders als die Bundeskanzler) auch nicht für eine bestimmte Partei, sondern sind neutral. Deshalb ist es seine Aufgabe, den Bundeskanzler und die Minister offiziell zu ernennen oder sie, wenn es nötig ist, zu entlassen. Der Bundespräsident muss alle neuen Bundesgesetze unterschreiben, damit sie überhaupt wirksam werden können. Das heißt: Der Bundespräsident darf selbst nicht regieren, aber nur mit seiner Zustimmung können viele wichtige Regierungsangelegenheiten durchgeführt werden. Anders als die Mitglieder des Parlaments wird der Bundespräsident nicht direkt vom Volk, sondern von der so genannten Bundesversammlung gewählt. Die setzt sich, zu jeder Wahl neu zusammengestellt, aus Abgeordneten des Bundestags und aus Beauftragten der »

Länderparlamente zusammen. Die heißen Wahlmänner oder Wahlfrauen und müssen nicht unbedingt Politiker sein. Die Amtszeit des Bundespräsidenten dauert fünf Jahre. Er kann nur einmal wiedergewählt werden.

Seit 1959 lebten und arbeiteten die deutschen Bundespräsidenten zum Teil in Berlin im **SCHLOSS** Bellevue. Seinen Namen erhielt das Schloss wegen der schönen Aussicht auf die Spree (Belle vue [franz.] schöne Aussicht). Während der Teilung der Stadt lag es in **WEST-BERLIN**. Da das nicht mehr **HAUPTSTADT** war, durften hier auch keine Staatsgäste empfangen werden. Erst nach der deutschen Wiedervereinigung und der Aufhebung des **ALLIIERTEN** Status von Berlin wurde das Schloss Bellevue wieder der offizielle erste Amtssitz des Bundespräsidenten. www.bundespraesident.de

BUNDESTAG

Seit Berlin wieder die **HAUPTSTADT** Deutschlands ist, tagt hier auch der Deutsche Bundestag. Er ist das Parlament unseres Landes und damit das höchste gesetzgebende Organ. Der Bundestag besteht aktuell aus etwa 700 Abgeordneten, die alle vier Jahre von den deutschen Staatsbürgern in freier und geheimer Wahl gewählt werden. Deshalb heißen sie Vollvertreter. »Bundestag« bezeichnet also die Gesamtheit aller Abgeordneten, die aus allen Bundesländern Deutschlands kommen und hier die Interessen der Bürger und Bürgerinnen ihres Wahlkreises vertreten sollen. Jede(r) Abgeordnete wählt Arbeitsschwerpunkte, die zunächst in kleineren Runden, den Ausschüssen, vorbereitet werden. Dabei kann es Streit geben, denn die Parteien, die im Bundestag durch die Abgeordneten vertreten sind, stehen in vielen Sachfragen für unterschiedliche Konzepte und Ansichten. (Einer der 23 Ausschüsse beschäftigt sich übrigens auch mit Fragen der Kinderrechte.) Erst wenn die Mitglieder des Ausschusses sich geeinigt haben, welches Gesetz (oder welche Änderung) sie vorschlagen, geben sie das Thema in die Versammlung aller Abgeordneten: das Plenum. Das tagt im Plenarsaal im Reichstagsgebäude. Meist tun sie dies, um Gesetze oder Gesetzesänderungen zu beschließen, um Mitglieder der Regierung zu ihren Tätigkeiten und Entscheidungen zu befragen und um über Probleme, die die Menschen dieses Landes bewegen, zu debattieren. Für diese Debatten gibt es strenge Regeln, die festlegen, wie viele Abgeordnete in welcher Reihenfolge wie lange sprechen dürfen.

Ein wirklich guter Film für Kinder erklärt, was Abgeordnete so machen (links):

Und rechts gibt es einen Erklärfilm der Bundeszentrale für politische Bildung dazu, wie Gesetze gemacht werden – auch spannend!

Der Bundestag tagt im Reichstagsgebäude

BÜRGERMEISTERIN Nach mehr als siebzig Jahren hat Berlin wieder eine Bürgermeisterin. Die erste und bislang einzige Frau in diesem Amt war 1947 bis 1948 Louise Schroeder – und das auch nur kommissarisch, also »in Vertretung«. Nach ihr trugen lange nur Männer diesen Titel – jedenfalls, wenn man vom Amt des *Regierenden* Bürgermeisters spricht. Denn Bürgermeister gibt es viele in Berlin, dreizehn, um genau zu sein. Zwölf davon sind »nur« Bürgermeister (hier gab es schon oft Frauen), eine(r) von ihnen ist der oder die Regierende Bürgermeisterin und damit das Oberhaupt des Bundeslandes Berlin. Das steht dem **SENAT** vor und repräsentiert Berlin in allen offiziellen Angelegenheiten. Die anderen sind Bürgermeister der zwölf Berliner **BEZIRKE** und Stellvertreter des Regierenden Bürgermeisters bzw. eben der Regierenden Bürgermeisterin.

Der oder die Bürgermeisterin kommt aus der Partei mit den meisten Sitzen im **ABGEORDNETENHAUS**. Die Abgeordneten wählen ihr Oberhaupt in geheimer Wahl. Der Amtssitz ist das **ROTE RATHAUS**. Dort ist er oder sie für die Planung und Steuerung der Politik im Land Berlin verantwortlich und führt auch außenpolitische Verhandlungen. Mehr als 200 Mitarbeitende helfen bei der Erfüllung dieser vielen Aufgaben.

BVG ist die Abkürzung für »Berliner Verkehrsbetriebe« (das G bei BVG steht für Gesellschaft und stammt noch aus der Zeit der Omnibus-Actien-Gesellschaft). Sie sind das Unternehmen, das die **U-BAHNEN**, die Straßenbahnen, die Busse und auch die Fähren in und um Berlin betreibt. Das Ganze nennt man auch öffentlichen Personennahverkehr (oder als schöne Abkürzung: ÖPNV). Die BVG existiert seit 1928 als Zusammenschluss der Gesellschaft für Elektrische Hoch- und Untergrundbahnen in Berlin, der Allgemeinen Berliner Omnibus-Actien-Gesellschaft und der Berliner Straßenbahn-Betriebs-GmbH. Die fuhren bis dahin getrennt voneinander und wurden nun zu einem stadteigenen Betrieb vereinigt.

Während der Teilung Berlins durch die **MAUER** existierten zwei BVGs. Eine in **OST-BERLIN** unter dem Namen »Kombinat Berliner Verkehrsbetriebe« (BVB) und eine in **WEST-BERLIN**, unter dem alten Namen. 1992 wurden beide Unternehmen wieder zusammengelegt.

Jeder, der in Berlin wohnt und mit der BVG fährt, trifft irgendwann auf einen der berühmt-berüchtigten Busfahrer. Die können extrem nett sein und einen Stadtführer ersetzen. Oder so sauertöpfisch und übel gelaunt, dass man sofort die Stadt verlassen will. Beides passiert besonders oft in den Innenstadtlinien 100 und 200, in denen man deshalb auch besonders oft Touristen trifft, die irgendwie komisch dreinschauen. In den meisten Fällen liegt das am Busfahrer. Besonders nett an der BVG ist, dass sie noch ein richtiges Orchester unterhält, in dem die Bus- und Straßenbahnfahrer Tuba blasen, Geige spielen und Trommeln trommeln.

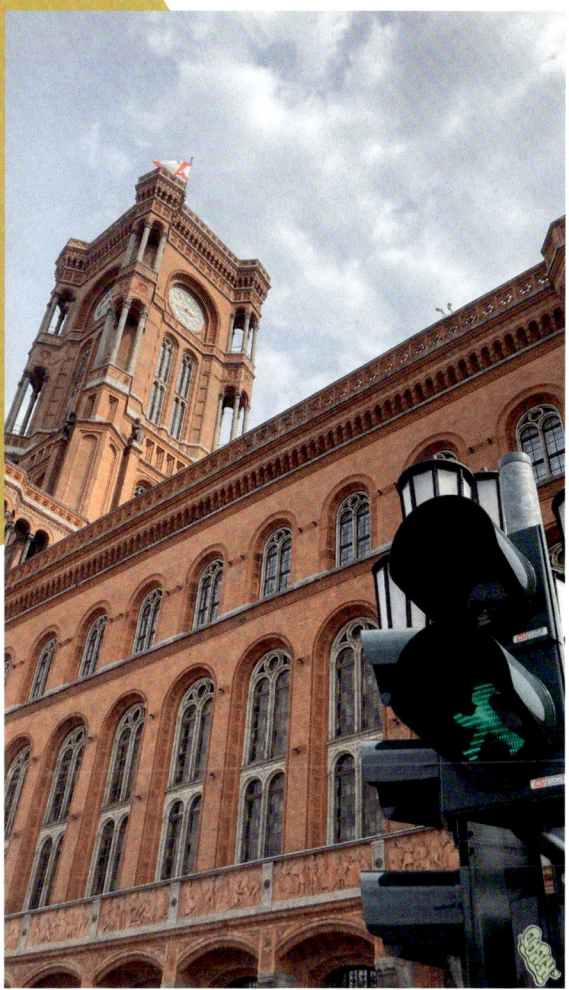

Amtssitz des Regierenden Bürgermeisters ist das Rote Rathaus

CENTRUM JUDAICUM Schaut man Berlin von oben an, sieht man immer eine goldene Kuppel leuchten. Die gehört zur Neuen **SYNAGOGE** in der Oranienburger Straße, eines der prachtvollsten jüdischen Gotteshäuser der Stadt. Die Synagoge war vor der Zerstörung durch die Nationalsozialisten eine der wichtigsten Gotteshäuser für Berliner Juden. Sie wurde 1938 von Nazis geschändet, später von Kriegsbomben zerstört und erst 1995 wieder aufgebaut. Heute ist sie ein Zentrum für jüdisches Leben in Berlin, wo in einem Archiv und in Ausstellungen an die einst so wichtige wie zahlreiche jüdische Bevölkerung Berlins erinnert und das heutige jüdische Leben in der Stadt dokumentiert werden.

CAFÉ ACHTECK Leider gibt es nur noch wenige dieser Berliner Erfindungen, die für viele Jahre zum Berliner Straßenbild gehörten: die Klohäuschen aus acht zusammengestellten Eisenwänden, vom Berliner Volksmund scherzhaft »Café Achteck« genannt (wahrscheinlich, weil man hier seinen Kaffee wieder los wurde). Man muss sich vorstellen, wie es ohne sie zuging: Es wird berichtet, dass im Jahre 1737 am Eingang des Stadtschlosses eine kleine Tonne stand, in die jeder hineinpinkeln konnte. Wer also ins **SCHLOSS** kam, musste an einer mehr oder weniger vollen und wahrscheinlich unschön riechenden Tonne vorbei. Wer aber nicht das Glück hatte, auf eine solche Urintonne zu treffen, ging hinter einen Busch oder stellte sich auf eine Brücke an der **SPREE** – letzteres natürlich nur Männer. Kein Wunder also, dass man nach Abhilfe suchte. Die achteckigen Pissoirs (französisch für Pinkelhäuschen) waren eine Erfindung eines Stadtbaurats namens Rospatt. Zuerst waren sie ausschließlich Männern vorbehalten, ab 1900 soll es aber auch welche für Frauen gegeben haben. Um 1920 waren 142 Stück davon in der ganzen Stadt verteilt, jede enthielt sieben Becken (und in manchen für die Männer soll eine Fliege aufgemalt gewesen sein als Zielpunkt, damit nicht so viel daneben ging...). Heute gibt es noch etwa 30 der schönen alten Klohäuschen, dafür werden immer mehr schicke Bezahl-Toiletten aufgestellt, in denen man nicht selten mal einen Euro zahlen muss, um seinen Kaffee wieder loszuwerden.

CHARITÉ Von Krankenhäusern sollte in einem Lexikon nur die Rede sein, wenn es richtig spektakuläre Dinge zu berichten gibt. Wieder angenähte Nasen zum Beispiel oder Blinde, die sehend gemacht wurden, künstliche Herzen oder die Heilung von Beulen und anderem Murkelfitz, den man nicht mal seinen ärgsten Feinden an den Hals wünscht. Die Charité (sprich: Schariteh) jedenfalls hat noch tausendmal mehr zu bieten als das, von hier kommen sogar acht Nobelpreisträger. Sie ist ein Universitätsklinikum, was so viel bedeutet wie: ein Krankenhaus, in dem die Medizinstudenten der **UNIVERSITÄTEN** forschen, studieren und am praktischen Beispiel lernen.
Die Geschichte der Charité reicht bis zu Friedrich I. zurück. Aus Angst vor einer Pestepidemie ließ der nämlich 1710 vor den Toren der Stadt ein Haus ein-

richten, in dem alle Reisenden untergebracht wurden, die nach Berlin kamen. Sie mussten dort für einige Zeit in Quarantäne bleiben, damit sich herausstellte, ob sie sich mit der Pest angesteckt hatten. Später wurde das »Pesthaus« für die Unterbringung armer Kranker und Gebrechlicher, aber auch für Bettler und Vagabunden genutzt. 1726 wurde es zur Ausbildungsstätte und Übungsschule für angehende Militär- und sogenannte Wundärzte. König Friedrich Wilhelm I. legte damals höchstpersönlich den Namen »Charité« fest. Das ist Französisch und bedeutet Barmherzigkeit. Die Zusammenarbeit mit der Universität begann nach deren Gründung 1810.

Außer dem Namen hat die heutige Charité mit der damaligen aber kaum noch etwas gemeinsam. Aus dem Haus vor den Toren der Stadt wurde ein riesiger Gebäudekomplex in der Mitte Berlins. Dazu gehören Krankenstationen, Operationssäle, Untersuchungsräume, Labore, Sporthallen, Vorlesungsräume und Studierzimmer. Im Laufe der fast drei Jahrhunderte erlangte die Charité durch viele Entdeckungen und Erkenntnisse Weltruhm. Auch **RUDOLF VIRCHOWS** erstes Pathologisches Institut Deutschlands befand sich hier.

Ein Krankenzimmer in der Charité – Gott sei Dank früher und nicht heute.

CHARLOTTENGRAD In den 1920er Jahren war Berlin für Menschen aus aller Welt ein geradezu magischer Ort. Die Stadt hatte Platz für alle – egal, welcher Religion, welcher Sprache, welcher Kultur er oder sie angehörte. Unter den vielen **EINWANDERERN** jener Jahre waren auch 360 000 Russen, die nach der Oktoberrevolution nach Berlin kamen. Aber nicht alle blieben, viele nutzten Berlin als Durchgangsstation, um von hier aus nach New York, Paris oder ins Heilige Land aufzubrechen (Israel gab es damals noch nicht). Egal was der Grund ihrer Reise nach Berlin war, viele von ihnen ließen sich für kurz oder lang in Charlottenburg nieder, wo es von da an immer mehr russische Läden, Bars, Theater, Kinos und Hotels gab, in denen die Mehrheit des Publikums russisch sprach. Die Berliner fanden dafür schnell einen eigenen Namen: »Charlottengrad« kombinierte den Bezirksnamen Charlottenburg mit Namen russischer Städte (Petrograd war damals zum Beispiel der russische Name für St. Petersburg). Auch heute leben etwa 220 000 russischsprachige **BERLINER** in der Stadt und machen Berlin nicht nur in Bezug auf die hiesige Küche um vieles reicher. Viele von ihnen sind herausragende Künstler, Tänzer, Architekten, Bauherren oder Schriftsteller.

CHECKPOINT CHARLIE Im südlichen Teil der Friedrichstraße, dort wo zu Zeiten der **MAUER OST-** und **WEST-BERLIN** aufeinanderstießen, befand sich der Grenzübergang »Checkpoint Charlie«. Anders als andere Grenzübergänge durfte er nur von Angehörigen der westlichen **ALLIIERTEN**, von Diplomaten und Ausländern benutzt werden, die nach Ost-Berlin wollten. Der Checkpoint Charlie war einer von insgesamt drei Übergängen (Checkpoint = Kontrollpunkt) der westlichen Alliierten in Deutschland. Nach den Regeln der amerikanischen Armee wurde der Übergang in Helmstedt »Alpha« genannt, in Dreilinden »Bravo« und der Übergang in Berlin »Charlie«.

Der Checkpoint wurde zum Symbol für die Teilung Berlins, weil sich dort Weltgeschichte abspielte. Im Oktober 1961 zum Beispiel, kurze Zeit nach seiner Eröffnung, standen sich hier sowjetische und amerikanische Panzer mit scharfer Munition gegenüber. Es handelte sich um eine Art Kräftemessen, das begann, weil DDR-Grenzer Mitarbeiter der amerikanischen »

Verwaltung nicht nach Ost-Berlin einreisen wollten. Um zu zeigen, dass man diese Verletzung des Viermächteabkommens nicht hinnahm, fuhren die Amerikaner mit Panzern auf. Kurze Zeit später standen ihnen sowjetische gegenüber. Überall auf der Welt fürchtete man in diesem Moment, dass der Dritte Weltkrieg ausgelöst werden würde. Zum Glück kam es nicht dazu. Der Checkpoint war auch Schauplatz spektakulärer Fluchten aus dem damaligen Ost-Berlin, die oft grausam und tödlich endeten. Besonders tragisch war der Tod des DDR-Flüchtlings **PETER FECHTER**, der 1962 vor den Augen westlicher Beobachter starb. Eigentlich gibt es also keine guten Erinnerungen an diesen Ort, auch wenn man ihm das heute nicht mehr ansieht. 1990 wurden die originalen Sperranlagen abgebaut. Was man heute dort sehen kann, sind Nachbauten eines Grenzpostens mitsamt Sandsäcken und Schlagbaum und zum Teil originale amerikanische Hinweisschilder. Das Ganze gehört zum Mauermuseum, einem der meistbesuchten Museen in Berlin.
www.mauermuseum.de

CHRISTO UND JEANNE CLAUDE

Der Sommer des Jahres 1995 war in Berlin ein ganz besonderer: In der Mitte der Stadt hatte das Künstlerpaar Christo und Jeanne Claude das **REICHSTAGSGEBÄUDE** mit silbern glänzenden Stoffbahnen verhüllt, die das altehrwürdige Gebäude wie ein riesiges außerirdisches Geschenk aussehen ließ. Es kamen fünf Millionen Besucher aus der ganzen Welt, um einen Blick darauf zu erhaschen, und es ist kaum vorstellbar, wie heiter und besonders die Stimmung in jenem Sommer war. Sie hatte etwas von einem Sommermärchen, von einem Wunder, dessen Sinn und Zweck sich nicht genau beschreiben ließ, das aber fröhlich machte und Menschen zum Staunen, Tanzen oder zum Verweilen einlud. Die Kunstaktion war lange geplant: Mehr als dreißig Jahre hatten die beiden in New York lebenden Künstler damit verbracht, eine Genehmigung für die Verhüllung des Reichstags zu bekommen. Das Gebäude stand ja mehr oder weniger leer, denn das Parlament tagte in Bonn, der **HAUPTSTADT** der Bundesrepublik Deutschland. Nach dem Fall der **MAUER** und dem Beschluss, Berlin wieder zur Hauptstadt zu machen, gab es plötzlich ein kleines Zeitfenster, in dem die Aktion möglich schien. Christo und Jeanne Claude hatten immer wieder an die Abgeordneten des Deutschen **BUNDESTAGS** geschrieben, hatten viele von ihnen persönlich besucht und auch am Telefon flammende Reden gehalten, um sie von ihren Ideen zu überzeugen. Mehrmals erhielten sie Ablehnungen. Jetzt aber war es so weit. Nach erneuter Debatte stimmte die Mehrheit des Deutschen Bundestags für die Verhüllung. Die Vorbereitungsarbeiten dauerten eine Woche. 90 Kletterer befestigten mehr als 100 000 Quadratmeter des aluminiumbeschichteten Stoffes mit 15,6 km Seil. Zwei weitere Wochen blieb die Installation stehen. Sie wurde zu einem Fest für ganz Berlin und ging in die Geschichte der Stadt ein. Die beiden Künstler haben Zeit ihres Lebens noch viele weitere Orte der Welt verhüllt. Nicht nur Gebäude, sondern auch Bäume, Parks und sogar Seen. Die spektakulärsten Bilder ihrer Kunstprojekte findet Ihr hier: www.christojeanneclaude.net

CÖLLN

Dies ist kein Ausflug an den Rhein, sondern in die Geschichte Berlins, das vor inzwischen fast 790 Jahren gegründet worden sein soll. Da Städte aber keine amtliche Geburtsurkunde haben wie Menschen, kann man nur anhand von Inschriften und alten Schriftstücken rekonstruieren, wie es einmal war. In diesem Fall gilt eine Urkunde aus dem Jahr 1237 als Geburtsschein der Stadt Cölln, einer so genannten Schwesterstadt Berlins, die genau gegenüber am anderen Ufer der **SPREE** lag. Schwestern- oder Doppelstädte waren im Mittelalter häufig. Man weiß, dass solche Städte voneinander abhängig waren und dass sich viele Entwicklungen zeitgleich vollzogen. Cölln existierte nur kurze Zeit, denn die beiden Städte vereinigten sich zu Berlin, das nun dies- und jenseits der Spree lag.

COMEDIAN HARMONISTS

Es würde ganze Bibliotheken füllen, über die vielen großartigen Künstler zu schreiben, die Berlin hervorgebracht hat. In diesem Lexikon kann es deshalb nur um einige wenige gehen, um jene, die auf gar keinen Fall fehlen dürfen. Dazu gehören die Comedian Harmonists, deren Lieder »Mein kleiner grüner Kaktus« oder »Ein Freund, ein guter Freund« wahrscheinlich jedes Kind kennt – auch wenn sie vor fast einhundert Jahren entstanden. Die Musiker gründeten ihr »Vokalensemble« (vokal = Stimme) 1928 in Berlin: fünf Sänger und ein Pianist. Und sie wurden in Windeseile weit über die Stadtgrenzen Berlins hinaus berühmt, denn ihre Lieder trafen den Nerv der Zeit: Sie waren lustig, die Texte waren leicht und einprägsam und sie gaben Konzerte, aus denen das Publikum ganz beschwingt herauskam. Die Comedian Harmonists nahmen 69 Platten auf und gaben auf dem Höhepunkt ihrer Karriere 150 Konzerte pro Jahr. Dafür tourten sie durch Deutschland. Da drei der Sänger Juden waren, nahm ihre Karriere 1933 ein ziemlich jähes Ende. Erst wurden einige Auf-

tritte abgesagt, dann kam ein Verbot, denn Juden durften bei den Nazis auch nicht Sänger sein. Das Sextett wich zunächst auf das Ausland aus, sie spielten zum Beispiel vor ausverkauften Hallen und im Radio in den USA, sie gaben Konzerte in Norwegen und sogar in Italien. Aber das Ende war nur verschoben. Die drei jüdischen Sänger flohen schließlich aus Deutschland und versuchten in den USA ein neues Ensemble zu gründen, die drei in Deutschland verbliebenen versuchten hier weiterzumachen. Aber an den Erfolg der Jahre vorher konnte keiner von ihnen wieder herankommen. Als sich der Musikgeschmack mit der Zeit veränderte, gerieten auch ihre einst so bekannten Hits in Vergessenheit – bis sie vor einigen Jahren wiederentdeckt und von Sängern wie Max Raabe wieder aufgeführt wurden. Was für ein Glück!

CURRYWURST Solltet ihr euch mal so richtig schön streiten wollen, dann stellt euch an eine x-beliebige Berliner Currywurstbude und behauptet laut, dass die Currywurst in Hamburg erfunden wurde. Wenn ihr keinen Ärger bekommt, kann das nur daran liegen, dass gerade kein **BERLINER** in der Nähe ist. Die Erfindung der Currywurst gilt als eine der wichtigsten Berliner Errungenschaften und ist so etwas wie das Nationalheiligtum. Die Frage, wo man die beste Currywurst von Berlin essen kann, schafft es deshalb auch immer wieder auf die Titelseite großer Tageszeitungen.
In der Berliner Legende war es Herta Heuwer, die im September 1949 erstmals an ihrem Imbissstand in Charlottenburg Tomatenmark, Currypulver, Worcestersoße zusammenmischte und zu einer gebratenen Brühwurst servierte. So oder ganz ähnlich zubereitet gibt es diese als »Currywurst« bekannt gewordene Speise seitdem in ganz Berlin. Herta ließ sich die Soße 1959 sogar unter dem Namen »chillup« patentieren – und trotzdem behauptet der Schriftsteller Uwe Timm in seiner schönen Erzählung »Die Entdeckung der Currywurst«, dass die Hamburgerin Lena Brückner die Currywurst erfand. Und zwar schon 1947. Obwohl weder Berlin noch Hamburg eindeutig beweisen kann, wer sich der Erfindung rühmen darf, brachten beide Städte an jener Stelle eine Gedenktafel an, wo einst die Wurstwagen von Herta bzw. Lena standen. Die Berliner Tafel befindet sich an der Ecke Kant- und Kaiser-Friedrich-Straße. Essen kann man Currywürste aber in der ganzen Stadt, auch wenn, so heißt es, die Ost-Berliner ihre Würste lieber ohne Darm und die West-Berliner ihre lieber mit »Pelle« essen. Wichtig ist, dass Currywürste keine Bratwürste sind, sondern Brühwürste (mit Pelle, sehen roh aus wie Bockwürste) oder ungeräucherte Würste von weißlicher Farbe (ohne Pelle). Beide Varianten werden zuerst im Ganzen gebraten. Anschließend wird die Wurst in mundgerechte Stücke oder in zwei Längshälften zerschnitten und mit der Soße übergossen. Je nachdem, welcher philosophischen Schule von der wahren Currywurst der Verkäufer anhängt, wurde das Currypulver vorher auf die Würste gestreut, oder es kommt nachher obendrauf. Zu den besten Buden ganz Berlins zählen jedenfalls »Konnopke's« in Prenzlauer Berg, »Krasselt« in Steglitz, »Curry 36« in Kreuzberg und der »Imbiss am **KU'DAMM** 195«, wo es auch Champagner zur Wurst gibt.

DICKE MARIE Im Tegeler Forst steht eine Eiche, die 26 Meter hoch ist und älter sein soll als Berlin. Die »Dicke Marie« wird auf 800 bis 900 Jahre geschätzt, sie hat also wahrscheinlich schon Raubritter, Könige und Bettelmönche an sich vorbeiziehen sehen und erlebt, wie Ausflügler zum ersten Mal Fahrräder oder gar Autos benutzten. Wilhelm und Alexander von **HUMBOLDT** lebten nicht weit entfernt von ihrem Standort im Tegeler Schloss. Als sie bei ihren Streifzügen durch den nahe gelegenen Forst (ein wirtschaftlich genutzter Wald) die schon damals mächtige Eiche entdeckten, haben sie ihr, so ist es überliefert, diesen hübschen Namen verliehen.

MARLENE DIETRICH

Sie war eine der schillerndsten Persönlichkeiten Berlins: die große Schauspielerin und Sängerin Marlene Dietrich. Geboren wurde sie am 27. Dezember 1901 in Schöneberg (das erst 1920 zu einem **BEZIRK** von Berlin wurde). Ihre Karriere als Schauspielerin begann 1921 in Berlin am Deutschen Theater, aber ihr Weg führte sie schnell zum Film. Als die UFA (eine große Filmproduktionsfirma mit Sitz in Potsdam Babelsberg) einen ihrer ersten Tonfilme, »Der blaue Engel«, drehte, besetzte sie Marlene Dietrich in der Rolle der Sängerin »Lola Lola«. Der Film machte sie über Nacht so berühmt, dass sie nicht nur für den OSCAR nominiert wurde, sondern auch einen Vertrag bei einer der größten Filmproduktionsfirmen der Welt, den Paramount Pictures in den USA, angeboten bekam. Marlene Dietrich wurde so zum Hollywood-Star und hatte bald Fans in der ganzen Welt. Und das waren nicht nur Männer. Die Kleidung, die sie in den Filmen trug, wurde sofort Mode: Zum Beispiel trug sie zum ersten Mal Hosen. Vorher traten Schauspielerinnen ausschließlich in Röcken oder Kleidern auf – seit Marlene Dietrichs Auftritt aber trugen nicht nur Schauspielerinnen in Filmen, sondern auch Frauen im echten Leben das Beinkleid der Männer. Marlene Dietrich hatte so viele Fans, dass schon 1923 ein neu entdeckter Asteroid ihren Namen erhielt.

Aber der Ruhm machte sie nicht blind, im Gegenteil. Als in Deutschland die Nationalsozialisten an die Macht kamen, warben sie um Marlene Dietrich. Man bot ihr viel Geld an und umschmeichelte sie, um sie zur Rückkehr nach Deutschland zu bewegen. Marlene Dietrich aber dachte nicht im Traum daran. Vielmehr unterstützte sie die amerikanischen und die französischen Truppen beim Kampf gegen Hitler, gab Konzerte an der Front, besuchte verwundete Soldaten und wurde sogar amerikanische Staatsbürgerin. Nach dem Krieg erhielt Marlene Dietrich viele Auszeichnungen von verschiedenen Staaten der Welt, die damit ihr großes Engagement gegen die Nationalsozialisten ehrten. Aber egal, ob sie in Deutschland, Amerika oder Frankreich war – Berlin blieb ihr liebster Ort, und sie sang darüber in Liedern wie »Lieber **LEIERKASTENMANN**«, »Unter'n Linden« oder »Ich hab noch einen Koffer in Berlin«. Kurz vor ihrem Tod veröffentlichte sie ihre Lebenserinnerungen. Sie tragen den Titel »Ich bin, Gott sei Dank, Berlinerin«. Marlene Dietrich starb am 6. Mai 1992 in Paris. Beerdigt wurde sie auf ihren eigenen Wunsch hin auf dem Friedhof in Berlin-Friedenau. Zehn Jahre nach ihrem Tod verlieh man ihr die Ehrenbürgerschaft Berlins. Heute trägt ein Platz in der Nähe **des POTSDAMER PLATZES** den Namen dieser ungewöhnlichen und starken Berlinerin.

Marlene Dietrich 1933 in Paris

DIN-NORM

Deutschland gilt in der Welt als Land der großen Genauigkeit. Im Vergleich zu allen anderen sind wir diejenigen, die alles genau planen, die immer pünktlich sind und sich genau an Verabredungen halten. Kein Wunder also, dass Deutschland eine eigene Einrichtung hat, in der auf die Genauigkeit geachtet wird. Es handelt sich um das Deutsche Institut für Normung (Abkürzung DIN), das 1917 in Berlin gegründet wurde. Briefumschläge zum Beispiel haben in Deutschland eine DIN-Norm. Papier hat eine DIN-Norm. Datumsangaben werden nach DIN-Norm geschrieben. Die

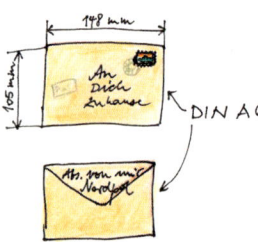

Farben in Euren Malkästen haben eine DIN-Norm. Glühbirnen, Schrauben und Nähnadeln auch. Und so weiter. Die DIN-Norm bedeutet, dass Gegenstände immer gleich hergestellt werden, ganz egal, wer sie herstellt. Gleiche Größe, gleiche Farbe, gleiches Material usw. Das mag sich albern anhören, ist aber ganz sinnvoll. Hätten Briefe oder Blätter unterschiedliche Größen, würden weder die Ordner passen, noch die Schlitze in den Briefkästen.

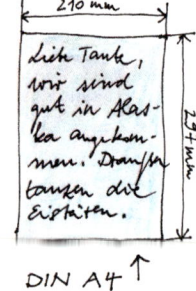

Die erste deutsche DIN-Norm hatte übrigens mit Waffen zu tun. 1917 tobte in ganz Europa der Erste Weltkrieg. Die Deutschen kämpften mit Maschinengewehren, die die Bezeichnung 08/15 (einmal aussprechen, dann kommen Euch die Zahlen bekannt vor) trugen, und ständig Ersatzteile benötigten. Da diese von vielen verschiedenen Unternehmen hergestellt wurden, brauchte es eine Norm. Die garantierte, dass die benötigten Einzelteile von allen in der gleichen Größe und im gleichen Material angefertigt wurden, so dass sie auch zu einer funktionierenden Waffe zusammengebaut werden konnten. Insgesamt gibt es in Deutschland inzwischen etwa 34 500 DIN-Normen. Viele werden aber inzwischen durch europäische Normen ersetzt.

ALFRED DÖBLIN

... ist der Autor des Romans »Berlin Alexanderplatz«, der die Geschichte des Franz Biberkopf erzählt. Genau wie Erich Kästners Kinderbuch **»EMIL UND DIE DETEKTIVE«** erschien er 1929 und spielt in Berlin. Hier lebte Döblin, der 1878 in Stettin geboren wurde, seit seinem zehnten Lebensjahr. Noch während seines Medizinstudiums begann er zu schreiben. Döblin war sowohl als Schriftsteller wie auch als Arzt sehr erfolgreich. Da er jüdischer Herkunft und in der sozialistischen Bewegung engagiert war, musste er nach der Machtübernahme der Nationalsozialisten um sein Leben fürchten und floh 1933 nach Paris. Gemeinsam mit seiner Frau und den vier Söhnen nahm er die französische Staatsbürgerschaft an. Doch da auch Frankreich 1940 von der Wehrmacht besetzt wurde, ging die Flucht der Familie auf abenteuerlichem Wege weiter und endete erst in den USA. Er schrieb dort weiter an seinen Romanen, arbeitete aber auch für die amerikanische Filmgesellschaft Metro-Goldwyn-Mayer. Sofort nach Ende des Kriegs kehrte Döblin als Kulturoffizier der französischen Armee nach Deutschland zurück. In Baden-Baden, dem Sitz der französischen Militärregierung (siehe **ALLIIERTE**), gab er sechs Jahre lang die Zeitschrift »Das goldene Tor« heraus. Nach Berlin fuhr er in dieser Zeit nur zwei Mal. Vier Jahre vor seinem Tod ging Döblin wieder nach Paris. 1957 starb er nach schwerer Krankheit in Emmendingen.

DOM

Anders als andere Städte hat Berlin gleich drei Dome: den Berliner Dom, den Französischen Dom und den Deutschen Dom. Allgemein bezeichnet der Begriff »Dom« eine Kirche, die auch Bischofssitz ist. Die ältesten und schönsten Dome Deutschlands befinden sich in Speyer, Worms, Mainz oder Köln. Der Berliner Dom ist in diesem Sinn eigentlich kein »echter« Dom. Sein richtiger Name ist »Oberpfarr- und Domkirche zu Berlin«. Das zeigt, dass die Bezeichnung Dom auch für Kirchen verwendet wird, die nie Bischofssitz waren,

Als die Berliner noch mit Kutschen fuhren, wirkte der Dom noch viel gewaltiger.

aber wegen ihrer Größe oder ihrer Bedeutung in der Region eine herausragende Position einnehmen. Der Berliner Dom steht auf der Spreeinsel am **LUSTGARTEN** gegenüber dem Schlossplatz. Seine Geschichte reicht zurück bis ins Jahr 1536, als Kurfürst Joachim II. das Domstift in die ehemalige Dominikanerkirche südlich des **SCHLOSSES** verlegte. An die nördliche Seite, also an den heutigen Standort, kam er erst im 18. Jahrhundert durch **FRIEDRICH DEN GROSSEN**, der einen Neubau in Auftrag gab, der durch Kuppel und Eingangsportal dem Petersdom ähneln sollte. Mit dem Bau wurde der Baumeister Karl-Friedrich **SCHINKEL** beauftragt. Die heutige Gestalt erhielt der Berliner Dom aber erst unter dem deutschen Kaiser Wilhelm II. Der veranlasste den Abriss des Schinkel-Doms und ließ zwischen 1894 und 1905 an dessen Stelle einen neuen Bau errichten. Im Zweiten Weltkrieg wurde der Dom stark beschädigt. Erst 2002 waren die Restaurierungsarbeiten, die schon 1974 in der DDR begonnen hatten, beendet. Heute kann man im Dom Gottesdienste und Konzerte erleben. Unter der Kirche befindet sich eine Gruft, in der seit 1536 die verstorbenen Angehörigen des Hauses **HOHENZOLLERN** begraben werden. Die prunkvollen Sarkophage vom Großen Kurfürst Friedrich Wilhelm, der Kurfürstin Dorothea, von Friedrich I. und Königin Sophie Charlotte kann man dort wie in einem Museum besichtigen. Der Französische und der Deutsche Dom liegen beide am **GENDARMENMARKT**. Der Französische besteht aus der Französischen Friedrichstadtkirche, die 1701 bis 1705 für **HUGENOTTEN** gebaut worden war, und dem erst 1785 angebauten Turm. Er steht auf der Nordseite des Platzes. Auf der Südseite steht der Deutsche Dom, der zuerst einfach nur »Neue Kirche« hieß. Beide Gebäude sind ebenfalls keine richtigen Dome. Diese Bezeichnung leitet sich von der Kuppel her, die im Englischen und Französischen »dome« bzw. »dôme« heißt. Beide Kirchen sehen ganz ähnlich aus, weil König **FRIEDRICH II.** die beiden Türme anbauen ließ, damit der Gendarmenmarkt wie die Piazza del Popolo in Rom aussieht, denn die gefiel ihm ganz besonders gut. Beide Dome wurden im Zweiten Weltkrieg zerstört und erst spät wieder aufgebaut. Der Französische Dom wird noch immer als Kirche genutzt, im Turm befindet sich das Hugenottenmuseum. Im Deutschen Dom, der erst nach der Wiedervereinigung fertig rekonstruiert wurde, kann man eine Ausstellung des Deutschen **BUNDESTAGS** zur deutschen Geschichte sehen.

DOMÄNE DAHLEM Noch vor weniger als einem Jahrhundert waren viele der jetzigen Berliner **BEZIRKE** eigenständige Ortschaften vor den Grenzen der großen Stadt. Dorthin fuhren die Berliner Familien »ins Grüne«, um sich zu erholen und die gute Luft zu genießen. 1920 wurden viele von diesen Dörfern nach »Groß-Berlin« eingemeindet – was auch bedeutete, dass fast alles, was die Dörfer ausmachte, in Windeseile verschwand. Denn im Laufe der Jahre wurden die einstigen Felder mit Wohnhäusern bebaut und die kleinen Wege in große Straßen verwandelt. Es gab große Geschäfte statt kleiner Läden und große Fabriken statt kleiner Werkstätten. Mit der Zeit verschwand die Vergangenheit, und von der dörflichen Geschichte Berlins blieb kaum etwas übrig. »

Außer in der Domäne Dahlem. Das ist ein Freilichtmuseum im einstigen Rittergut Dahlem, in dem zu sehen ist, wie einst in Berlin Landwirtschaft betrieben wurde, wie man Nahrungsmittel herstellte, wie man wirtschaftete und lebte. In der Domäne gibt es alte Handwerksbetriebe, in denen gesponnen und gefilzt, gedrechselt und gedreht wird. Es gibt Schweineschober und Ziegengehege, biologisch bewirtschaftete Felder und seltene Haustierarten wie das Rauhwollige Pommersche Landschaf. Domäne bedeutet übrigens: Landwirtschaftliche Fläche, die dem Staat (und nicht einem Bauern oder einem Unternehmen) gehört.
www.domaene-dahlem.de

DÖNER Döner Kebap heißt auf Türkisch »sich drehendes Grillfleisch«. Das gibt es schon lange in der asiatischen Küche. Der Döner mit Salat, Tomate, Zwiebel, Rotkohl und Soße in einem Stück Fladenbrot ist aber eine Berliner Erfindung. Sie wurde etwa 1970 in Kreuzberg zum ersten Mal von Kadir Nurman, einem türkischen Gastarbeiter hergestellt. Nurman starb im Jahr 2013 mit 80 Jahren in Berlin. Zu diesem Zeitpunkt hatte sich sein Rezept schon in ganz Deutschland verbreitet.
Der Döner wurde sogar zum beliebtesten Imbiss der Deutschen. In Berlin, der »Hauptstadt des Döners« gibt es heute mehr als 1000 Dönerläden. Der Verband türkischer Dönerhersteller hat sogar ein eigenes Gütesiegel entwickelt. Wenn Ihr also ein Zeichen mit der Abkürzung ATDID an Eurem Dönerladen seht, könnt ihr davon ausgehen, dass ihr besonders gute und leckere Ware bekommt.

DOROTHEENSTÄDTISCHER FRIEDHOF
Würden wir wie Chinesen oder Vietnamesen glauben, dass Tote zu Geistern werden, die man bei Laune halten muss, wäre der Dorotheenstädtische Friedhof ein lustiger Ort. Dort liegen nämlich viele Berühmtheiten begraben, die sich wahrscheinlich ordentlich die Haare raufen und miteinander streiten würden, so dass die Fetzen fliegen. Dazu gehören die Schriftsteller **BERTOLT BRECHT** und Heinrich Mann, die Komponisten Paul Dessau und Hanns Eisler, der Bildhauer Johann Gottfried Schadow und der Architekt Karl Friedrich **SCHINKEL**, die Philosophen Friedrich Hegel und Johann Gottlieb Fichte, der Industrielle August **BORSIG** und der Litfaßsäulenerfinder Ernst **LITFASS**. Wie würde Brecht das Programm des Berliner Ensembles finden und wie Eisler die Studenten der Musikhochschule? Was würde Hegel zur Politik der **BUNDESKANZLERIN** sagen? Ob Herrn Litfaß die sprechenden Toilettenhäuschen von heute gefallen würden? Und warum legen Leute auf das Grab von Heiner Müller Zigarren, wenn es gar keine Geister gibt?

Der Friedhof wurde 1762 in der alten Dorotheenstadt (heute ein Teil von Mitte) angelegt und oft erweitert. Auch der Französische Friedhof, der 1780 für die Berliner **HUGENOTTEN** eingerichtet worden war, ist ein Teil des Dorotheenstädtischen geworden. Heute finden hier kaum noch Beerdigungen statt, und es ist jedes Mal eine große Diskussion, ob der eine oder die andere Prominente bedeutend genug ist, um hier zu Grabe gelegt zu werden. Wer genauer wissen möchte, wessen Grab wo zu finden ist, kann hier nachschauen: www.wo-sie-ruhen.de

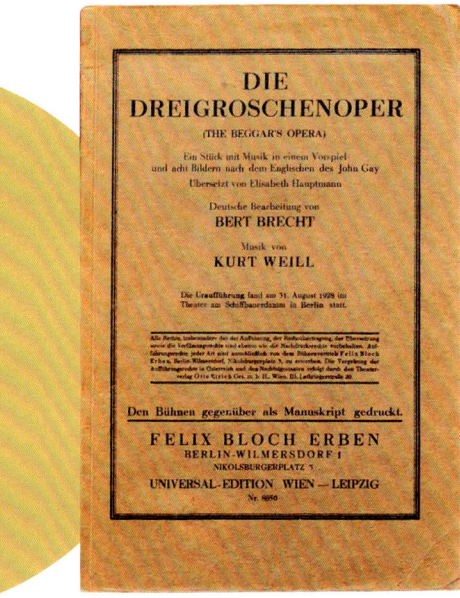

DREIGROSCHENOPER Am 31. August 1928 hatte im Theater am Schiffbauerdamm (heute Berliner Ensemble) ein neues Stück Premiere, das die Theaterwelt umkrempeln sollte. Die »Dreigroschenoper« war ein Stück, das **BERTOLT BRECHT** gemeinsam mit dem Komponisten Kurt Weill geschrieben hatte – umgeschrieben, um genau zu sein, denn die Grundlage bildete die »Beggar's Opera« (deutsch: Bettleroper), die der Londoner Schriftsteller John Gay schon 1728 geschrieben hatte.

Brecht verwandelte die Vorlage in ein verrücktes, großartiges Ganovenstück, in der zwei dubiose (fragwürde) »Geschäftsleute« miteinander kämpfen: Der Chef einer Londoner Bettlermafia, der die Ärmsten der Stadt als Bettler anstellt (um das Meiste der Beute selbst einzustreichen), und einem handfesten Verbrecher, der mit seiner Bande die Stadt unsicher macht und die Reichen ausraubt. Anders als in allen anderen Stücken, die man bis dahin auf den Theaterbühnen Deutschlands sehen konnte, war die Dreigroschenoper weder reines Sprechtheater, noch **OPER** oder **OPERETTE**. Brecht und Weill mischten Texte und Gesang. Die Musik stellte kein durchkomponiertes Ganzes dar, sondern sie war ein Mix aus vielen verschiedenen Elementen – Liedern, die mal wie Jahrmarktsmusik klangen, mal wie **GASSENHAUER** oder Stücke aus Jazz, Tango oder Operette. Die Handlung spielte zwar in London, war aber eigentlich auf jeden Ort der modernen Welt anwendbar, auch auf Berlin. Und es ging um jene, deren Geschichten sonst nie auf der Bühne gezeigt wurden: um die Armen, Kriegsversehrten und Kranken, um die Bettler und Kleinkriminellen, um die Gemeinen und Trickser, um die Bemitleidenswerten und die Unglücklichen – die trotz allem lieben und lachen, sich sehnen und von Glück träumen.

Die Uraufführung der Oper soll sehr turbulent gewesen sein. Noch nie hatte das Berliner Publikum Vergleichbares gehört oder gesehen. Nachdem die Hälfte der Vorführung eisige Stille herrschte, tobten die Zuschauer ab der zweiten Hälfte vor Begeisterung, applaudierten nach jedem Song und wussten, dass sie noch nie etwas Großartigeres gesehen hatten. Die Dreigroschenoper blieb bis zum Verbot durch die Nationalsozialisten 1933 die erfolgreichste deutsche Theateraufführung. Noch heute gehört sie zum Repertoire (zum festen Programm) des Berliner Ensembles. Was für ein Glück!

DURCHSTECKSCHLÜSSEL Eine wirklich praktische Berliner Erfindung ist der Durchsteckschlüssel, auch Berliner Doppelbartschlüssel genannt. Gemeint ist ein Schlüssel, der viel weniger kurios funktioniert als sein Name: Er hat zwei Bärte (der Teil, der ins Schloss gesteckt wird), dafür aber keinen Griff. Schließt man die Tür mit der einen Schlüsselseite auf, kann der Schlüssel nicht herausgezogen, sondern muss durchgeschoben werden. Ist man in Haus oder Wohnung eingetreten, schließt man die Tür und dreht den jetzt auf der Innenseite steckenden Schlüssel wieder um. Damit ist die Tür nicht nur ge-, sondern auch verschlossen. »

Erfunden und patentiert wurde er 1912 vom Berliner Schlossermeister Johann Schweiger. Der löste damit ein wichtiges Problem: In den Berliner Mietshäusern wurde auch damals schon oft eingebrochen, weil Haus- und Wohnungstüren von den müden, oft spät nach Hause kommenden Bewohnern nicht abgeschlossen wurden. Heute gibts viel modernere Schließsysteme, aber die Durchsteckschlüssel werden noch in einigen alten Berliner Mietshäusern verwendet.

EAST SIDE GALLERY

Die East Side Gallery ist ein Stück der Berliner **MAUER** in der Mühlenstraße zwischen Oberbaumbrücke und Ostbahnhof. Sie ist 1,3 Kilometer lang und damit der längste noch erhaltene Teil der ehemaligen Staatsgrenze zwischen DDR und BRD. Das Besondere an ihr ist, dass die Mauerteile bemalt sind – jedes Teilstück mit einem anderen Bild. Deshalb der Name »Galerie«. Viele Besucher denken, dass die bemalten Mauerteile der East Side Gallery die originale Mauer seien. Sind sie aber nicht – oder nur zum Teil. Und das erklärt sich so: Die Ostseite (das ist das deutsche Wort für East Side) der Maueranlage war aus grauem Beton und so schwer bewacht, dass sie niemand auch nur mit der Fingerspitze berühren konnte. Was man hier sehen kann, ist ein Teil davon. Insofern ist es also die richtige Berliner Mauer. Die Bilder entstanden aber erst nach dem Mauerfall. Im Frühjahr 1990 beteiligten sich 118 Künstler aus 24 Ländern an der Bemalung. Heute zählt die East Side Gallery zu den Attraktionen Berlins. Täglich kommen viele Touristen, um den die Mauer durchbrechenden Trabant (eine Automarke aus der DDR) oder die sich küssenden Staatschefs von DDR und Sowjetunion anzuschauen. Die gesamte Galerie wurde 2009 restauriert und steht unter Denkmalschutz. Einen tollen Eindruck der Gemälde und ihrer Geschichte findet ihr hier: **www.eastsidegalleryberlin.de**

EHRENBÜRGER

Ehrenbürger von Berlin zu sein, ist die höchste Auszeichnung, die man in dieser Stadt bekommen kann. Das so genannte Ehrenbürgerrecht wurde von **SENAT** und **ABGEORDNETENHAUS** bisher an 115 Personen verliehen, weil sie sich auf besondere Weise um die Stadt verdient gemacht haben. Dieses Recht wurde 1881 offiziell eingeführt und erstmals an Conrad Gottlieb Ribbeck verliehen. Der Propst (ein Würdenträger der katholischen Kirche) hatte sich während der französischen Besatzung Berlins für die Berliner Bürgerinnen und Bürger eingesetzt und sich danach gegen König Friedrich Wilhelm III. gewehrt, der alle Berliner Familienväter in den Krieg schicken wollte. Zwei der letzten Ernennungen gingen 2018 an die Journalistin Inge Deutschkron und die Schriftstellerin Margot Friedländer, beide Berliner Zeitzeuginnen des Holocaust. Fünf Ehrenbürger, die während der Herrschaft der Nationalsozialisten ernannt wurden, wurden aus gutem Grund auch wieder von der Liste der Ehrenbürger gestrichen. Einer von ihnen war Adolf Hitler. Ehrenbürger erhalten bei ihrer Ernennung eine Ehrenbürgerurkunde. Sie dürfen sich von einem Künstler ihrer Wahl porträtieren lassen (die Galerie der Ehrenbürger hängt im Abgeordnetenhaus). Sie erhalten eine kostenlose Jahreskarte der **BVG** und ihre Grabstätten werden als Ehrengräber von der Stadt Berlin gepflegt und erhalten. Die vollständige Liste aller Ehrenbürger und Ehrenbürgerinnen erfahrt Ihr hier. **www.parlament berlin.de/de/Das-Haus/Berliner-Ehrenbuerger**

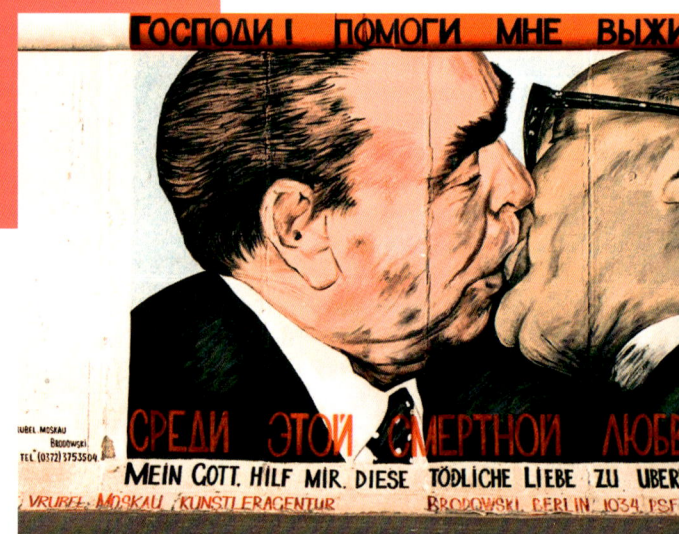

ALBERT EINSTEIN

… wird in den »großen« Berlin-Lexika immer etwas stiefmütterlich behandelt. Höchste Zeit also für einen richtigen Eintrag, denn Einstein ist einer der berühmtesten Wissenschaftler der Welt. In ein Berlin-Lexikon gehört er, weil er an der Preußischen **AKADEMIE** der Wissenschaften zu Berlin das zu Ende entwickelt hat, was ihm den Ruhm verschaffte: die so genannte Allgemeine Relativitätstheorie. Obwohl die bis heute kaum einer so erklären kann, dass auch ein Normalsterblicher sie versteht, hat Einstein damit die Welt verändert, nämlich die Vorstellung vom Universum (dem Weltall), vom Raum und von der Zeit. Bis zu Einsteins Theorie gingen die Wissenschaftler davon aus, dass das Weltall schon immer genau so gewesen ist, wie man es durch die Fernrohre beobachten und anhand von Messungen beschreiben konnte. Seit Einstein weiß man, dass das Universum sich verändert. Außerdem stellte Einstein fest, dass auch unsere Vorstellungen von Raum und Zeit falsch sind. Mit verrückten Gedankenexperimenten wies er nach, dass theoretisch sogar Zeitreisen möglich wären … aber das zu erklären, überlasse ich gern den klugen Physiklehrern dieses Landes.

Albert Einstein und seine Ehefrau Mileva Marić, 1912

Einstein wurde am 14. März 1879 in Ulm geboren und starb am 18. April 1955 in Princeton in den USA. In Berlin lebte er von 1914 bis 1932. In den Jahren von 1920 bis 1924 entstand in Potsdam der Einstein-Turm. Er dient bis heute astronomischen Beobachtungen, die Einsteins Theorien bestätigen (oder im Zweifelsfall widerlegen) sollen. Einen großen Teil seiner Berliner Jahre lebte Einstein in einem eigens für ihn gebauten Sommerhaus in Caputh bei Potsdam. Das ist bis heute zu besichtigen. Als Hitler 1933 die Macht übernahm, kehrte Einstein von einer Studienreise in die USA nicht zurück. Er war Jude und hat geahnt, welche Bedrohung in Nazideutschland auf ihn wartete. Tatsächlich waren sein Haus in seiner Abwesenheit bereits durchsucht und sein Bankkonto geplündert worden. Bei der **BÜCHERVERBRENNUNG** auf dem Bebelplatz gingen auch seine Schriften in den Flammen auf.

> »Ich habe keine besondere Begabung, sondern bin nur leidenschaftlich neugierig.«
>
> Albert Einstein in einem Brief an Carl Seelig vom 11. März 1952

Einstein erhielt 1921 den Nobelpreis für Physik auch nicht für die Relativitätstheorie, sondern für seine Arbeiten zur Erklärung des Fotoeffekts. Man sagt, dass sonst niemand auf der Welt seine Rede verstanden hätte. Doch zurück zu Berlin:

36 Relieftafeln erzählen am Roten Rathaus von der Geschichte Berlins, z.B. hier davon, wie Kurfürst Friedrich Wilhelm die Hugenotten in Preußen willkommen heißt.

EINWANDERER Berlin ist nicht nur eine bevölkerungsreiche, sondern auch eine multikulturelle Stadt, in der viele Familien ihren Ursprung in anderen Ländern oder Erdteilen haben. Genau das macht die besondere Atmosphäre der Stadt aus – und zwar schon seit Jahrhunderten. Nach dem Dreißigjährigen Krieg (1618-1648), der in ganz Europa wütete und Abertausende das Leben kostete, bemühten sich die preußischen Könige sogar aktiv darum, Einwanderer aus anderen Ländern nach Preußen zu locken. Die Handwerker und Bauern aus Friesland und Holland zum Beispiel sollten in Preußen (und besonders in Berlin als Sitz des Königshauses) die Wirtschaft beleben, sollten Nahrungsmittel und Dinge des täglichen Gebrauchs herstellen, weil die Berliner Bevölkerung dafür zu klein war. Zuerst warben sie Friesen und Holländer aus dem Norden an, aber auch Glaubensflüchtlinge (Angehörige des Judentums oder auch Protestanten, die in anderen Ländern verfolgt wurden) aus anderen Teilen Europas waren in Preußen willkommen. Man sicherte ihnen zu, dass sie ihre Religion frei ausüben und dafür nicht verfolgt werden dürfen.

Besondere Bedeutung kam dabei den **HUGENOTTEN** zu, die traditionell Meister in Textil- und Bekleidungsherstellung waren. Ende des 17. Jahrhunderts bestand Berlins Bevölkerung zu einem Viertel aus Franzosen. Aber auch verfolgte Pfälzer und Schweizer kamen in die Hauptstadt Preußens und auch Böhmen kamen zu Tausenden. Nicht immer nahm die Berliner Bevölkerung sie freundlich auf – aber das war eigentlich immer nur eine Frage der Zeit. Auch als Anfang des 20. Jahrhunderts Russen und in den 1960er Jahren Tausende so genannte türkische Gastarbeiter kamen, schien es irgendwo immer ein Plätzchen zu geben, denn die Stadt profitierte von den vielen Zugezogenen. Sie arbeiteten in Fabriken, gründeten eigene Unternehmen, Theater und Verlage, bereicherten die Küche und die Kultur der Stadt. Viele Stadtviertel bezeugen diese Geschichte Berlins: Das Böhmische Dorf in Rixdorf (Neukölln) war Heimat der böhmischen Glaubensflüchtlinge, die im 18. Jahrhundert nach Berlin kamen. Das Scheunenviertel in Mitte war Heimstatt der osteuropäischen Juden, die Ende des 19. Jahrhunderts einwanderten. Der **GENDARMENMARKT** war ein zentraler Ort hugenottischen Lebens und das Kottbusser Tor der Mittelpunkt der großen türkischen Gemeinschaft, die sich vor allem in Kreuzberg ansiedelte. Eine der jüngsten Einwanderergruppen sind Vietnamesen, die in Lichtenberg ein großes Handelszentrum gründeten. Im Dong Xuan Center bieten mehr als 170 Händler Textilien und Lebensmittel an, daneben gibt es ein Hotel und eine Bank. In der Stadt leben im Moment etwa 10 000 Berliner vietnamesischer Herkunft. Auch heute ist Berlin ein Ziel von Migranten, die vor Kriegen in ihren Heimatländern fliehen oder bessere Lebenschancen suchen. Aktuell leben in Berlin Menschen aus 190 Ländern.

EISBÄREN Klar, dass Eishockeyspieler in Berlin »Eisbären« heißen müssen – man denke an den **BERLINER BÄR** als Wappentier. Die Eisbären sind ein erfolgreicher Eishockey-Club Berlins, eigentlich der Eishockey-Club Berlins. Sie waren mehrmals Deutscher Meister und gehören zu den großen Berliner Stars. Die Heimspiele der Eisbären finden in der Mercedes-Benz-Arena statt. Sie trainieren im »Wellblechpalast« im Ortsteil Hohenschönhausen im **BEZIRK** Lichtenberg – also im Ostteil Berlins, wo der Club noch zu Mauerzeiten gegründet wurde: Die Eisbären sind so etwas wie die Nachkommen des 15-maligen DDR-Meisters »Dynamo Berlin«. Nach dem Mauerfall gehörten sie zu einem der wenigen Sport-Clubs aus den neuen Bundesländern, die es wieder ganz nach oben schafften. Die offizielle Vereinshymne heißt seit 1996 »Hey, wir woll'n die Eisbär'n sehn!« und wird von der ostdeutschen Band »Die Puhdys« gesungen.

 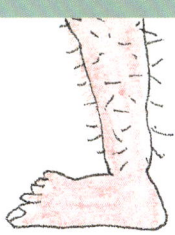  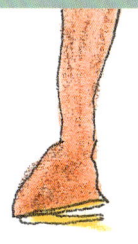 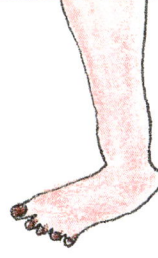

EISBEIN Noch so ein Ding, das angeblich und wahrscheinlich sogar wirklich in Berlin erfunden wurde, in anderen Städten aber auch existiert, nur anders heißt. Eisbein ist der obere Teil vom Schweinebein, der sich zwischen Kniegelenk und Hüftgelenk befindet. In Berlin wird es gepökelt und mit Erbspüree gegessen – das jedenfalls ist die typisch **BERLINERISCHE** Variante, die es in den alten Berliner Eckkneipen immer noch als Hauptgericht gibt. Andernorts heißen Eisbeine »Haxe«, »Hechse«, »Hämsche«, »Bötel« oder »Stelze«, was aber auch nicht appetitlicher klingt.

EISERNER VORHANG »Iron Curtain« (Englisch für »Eiserner Vorhang«) ist eine Bezeichnung für die Grenzen, die während des **KALTEN KRIEGS** zwischen der westlichen, von den USA geprägten, und der östlichen, von der Sowjetunion geprägten Welt, verliefen. In Berlin war damit die **MAUER** gemeint. Deren unüberwindbare Betonteile verbildlichten die Vorstellung von einem eisernen Vorhang perfekt. Ursprünglich stammt der Begriff aus dem Theater: Eiserne Vorhänge sind Eisenwände, die im Brandfall zwischen Bühne und Zuschauerraum heruntergelassen werden können, damit die Zuschauer sicher fliehen können (denn wenn, dann brennt es in Theatern vor allem auf der Bühne). Die Übertragung dieser Bezeichnung auf politische Zustände gab es schon im Ersten Weltkrieg, als Staaten wie Deutschland und England auf unterschiedlichen Seiten kämpften. Hier meinte der Begriff noch das, was auch mit dem Begriff »unüberwindbare Gräben« ausgedrückt wird. Nach Ende des Zweiten Weltkriegs verwendete Winston Churchill, der spätere Premierminister Großbritanniens, den Begriff zum ersten Mal, um die Teilung der Welt in Ost und West zu beschreiben. Churchill konnte da noch nicht ahnen, wie lange der Kalte Krieg dauern würde – aber diese Zeiten sind inzwischen ja Gott sei Dank Vergangenheit.

EMIL (UND DIE DETEKTIVE) Emil ist der Held aus Erich Kästners Kinderbuch »Emil und die Detektive«. Das spielt im Jahr 1929 in Berlin, in dem damals noch Droschken fuhren, Zeitungsjungen die Neuigkeiten laut hinausposaunten und Milchhäuschen in Betrieb waren. Aufregend war es in Berlin auch damals schon – erst recht für Emil, der eigentlich mit seiner Mutter in Neustadt wohnt und in Berlin seine Großmutter und die Cousine Pony Hütchen besuchen will. Sein Abenteuer beginnt im Zug nach Berlin, wo er das Abteil mit einem Mann mit steifem Hut teilen muss. Der heißt »Herr Grundeis« und hatte erst sehr freundlich getan. Aber Pustekuchen. Als Emil aus einem seltsamen Traum erwacht, muss er erstens feststellen, dass er verpasst hat, am Bahnhof Friedrichstraße auszusteigen und ihm zweitens der feine Herr Grundeis alles Geld aus der Jackentasche geklaut hat. 140 Mark, die seine Mutter lange gespart hatte, um die Großmutter zu unterstützen. Aber weil Emil ein richtiger Held ist, beschließt er, den Dieb zu verfolgen um das Geld zurückzubekommen. Dabei lernt er Gustav mit der Hupe, den kleinen Professor, Krummbiegel und jede Menge andere Jungen kennen, die ihm bei der Jagd durch Berlin mit viel Ausdauer und jeder Menge Tricks und Kniffen helfen, Herrn Grundeis, der in Wirklichkeit Müller ... äää ... Kießling heißt, auf die Schliche zu kommen. Wie das vonstattengeht, müsst ihr schon selber lesen. Es ist, versprochen, eine wirklich spannende Geschichte.

Wer Lust hat, kann sich auch selbst auf Emils Spuren begeben. Eine Berliner Reiseagentur bietet eine Kinderführung auf den Spuren von Emil und seinen Freunden an, nach der man sich wie ein waschechter Detektiv fühlt. Die Termine erfahrt ihr unter der Adresse www.stattreisenberlin.de

ENGLISCHES VIERTEL Anfang des 20. Jahrhunderts wuchs Berlin immer mehr. Um den vielen Arbeiterfamilien Wohnraum zu geben, wurden am Stadtrand Siedlungen mit mehrstöckigen Häusern gebaut, in denen viele Menschen leben konnten. Der Stadtrand lag damals zum Beispiel im heutigen Wedding (der inzwischen zum Bezirk Mitte und also zur Innenstadt gehört). 1908 wurden hier die ersten Wohnsiedlungen errichtet. Als der britische König Eduard VII. 1909 Berlin besuchte, erhielten die ebenfalls neu gebauten Straßen zu seinen Ehren Namen von englischen Städten: Dubliner, Glasgower, Edinburger oder Liverpooler Straße und so weiter.
Im Laufe weniger Jahre wurde das »Englische Viertel« rund um den Schillerpark (der erste **VOLKSPARK** Berlins) zu einem Stadtteil, in dem immer mehr Großsiedlungen mit eigenen Heizkraftwerken und – damals sehr modern und fortschrittlich – Warmwasser-Zentralheizungen entstanden. Viele berühmte Architekten entwarfen die Häuser und suchten nach Lösungen, wie man auch in solchen dichten Bebauungen angenehm und modern leben konnte. Die Siedlung Schillerpark ist die bekannteste unter ihnen. Nach den Plänen des Architekten Bruno Taut gebaut, gehört sie zum UNESCO-Welterbe der Siedlungen der **BERLINER MODERNE**. Nach der Teilung Berlins gehörte das Englische Viertel zur französischen Besatzungszone und damit zu **WEST-BERLIN**.

PETER FECHTER

An der Berliner **MAUER** starben zwischen 1961 und 1989 mindestens 140 Menschen: die meisten von ihnen Flüchtlinge, die versuchten, die Mauer und den angrenzenden Todesstreifen (zu dem streckenweise auch die **SPREE** gehörte) zu überwinden. Die DDR hielt diese Fluchtversuche geheim und erfand Lügengeschichten, die erklären sollten, wie die Menschen ums Leben gekommen waren. Manche Familien erfuhren jahrelang nichtmal, dass ihre Angehörigen nicht mehr lebten. Bei Peter Fechter, einem 18 Jahre jungen Mann aus Weißensee, gelang ihnen das nicht. Peter war mit drei Geschwistern aufgewachsen. Seine älteste Schwester lebte inzwischen in **WEST-BERLIN**. Nachdem er seine Lehre als Maurer abgeschlossen hatte, wollte auch er in den Westen und entschloss sich am 17. August 1962 gemeinsam mit einem Kollegen zu flüchten. Eine andere Möglichkeit die DDR zu verlassen, gab es damals nicht. Anders als andere suchten sie sich dafür nicht einen stillen Ort am Stadtrand, wo man auf die Deckung von Bäumen hoffen konnte, sondern eine Stelle nahe dem **CHECKPOINT CHARLIE**, wo die andere Seite nicht mal einen Steinwurf entfernt und immer viel los war. Aber Peter schaffte es im Gegensatz zu seinem Kollegen nicht. Beim Überklettern der Mauer trafen ihn mehrere Gewehrkugeln der DDR-Grenzer. Er fiel zurück auf die **OST-BERLINER** Seite und blieb dort mehr als eine Stunde lang schwer verletzt liegen. Viele West-Berliner bemerkten die Schüsse und versammelten sich voller Empörung auf der West-Berliner Seite. Journalisten kamen und dokumentierten das grausame Geschehen, das so sogar in der fernen USA Menschen entsetzte. Ausrichten konnten sie nichts. Nach mehr als einer Stunde brachten die Grenzsoldaten Peter Fechter in ein Krankenhaus. Er starb wenig später. Heute erinnert eine Gedenkstele an seinen Fluchtversuch in der Zimmerstraße.

FATZKE Ein schönes Beispiel für die **BERLINER SCHAUZE** ist der Satz »Dit is ja 'n Fatzke«. Gemeint sind Wichtigtuer, Aufschneider, Angeber und andere komische Typen – wobei es natürlich vom eigenen Standpunkt abhängt, wen man dafür hält. Im Zweifelsfall kann man schonmal selbst die Frage abkriegen: »Wat kiekst'n so, Fatzke?« Wer sich nicht gleich geschlagen geben will, könnte zum Beispiel antworten: »Lass mir in Ruhe, Du Flitzpiepe!«, ist auch **BERLINERISCH** und bedeutet am ehesten so etwas wie »Knallkopf« oder Spinner.

FERNSEHTURM Fernsehtürme findet man in vielen Großstädten, und meist sehen sie sich ähnlich: ein hoher, glatter Stamm aus Beton, ein dicker kugel- oder scheibenförmiger Bauch mit Aussichtsplattform und obenauf eine steil aufragende Antenne, die aussieht wie ein riesengroßer rot-weißer Stab, der in der Nacht blinkt, damit kein Flugzeug dagegen fliegt. Die Antenne ist das Wichtigste am ganzen Turm, denn über sie werden die Wellen von Fernseh- und Radiosendern in die Wohnzimmer der Umgebung geschickt. Im Prinzip sind Fernsehtürme moderne **FUNKTÜRME**, nur viel höher. »

Die Wolken anpieksen

Der Berliner Fernsehturm ist so berühmt, dass ihn jeder, der schon mal in Berlin war, kennt. Nicht nur, weil er auf vielen Stadtführern, Souvenirs und Werbeplakaten abgebildet wird, sondern auch, weil er so hoch ist, dass man ihn schon vom Stadtrand aus sehen kann. Die Antennenspitze befindet sich in immerhin 368 Metern Höhe. Das ist höher, als an manchen Tagen die Wolken ziehen, so dass die Spitze ganz von ihnen verdeckt wird. Zum Vergleich: Ein normales Berliner Wohnhaus ist ungefähr 22 Meter hoch, das Glashaus vom Sony-Center am **POTSDAMER PLATZ** 100 Meter. Der »Bauch« des Turms ist eine 29 Meter dicke und 4 800 Tonnen schwere verglaste Kugel, die sich zweimal in der Stunde um sich selbst dreht. So kann man, gemütlich im Café sitzend, eine richtige »Stadtrundfahrt« erleben. Das Café liegt in 207 Metern Höhe und ist mit einem Fahrstuhl zu erreichen, der sechs Meter pro Sekunde zurücklegt. Das ist so schnell, dass es im Bauch kribbelt. Der Fahrstuhl fährt auch bis zur Aussichtsplattform eine Etage tiefer. Eröffnet wurde der Berliner Fernsehturm 1969 nach vier Jahren Bauzeit. Die Entwürfe stammen vom Architekten Hermann Henselmann, der durch die **OST-BERLINER** Stalinallee (heute Frankfurter Allee) berühmt wurde. Heutzutage besuchen 1,2 Millionen Gäste pro Jahr den Turm. Tickets und mehr Informationen zum Turm gibts hier: www.tv-turm.de

FISCHERINSEL

Dass Berlin einmal eine kleine Stadt mit wenigen Einwohnern war, ist heute kaum noch vorstellbar. Dieses alte Berlin (siehe **CÖLLN**) entstand im Mittelalter an einer Gabelung der **SPREE** – nämlich dort, wo sich heute die **MUSEUMSINSEL**, der Schlossplatz und das **NIKOLAIVIERTEL** befinden. Lang bevor es die gab, siedelten Fischer im südlichen Teil der großen Spreeinsel innerhalb der Gabelung – die so zur »Fischerinsel« wurde. Der nördliche Teil war damals noch Sumpfgebiet und konnte kaum betreten werden. Erst nach seiner Trockenlegung wurden dort ein **LUSTGARTEN**, später das **SCHLOSS** und die Museen gebaut. Die Bezeichnung »Fischerinsel« meint also nur die Südspitze der Spreeinsel. Das gesamte Gebiet ist acht Hektar groß und heute mit **HOCHHÄUSERN** bebaut. Von der alten Geschichte als Viertel der Fischer und Schiffer ist kaum noch etwas sehen. Alte Abbildungen zeigen, dass die Flussschiffer wohl relativ wohlhabende Leute waren. Im Laufe der Zeit zogen aber immer mehr arme Menschen nach Berlin, die in der Stadt Arbeit suchten. Und da auch sie irgendwo wohnen mussten, wurde der Platz auf der Fischerinsel knapper, die Häuser standen enger, und der »Fischer**KIEZ**« wurde zum Wohnort der armen Leute. Während des Zweiten Weltkriegs wurde das gesamte Viertel stark zerstört. Ende der 1960er Jahre räumte man die alten Häuser ab und baute dafür fünf 21-geschossige Wohnhäuser und ein Doppelwohnhochhaus mit 18 und 21 Etagen.

FLEDERMAUS

Wenn man über wilde Tiere in der Großstadt spricht, sind meist Ratten, Tauben, Raubvögel oder Füchse gemeint. Die gibt es in Berlin auch, doch hat die Stadt eine Besonderheit, die man unbedingt kennen sollte. Berlin ist die **HAUPTSTADT** der Fledermäuse. Allein in den Gewölben der alten Spandauer **ZITADELLE** überwintern bis zu 11 000 von ihnen. Und es gibt weitere 31, wenn auch kleinere Winterquartiere in der Stadt, meist in Kellern, Kirchtürmen oder Bunkern. Seit 1987 werden diese Quartiere geschützt. Fledermäuse zählen zu den stark bedrohten Säugetierarten Mitteleuropas. Dass in Berlin 17 Arten heimisch sind, hat auch mit dem Berliner Fledermausschutzprogramm zu tun. Fledermäuse sind die einzigen Säugetiere, die fliegen können. Sie sind nachtaktiv und »sehen« im Dunkeln mit Hilfe von Ultraschallwellen, deren Echo von Gegenständen zurückgeworfen wird. Der Mensch kann diese Wellen nicht hören. Im Winter halten die Tiere Winterschlaf, bei dem sie ganz still und reglos kopfüber an der Decke eines alten Gemäuers hängen und nur von dem Fett leben, das sie sich im Sommer angefressen haben. Die kleinsten von ihnen sind die Zwergfledermäuse. Sie passen in eine Streichholzschachtel und tragen den schönen lateinischen Namen »Pipistrellus pipistrellus«.

Pipistrellus pipistrellus

Das Luftschiff »Graf Zeppelin« landet auf dem Flughafen Tempelhof im Juli 1931.

FLUGHAFEN Bis vor kurzem hatte Berlin drei Flughäfen. Sie befanden sich in Schönefeld (dort ist jetzt der **BER**), Tempelhof und Tegel. Der älteste und geschichtlich bedeutendste war der Flughafen Tempelhof. Noch heute ist das riesige Gebäude an der Grenze zu Kreuzberg die größte zusammenhängend bebaute Fläche der Stadt. 1923 gebaut, war er das perfekte Zeichen für die moderne Welt des 20. Jahrhunderts, zu der auch das Fliegen in ferne Länder gehörte. Die langsamen Eisenbahnen wirkten dagegen wie Dinosaurier. Der Flughafen Tempelhof war der erste Flughafen der Welt, der für den Personentransport gebaut wurde. Neben den Verkehrsmaschinen starteten hier auch Zeppeline. Tempelhof hatte bald mehr Starts und Landungen als Paris oder London. Nur zehn Jahre nach der Eröffnung musste er deshalb schon erheblich erweitert werden. Das Flughafengebäude, das in den nachfolgenden Jahren entstand, war damals das größte Bauwerk der Welt. Und noch heute steht es auf Platz drei: Mit 1 200 Metern Gesamtlänge und insgesamt 284 000 Quadratmeter Geschossfläche sind nur das Washingtoner Pentagon und der Staatspalast des einstigen rumänischen Präsidenten in Bukarest größer. Als die sowjetischen **ALLIIERTEN** 1948 mit der **BLOCKADE WEST-BERLINS** begannen, diente der Flughafen zusammen mit den kleinen Flugfeldern in Tegel und Gatow der Versorgung der West-Berliner mit Nahrungsmitteln und Brennstoffen aus der Luft – der so genannten **LUFTBRÜCKE**. Nach deren Ende wurde der Flughafen Tempelhof zur wichtigsten Verbindung West-Berlins in die Bundesrepublik und den Rest der Welt. Seit der Stilllegung 2008 wird das alte Flughafengebäude für Messen genutzt. Die ehemaligen Start- und Landebahnen aber wurden zum **TEMPELHOFER FELD**.

Der Flughafen Tegel befand sich auf dem Boden eines ehemaligen Raketenflugplatzes, der 1930 eröffnet worden war. Mit Beginn der Berlin-Blockade begannen die amerikanischen Militärs hier mit dem Bau der damals längsten Start- und Landebahn Europas. Sie wurde 2 400 Meter lang. Ohne sie wäre die Luftbrücke nicht möglich gewesen. Nach nur zwei Monaten Bauzeit konnte am 5. November 1948 das erste Flugzeug landen. Ab 1960 wurde Tegel auch als Verkehrsflughafen für West-Berlin und seine Besucher genutzt. Der Flugverkehr wurde mit Eröffnung des BER 2020 eingestellt.

Für **OST-BERLIN** war Schönefeld der wichtigste internationale Flughafen. Seine Geschichte begann mit dem Bau der Henschel-Flugzeugwerke 1934, wo bis zum Ende des Zweiten Weltkriegs mehr als 14 000 Flugzeuge gebaut wurden. Nach dem Krieg entstand hier ein ziviler Flughafen, der bald zum wichtigsten der DDR wurde.

THEODOR FONTANE

... gilt als einer der wichtigsten deutschen Schriftsteller des 19. Jahrhunderts. Berühmt wurde er durch Romane, die allesamt in der adeligen und großbürgerlichen Gesellschaft von Berlin und Brandenburg spielen. Fontane wurde 1819 in Neuruppin geboren und starb 1898 in Berlin. Hierher war er 1842 gekommen, um als Apotheker zu arbeiten – unter anderem im Krankenhaus **BETHANIEN**. Schriftsteller wurde er erst im Alter. Sein berühmtestes Buch »Effi Briest« veröffentlichte er mit 76 Jahren. Vor den Romanen und Balladen, für die er bekannt werden sollte, schrieb er Kriegsberichte und Theaterkritiken. An die besondere Verbindung Berlins und Brandenburgs zu Fontane erinnert der Theodor-Fontane-Preis für Literatur. Er wird seit 1949 verliehen, damals in **WEST-BERLIN**, seit 1994 von der Stadt Neuruppin.

wird: »Ich glaube an die Unantastbarkeit und an die Würde jedes einzelnen Menschen. Ich glaube, dass allen Menschen von Gott das gleiche Recht auf Freiheit gegeben wurde. Ich verspreche, jedem Angriff auf die Freiheit und der Tyrannei Widerstand zu leisten, wo auch immer sie auftreten mögen.« Die Unterschriftenliste wird bis heute im Turm des Schöneberger Rathauses aufbewahrt.

Die Freiheitsglocke ist 10 206 Kilo schwer und sieht aus wie die berühmte »Liberty Bell« in Philadelphia, die 1776 durch ihr Geläut die amerikanische Unabhängigkeit verkündet hatte. Doch nur die Berliner Glocke trägt die Inschrift »That this world under God shall have a new birth of freedom«. (Zu Deutsch: »Möge diese Welt mit Gottes Hilfe eine Wiedergeburt der Freiheit erleben.«)

FREIHEITSGLOCKE

Seit 1950 ertönt das Geläut der Freiheitsglocke in Berlin. Die hängt seit dem 24. Oktober 1950 im Rathaus Schöneberg, in dem dreizehn Jahre später der amerikanische Präsident John F. Kennedy seine berühmte »Ich bin ein **BERLINER**«-Rede hielt. Die Glocke ist ein Geschenk der Amerikaner an **WEST-BERLIN** und war eine Idee von Lucius D. Clay, dem »Erfinder« der **LUFTBRÜCKE**. Nach der Beendigung der Berlin**BLOCKADE** im Mai 1949 rief er seine Landsleute in den USA dazu auf, Geld für eine Glocke zu spenden. Sie sollte die Berliner immer daran erinnern, für die Freiheit zu kämpfen. Damit war nicht nur der Nationalsozialismus, sondern auch der Kampf gegen den Kommunismus im sowjetisch besetzten Teil Deutschlands gemeint. Viele Amerikaner spendeten für die Glocke und unterzeichneten zugleich den »Freiheitsschwur«, der bis heute nach dem Geläut vorgelesen

Seit ihrer Einweihung wird das Geläut der Glocke im Radio übertragen, zuerst im **RIAS**, heute jeden Sonntag ab 11.58 Uhr im Deutschlandradio Kultur. Am 3. Oktober 1990 läutete die Freiheitsglocke die deutsche Einheit ein.

FRIEDRICH II. | FRIEDRICH DER GROSSE

Fast 14 Meter hoch ist das Reiterstandbild Friedrichs des Großen vor der Humboldt-Uni. Es stammt von Bildhauer Christian Daniel Rauch und wurde 1851 eingeweiht.

Egal wie man ihn nennt, Friedrich II. ist eine der wichtigsten Persönlichkeiten in der Geschichte Berlins. Über sein Leben wurden viele Bücher geschrieben, und man könnte auch dieses mit Geschichten aus seinem Leben füllen. Dafür ist hier natürlich kein Platz, deshalb ein paar Fakten, die man wissen sollte: Friedrich II., auch Friedrich der Große oder »der Alte Fritz« genannt, wurde am 24. Januar 1712 in Berlin geboren und starb am 17. August 1786 in Potsdam. 1740 wurde er zum König gekrönt. Er war das vierte Kind von **SOLDATENKÖNIG** König Friedrich Wilhelm I. und dessen Gattin Sophie Dorothea von Hannover. So viel man weiß, erzog sein Vater ihn nicht sehr liebevoll, sondern, vor allem als er älter wurde, geradezu grausam streng und militärisch. Er wollte, dass sein Sohn ein guter Heerführer wurde. Im Gegensatz zu seinem Vater führte Friedrich dann auch wirklich etliche Kriege, um neue Länder zu erobern. Auf diese Weise wurde **PREUSSEN** größer und mächtiger und den anderen europäischen Herrscherhäusern ebenbürtig. Nach dem Siebenjährigen Krieg (1756–63) brachte ihm das den Beinamen »der Große« ein.

Aber er führte nicht nur Kriege, sondern er kümmerte sich auch um die Geschicke seines Landes. Unter dem Wahlspruch »Jeder soll nach seiner Façon selig werden.« führte er die Religionsfreiheit ein (Façon ist Französisch und bedeutet so viel wie: Art und Weise). Die ließ er gegenüber allen Religionen, außer der jüdischen, gelten – was zeigt, wie widersprüchlich der König handelte. Er modernisierte das Rechtssystem, schaffte die Folter ab und räumte jedem Bürger ein, sich mit einem Anliegen direkt an den König zu wenden. Er reformierte das Militär- und das Bildungswesen und ließ vor allem auf dem Land Hunderte Schulen bauen. Er ließ das Oderbruch (einst eine Moorlandschaft vor den Toren Berlins) trockenlegen und führte die Kartoffel in Preußen ein, um die Bevölkerung satt zu kriegen. Darüber hinaus liebte Friedrich die Künste und förderte sie. Er sammelte Kunst, gab Musik in Auftrag, schrieb Gedichte, spielte Querflöte und komponierte selbst. Er zeichnete, ließ **SCHLÖSSER** bauen und kaufte die Berliner Porzellan-Manufaktur (**KPM**), um eigenes Geschirr herstellen zu lassen. Nach seinem Tod wurde Friedrich II. in einer Gruft unter der Garnisonskirche in Potsdam beigesetzt. 1944 wurde der Sarg nach Marburg gebracht, einige Jahre später auf die Burg **HOHENZOLLERN**. Erst nach der deutschen Wiedervereinigung, im August 1991, kam er wieder nach Potsdam. Hier liegt Friedrich II., wie er es sich gewünscht hatte, unmittelbar neben seinem geliebten Schloss Sanssouci und neben seinen nicht weniger geliebten Hunden begraben.

FUNKTURM Der Funkturm auf dem Berliner Messegelände im **BEZIRK** Charlottenburg-Wilmersdorf ist der technische Vorgänger des **FERNSEHTURMS**. Auch er kann durch seine Antenne Signale von Radio- und Fernsehsendern ausstrahlen, doch wird er inzwischen nur noch als Relaisstation für den Funkverkehr der Polizei und den Mobil- und Amateurfunk benutzt. Als der Sendeturm 1926 anlässlich der 3. Großen Deutschen Funkausstellung eröffnet wurde, war er eine richtige Sensation. Einerseits ist er wie der Eiffelturm in Paris eine Konstruktion, bei der Stahlstäbe so gegeneinander gesetzt werden, dass sie enorme Gewichte tragen können. Immerhin wiegt der 150 m hohe Mast 600 Tonnen. Anders als der Eiffelturm jedoch hat er eine nur 20 x 20 m kleine Grundfläche (beim Eiffelturm sind es 125 x 125 m). Weltweit einmalig ist außerdem, dass der Turm auf Porzellan-Isolatoren steht, die das Abfließen der Sendeenergie verhindern sollen. Sie wurden von der Königlich-Preußischen Porzellanmanufaktur (**KPM**) angefertigt – was zeigt, wie stabil Porzellan sein kann, wenn man es nicht zu Teetassen verarbeitet. Der Turm war für damalige Verhältnisse ein Wunderwerk, das die neuen Erfindungen Radio und Fernsehen in die Wohnungen der Berliner brachte. Am 22. März 1935 wurde z. B. von hier aus das erste reguläre Fernsehprogramm der Welt ausgestrahlt. Bis 1972 war der Funkturm in Betrieb, dann wurden endgültig modernere Sendeanlagen genutzt. Heute steht er unter Denkmalschutz, ist aber immer noch ein sehr beliebtes Ausflugsziel, vor allem die Aussichtsplattform in 125 Metern und ein Café in 52 Metern Höhe, die nachträglich angebracht wurden.

GASOPOLIS Wer den »Kleinen Prinzen« kennt, kennt auch den Laternenzünder vom Asteroiden 329. Der war ein pflichtbewusster Kerl: Jeden Abend zündete er eine Laterne an (das Einzige, was sich auf seinem Planeten befand), um sie bei Sonnenaufgang wieder zu löschen. Da sich sein Asteroid immer schneller drehte, wurden aber auch die Abstände zwischen Anzünden und Löschen immer kürzer, zum Schluss lag zwischen beiden Tätigkeiten nur noch eine Minute. Berlins erste Gaslaternen leuchteten 1826 **UNTER DEN LINDEN** und wurden voller Begeisterung von den **BERLINERN** aufgenommen. (Kaum vorzustellen, dass die Stadt bis dahin bei Sonnenuntergang vollständig dunkel war, weil es weder Glühbirnen noch andere Leuchtmittel gab, oder?) Die ersten Gaslaternen wurden deshalb auch von niemand Geringeren als Karl Friedrich **SCHINKEL** entworfen. Wirklich beleuchtet war die Stadt aber erst nach ein paar wegweisenden Entwicklungen, etwa die 1907 in Berlin erfundene Pressgasbeleuchtung, bei der Gas unter erhöhtem Druck in die Lampen eingeführt wurde, so dass die Lampen viel mehr Helligkeit produzierten. Mit diesen Lampen wurden nun alle Hauptstraßen der **HAUPTSTADT** ausgestattet, hier verliefen auch die Leitungen des Gasnetzes, die wiederum zu einem

der großen Gasometer führten. Eines von ihnen ist heute ein wunderbar altmodisches Industriedenkmal auf der Roten Insel im **BEZIRK** Schöneberg: Der Gasometer Schöneberg wurde 1913 in Betrieb genommen und versorgte bis 1995 die Berliner (auch ihre Laternen) mit Gas. Sein Teleskopgasbehälter setzt bis heute viele in Erstaunen. Vor dem Zweiten Weltkrieg erhellten 88 000 Laternen den Berlinern ihren Weg durch die Dunkelheit – so viele, dass Berlin als Hauptstadt der Gaslaternen, als Gasopolis, bezeichnet wurde. Heute sind nur noch einige von ihnen in Betrieb. Wenn Ihr ein Bild von diesem »Gasopolis« machen möchtet, fahrt zum Gaslaternen-Freilichtmuseum nahe dem S-Bahnhof-Tiergarten. 90 Gaslaternen nicht nur aus Berlin, sondern aus 25 deutschen Städten und elf europäischen Ländern können dort bewundert werden. Die älteste Gaslaterne Berlins findet ihr auch darunter: Sie steht direkt vor dem Berliner Pavillon im Tiergarten und stammt aus dem Jahr 1826. Am besten geht Ihr natürlich nach Einbruch der Dämmerung hin, denn nur dann könnt Ihr ihr Leuchten bewundern.

GASSENHAUER

nennt der **BERLINER** Lieder, die alle kennen und singen oder trällern oder pfeifen, so dass man sie überall in den Straßen (den Gassen eben) hören kann. Ursprünglich soll das Wort Nachtschwärmer bezeichnet haben, also junge Leute, die nachts unterwegs sind, um tanzen zu gehen und Freunde zu treffen. Später waren damit ihre Lieder und Melodien gemeint, und das Wort hatte meist einen abwertenden Beigeschmack, weil Nachtschwärmer verrufen waren und als »unanständig« galten. Was wir als alte Gassenhauer kennen, sind Lieder, die vom Leben in der Stadt und ihren Menschen erzählen. Oft lustig, mit einer kleinen Portion frecher **BERLINER SCHNAUZE**, und immer ganz einfach nachzusingen, wie zum Beispiel das Lied über die **BERLINER LUFT** oder den »**LEIERKASTENMANN**«. Auch wichtige Ereignisse im preußischen Königshaus sollen in Gassenhauern spöttisch nacherzählt worden sein. Inzwischen sind die Gassenhauer auch in Berlin fast ausgestorben, weil wie überall auf der Welt die internationalen Charts an ihre Stelle getreten sind.

GEDÄCHTNISKIRCHE

Am Breitscheidplatz am Tauentzien stehen die Reste einer Kirche, die 1943 durch Bomben fast vollständig zerstört wurde. Das ist die Kaiser-Wilhelm-Gedächtniskirche, die zwischen 1891 und 1895 im Auftrag von Wilhelm II. erbaut wurde. Sie sollte ein Denkmal für dessen Großvater Kaiser Wilhelm I. sein und sah damals so aus:

Von den Bomben des Zweiten Weltkriegs blieben nur das Portal und der Hauptturm verschont, der allerdings seine Spitze einbüßte und ausbrannte – weswegen die Berliner angeblich auch gern »hohler Zahn« dazu sagen. Nach dem Krieg blieb die Kirche erst mal als Ruine stehen. Später fügte man einen neuen Turm und ein sechseckiges Kirchenschiff aus Glas an die erhalten gebliebenen Reste an. Ein stündlich ertönendes Glockenspiel mahnt seitdem an die Schrecken des Kriegs. Die Gedächtniskirche ist eines der Wahrzeichen Berlins und in aller Welt bekannt. Wer das Geläut schon mal zuhause anhören möchte, findet auf der Homepage der Kirche entsprechende Links.

würdige Fragen. Zum Beispiel, warum der Himmel auf mittelalterlichen Bildern oft golden und nicht blau ist, wer den schönsten Schuh anhat, warum manche Männer große Halskrausen tragen und andere aussehen, als hätten sie einen Stock verschluckt, wie die Tiere auf den Bildern heißen, welche davon wirklich echt sind und warum man das manchmal gar nicht so genau sagen kann.
www.smb.museum.de

GEMÄLDEGALERIE Gemäldegalerien sind eine besondere Art von Museum. Wie der Name schon sagt, kann man hier Bilder (Gemälde) besichtigen. Zu den berühmtesten Gemäldegalerien der Welt gehören der Louvre in Paris, die Uffizien in Florenz, der Prado in Madrid, die Eremitage in St. Petersburg. Und die Berliner Gemäldegalerie. Sie wurde 1830 im »Königlichen Museum« am **LUSTGARTEN**, dem heutigen Alten Museum, eröffnet. Der Baumeister Karl Friedrich **SCHINKEL** hatte das Museum für die Kunstsammlungen des Großen Kurfürsten und von **FRIEDRICH DEM GROSSEN** gebaut. Wie es damals für Könige und Fürsten üblich war, hatten beide Herrscher Gemälde von berühmten Malern aus Europa gesammelt – und zwar so viele, dass sie in einem eigenen Gebäude untergebracht werden mussten. Das war aber nur der Anfang. Durch Ankäufe wuchs die Sammlung immer weiter. Viele Werke stammen von den berühmtesten Malern Europas: von Albrecht Dürer zum Beispiel oder Sandro Botticelli, von Rembrandt oder Rubens. Anfang des 20. Jahrhunderts zog die Gemäldegalerie in das neu gebaute Kaiser-Friedrich-Museum auf der **MUSEUMSINSEL** um. Doch auch hier reichte der Platz bald nicht mehr aus. Deshalb wurden immer nur Teile der Sammlung ausgestellt: die berühmtesten Bilder oder die schönsten oder die bedeutendsten. So ist es bis heute, obwohl sich die Sammlung inzwischen in einem neuen Gebäude am **KULTURFORUM** befindet. Hier werden im Moment 1000 Gemälde von insgesamt 2900 Malern gezeigt – und das ist viel mehr, als man an einem Tag betrachten kann.
Für Kinder bietet die Gemäldegalerie sonntags tolle Führungen an. Bei denen geht es um lauter merk-

GENDARMENMARKT Alle Stadtführer behaupten, dass der Gendarmenmarkt der schönste Platz Berlins sei, und jeden Tag kommen viele Touristengruppen in die Stadtmitte, um etwas ganz und gar Großartiges, Besonderes, Einmaliges zu erleben. Der Gendarmenmarkt ist aber gar nicht so spektakulär, dass man mit offenem Mund staunend herumsteht, sondern er ist von einer ganz stillen Schönheit, die manchmal im lauten Stadtgetöse untergeht. Der Platz selbst ist groß und weit und offen und wirkt hell und freundlich. In der Mitte befindet sich das Konzerthaus, rechts und links davon stehen der Französische und der Deutsche **DOM**. Im Gegensatz zu den großen Geschäftsstraßen rund um den Gendarmenmarkt geht es hier nicht ums Einkaufen, sondern um Kunst, Musik und Religion. Das macht auch die besondere Stimmung des Platzes aus.

Angelegt wurde der Gendarmenmarkt ab 1688 als Teil der Friedrichstadt. Zuerst siedelten sich hier **HUGENOTTEN** an, denen der Große Kurfürst Friedrich Wilhelm von Brandenburg Religionsfreiheit und volles Bürgerrecht zugesichert hatte. Für sie wurde 1701–1705 eine Kirche errichtet, an die später ein Turm angebaut wurde. Das Ganze hieß dann der »Französische Dom«. Auf der anderen Seite des Platzes entstand für die reformierten deutschen Christen der »Deutsche Dom«. Zuerst war der Gendarmenmarkt aber »nur« ein Marktplatz. Seine besondere Gestalt erhielt er erst unter **FRIEDRICH II.**, der die Kirchen mit den beiden Kuppeltürmen ausstatten ließ, in die Mitte ein Theater setzte (das später von **SCHINKEL** noch mal neu gebaut wurde) und eine einheitliche Randbebauung mit dreistöckigen Häusern anordnete. Sein Vorbild soll dabei die große »Piazza del Popolo« in Rom gewesen sein. Um diesem Vorbild gerecht zu werden, ließ er auch die Stallungen abreißen, die unter dem **SOLDATENKÖNIG** für sein Kürassierregiment (Kürassiere gehörten zum Wachregiment, sie waren also die Gendarmen, nach denen der Platz benannt wurde) angelegt worden waren.

Da der Gendarmenmarkt mitten in Berlin liegt, spielte sich hier schon immer große Geschichte ab: 1847 wehrte sich die Berliner Bevölkerung gegen die gestiegenen Lebensmittelpreise. Der Aufruhr ging als »Kartoffelrevolution« in die Geschichte ein. Wenig später wurden die in den Kämpfen der Märzrevolution von 1848 Gefallenen auf den Stufen des Deutschen Doms aufgebahrt. Ab September 1848 tagte die preußische Nationalversammlung im Großen Saal des Schauspielhauses. Mehr als 140 Jahre später, am 2. Oktober 1990, fand hier der letzte Staatsakt der DDR-Regierung mit der Aufführung von Beethovens 9. Sinfonie statt. Am Tag danach wurde Deutschland wiedervereinigt.

GENERALSZUG

Der Generalszug ist ein breiter Straßengürtel, der nach dem Vorbild der großen Pariser Boulevards angelegt wurde. Er zieht sich durch den Südwesten Berlins und führt von der Tauentzienstraße über Nollendorf- und Wittenbergplatz bis zur Gneisenaustraße in Kreuzberg. Zuerst waren diese Straßen und Plätze nur Teile einer Ringstraße zur Umfahrung der Stadt. 1864 wurden sie auf einen königlichen Erlass hin nach den Feldherren und Orten der Schlachten der Befreiungskriege benannt. Dazu gehören die Tauentzien- und die Gneisenaustraße, die nach den preußischen Generalen Friedrich Bogislav von Tauentzien und August Wilhelm Anton Graf Gneisenau benannt wurden. Deshalb der (inoffizielle) Name Generalszug. Der Wittenberg-, der Nollendorf- und der Dennewitzplatz erhielten ihre Namen nach den Orten berühmter Schlachten.

GLIENICKER BRÜCKE

Von heute aus betrachtet, ist die Glienicker Brücke etwas für Abenteurer und Fans von Kriminalromanen und Agentenfilmen. Denn berühmt wurde die Brücke durch die Agenten, die hier »ausgetauscht« wurden. Das gilt aber erst für das 20. Jahrhundert. Die Geschichte der Brücke beginnt schon lange vorher und klingt ganz harmlos: Schon im 17. Jahrhundert entstand die Glienicker Brücke als schmale Holzbrücke, um die Städte Berlin und Potsdam über die **HAVEL** hinweg zu verbinden. Damit war sie ein wichtiger Teil des Verkehrsweges, den die Mitglieder des preußischen Königshauses nutzten, um zu den **SCHLÖSSERN** und Jagdgründen in Potsdam zu gelangen. Ihren Namen verdankt die Brücke dem Gut Klein-Glienicke, an dessen Stelle heute das Schloss Glienicke unmittelbar vor der Brücke liegt.

Bis zum Ende des Zweiten Weltkriegs ist die Geschichte der Brücke eine »ganz normale preußische«: Aus der einfachen Holzbrücke wurde eine aufwändig gebaute Zugholzbrücke, auf der Wachsoldaten die einreisenden Kutschen kontrollierten und etwas »Chausseegeld« (die heutige Mautgebühr) kassierten. Etwa hundert Jahre später wurde die Holzbrücke durch eine Steinbrücke ersetzt, an deren Entwurf, na klar, der preußische Hofarchitekt Karl Friedrich **SCHINKEL** beteiligt war. Und weniger als noch mal hundert Jahre später (1907) wurde aus der Steinbrücke jene Stahlskelettbrücke (siehe **FUNKTURM**), die wir auch heute kennen (die aber nicht mehr die alte ist). Sie war bis 1945 die meist befahrene Brücke Berlins.

Kurz vor Ende des Zweiten Weltkriegs verminte die Deutsche Wehrmacht die Brücke, um das Vorrücken der Roten Armee zu verhindern. Einige Sprengladungen explodierten bei den Kämpfen, so dass die Brücke zerstört, aber immer noch in Resten vorhanden war. »

Agentenaustausch auf der Glienicker Brücke, 1986

Als sie 1949 wieder aufgebaut war, verlief jetzt mitten auf ihrem Steg die Grenze zwischen Ost und West, und nur Angehörige der Militärverwaltungen durften sie benutzen. Zur »Agentenbrücke« wurde sie wenig später. Der erste Agentenaustausch fand 1962, ein Jahr nach dem Mauerbau, statt, der zweite 1985, der dritte 1986. Ausgetauscht wurden jeweils **SPIONE** aus der DDR, aus Polen, Tschechien und der UdSSR, die in der Bundesrepublik verhaftet worden waren, und Spione der Bundesrepublik und der USA, die man in der DDR gefangen genommen hatte. Doch was sich hier so einfach erzählt, war in Wirklichkeit voller Spannung und Gefahr. Es gab keine Zuschauer, dafür viel grimmiges Sicherheitspersonal, das den reibungslosen Ablauf mit scharfer Munition überwachte.

Noch viel bewegender als die Geschichte der Agenten ist die Geschichte der Flüchtlinge, die während der Teilung Berlins über die Glienicker Brücke in den Westen gelangen wollten. Nur wenige von ihnen schafften den Durchbruch, die meisten wurden verhaftet. Es gibt Bücher und spannende Filme, die sich mit der Geschichte der Brücke beschäftigen oder in ganz neuen Geschichten nacherzählen, was damals passierte, darunter »Der Schattenspringer« und »Mission Impossible 3«.

GOLDELSE ist der Spitzname der Siegesgöttin Victoria auf der **SIEGESSÄULE**. Im Unterschied zu anderen angeblichen Spitznamen verwenden die Berliner diesen wirklich.

GOLDENE ZWANZIGER 1920 wurde Berlin über Nacht zu einer riesigen, fast vier Millionen Einwohner zählenden Großstadt: 80 kleinere Städte, Dörfer und sogenannte Gutsbezirke (kleine Ortschaften, in denen ein Gutbesitzer das Sagen hatte), die zuvor noch vor der Stadtgrenze gelegen hatten, wurden per Gesetz zu einem Teil Berlins. Das machte die Stadt zur Metropole, der drittgrößten Stadt der Welt. Da zugleich Tausende **EINWANDERER** nach Berlin kamen, wurde die deutsche Hauptstadt nicht nur groß, sondern auch international. Plötzlich trafen sich hier Schriftsteller, Schauspieler, Tänzer, Philosophen und Maler aus der ganzen Welt – und zwar sowohl Männer als auch Frauen (was damals überhaupt nicht selbstverständlich war!) wie die Schauspielerin **MARLENE DIETRICH**, die Künstlerin **KÄTHE KOLLWITZ** oder die Nackttänzerin Anita Berber. Sie alle liebten und lebten in Berlin, weil die Stadt ihnen die Freiheit gab, neue, andere, verrückte Wege zu gehen. Überall herrschte ein Gefühl des Aufbruchs, des technischen Fortschritts und die Menschen begeisterten sich für Kunst und Kultur. Rund um **KU'DAMM** und **POTSDAMER PLATZ** entstanden in kurzer Zeit Theater, Kinos, Clubs, Bars, Tanzpaläste, Kunstsalons und Cafés, in denen die Menschen ein neues Lebensgefühl voller Vergnügen, Ausgelassenheit und Experimentierfreude feierten. Die Goldenen Zwanziger waren glamourös, wild, jung, auch kritisch gegenüber den Mächtigen und der Politik. **BERTOLT BRECHT** zum Beispiel führte seine **DREIGROSCHENOPER** 1928 zum ersten Mal im Berliner Ensemble auf. In den Filmstudios Babelsberg entstanden Stummfilme, deren Premieren im Kino Universum am Ku'damm vor bis zu 1 763 Zuschauern (!) stattfanden, im Mokka Efti tanzten die **BERLINER** und Berlinerinnen bis weit nach Mitternacht, die **COMEDIAN HARMONISTS** sangen vor mehr als 5 000 Zuhörern im Großen Schauspielhaus (aus dem später der Friedrichstadtpalast wurde)...

Die Goldenen Zwanziger endeten mit dem Beginn der Weltwirtschaftskrise 1929, die auch in Berlin zu Inflation (Geldentwertung) und Massenarbeitslosigkeit führte. Die Stimmung der Goldenen Zwanziger ging Berlin aber nie ganz verloren. Bis heute gilt die Stadt als Heimat für Künstler und Kreative, die hier mehr Freiheiten und Herausforderungen finden als anderswo.

GOLDENER BÄR

Die höchste Auszeichnung der **BERLINALE** ist der Goldene Bär. Es ist der OSCAR Berlins und wird auch in Silber oder Glas an Filmemacher aus der ganzen Welt verliehen. Natürlich hat der mit dem Bären im Berliner Wappen zu tun. Die Skulptur wurde von der Berliner Bildhauerin Renée Sintenis entworfen und wird bis heute nach ihren Entwürfen in der Berliner Gießerei Noack hergestellt.

GÖRE

oder Jöre ist ein typisch berlinerisches Wort. Gemeint ist: freches Kind, meist freches Mädchen. **ZILLE** hat die Berliner Gören gezeichnet und fotografiert.

GRAFFITI

Berlin ist nicht die einzige, aber eine der wichtigsten Städte für Graffiti. So nennt man Wandmalereien an Mauern, Häusern oder anderen Flächen im Straßenraum. Der Begriff stammt vom italienischen Wort »graffito« ab, das so viel wie »in Stein Eingeritztes« bedeutet. Wir würden wohl eher sagen: Gekritzel, denn Graffiti wurde vor allem in den ersten Jahren nicht gern gesehen.

Die ersten Graffitis tauchten in den 1970er Jahren in New York als Teil einer neuen Protestkultur auf. Jugendliche bemalten und besprühten U-Bahnen, Fassaden und Bauzäune mit meist riesigen bunten Gemälden und Sprüchen, die politische Botschaften, oft Protest gegen die Regierung, beinhalteten. Die Straßen wurden so zur öffentlichen Galerie – aber viele der Sprayer wurden verhaftet und wegen Sachbeschädigung verurteilt. In Berlin tauchte Graffiti nur wenig später als in New York auf – schließlich hatten die Künstler hier ein weltweit einmaliges Objekt: Die Berliner **MAUER**, die von der Westseite aus gesprayt werden konnte. Als diese 1989 fiel, erschufen Künstler aus Ost und West die **EAST SIDE GALLERY**. Heute spricht man eher allgemein von Streetart, also Kunst auf der Straße. Die wird längst nicht mehr nur gesprüht, sondern bedient sich vieler künstlerischer Techniken. In jedem Fall ist Streetart zum festen Bestandteil Berlins geworden, manche Touristenführer bieten sogar eigene Touren zu den besten Kunstwerken an.

Mehr Freiheit

Das historische Gebäude des Grauen Klosters hatte reichen Fassedenschmuck, auch diese Masken, vielleicht sollten sie die Schüler erinnern, gut zu lernen?

GRAUES KLOSTER

Das erste Gymnasium Berlins wurde 1574 gegründet und lag im Berliner Stadtzentrum in der Klosterstraße. Dort stand ein ungenutztes Franziskanerkloster (der letzte Mönch war 1571 gestorben), deren graue Kutten der Schule ihren Namen gaben. Das Graue Kloster entwickelte sich in kurzer Zeit zur besten und begehrtesten Bildungsanstalt Berlins. Viele berühmte **BERLINER** gingen hier zur Schule, darunter der spätere Reichskanzler Otto Fürst von **BISMARCK**, der Industrielle Emil Rathenau (siehe AEG) oder der Kunstförderer **JAMES SIMON** (Richtig: nur Männer. Erst 1899 durften Mädchen in Berlin auch das Abitur ablegen). Neben Kunst und Architektur, die die Schule zu einem ganz besonderen Ort in Berlin machten, trug die riesige Bibliothek zum Ruhm der Schule bei. 1945 wurden Schulgebäude und Kirche allerdings durch Bomben zerstört. Die Schule zog in andere Gebäude, die aber allesamt in der sowjetischen Besatzungszone, später in **OST-BERLIN** lagen. Dort hatte man mit Kirche und Kloster nix am Hut, weshalb das Graue Kloster zu einer staatlichen Schule umgewandelt wurde, in der man allerdings weiterhin an der Tradition festhielt, dass die Schülerinnen und Schüler Altgriechisch und Latein lernten. Der Name »Graues Kloster« wurde von da an auf eine andere Schule in **WEST-BERLIN** übertragen. Das »Evangelische Gymnasium zum Grauen Kloster« liegt seitdem im Stadtteil Schmargendorf.

GRÜNDERZEIT

In den fast 800 Jahren Berliner Geschichte gab es große Epochen. In jeder wurde auf bestimmte Weise gelebt und gestorben, regiert und gehorcht, gebaut und abgerissen, geträumt und Träume verwirklicht. Jede dieser Epochen hinterließ ihre Spuren in der Stadt. Ganz besonders sichtbar ist in Berlin aber eine Zeit, die Gründerzeit genannt wurde. Ihr Name verrät schon, was typisch für sie war: viele Neugründungen von kleinen und großen Betrieben, Banken und Fabriken, die zur so genannten Industrialisierung und zu einem großen wirtschaftlichen Aufschwung führten.

Die Gründerzeit begann in Deutschland mit dem Ende des Deutsch-Französischen Kriegs von 1870–71. Die Gründung des Zweiten Deutschen Kaiserreichs 1871 läutete die neue Zeit ein. Da Berlin die **HAUPTSTADT** des Kaiserreichs war, schlug sich die Gründerstimmung hier besonders stark nieder: Immer mehr Fabriken entstanden, Tausende Menschen kamen vom Land, um hier Arbeit zu finden. In kürzester Zeit mussten neue Stadtviertel am Rande Berlins gebaut werden, um die Neuankömmlinge unterzubringen. Charlottenburg, Prenzlauer Berg, Schöneberg sind einige der Stadtteile, in denen die Gründerzeit noch gegenwärtig ist, weil man überall die typischen Fassaden mit den schönen Stuckelementen, den Löwenköpfen, Engelsgesichtern und Blumenranken über den Fenstern sieht, die angedeuteten Säulen und Balkone in der **BELETAGE**. Damals hießen diese massenweise gebauten Häuser wegen der vielen Hinterhöfe abfällig **MIETSKASERNEN**. Heute sind sie allesamt fein herausgeputzt und begehrte Wohnungen. So ändern sich die Zeiten.

Zur Gründerzeit rauchten in Berlin viele Schlote wie hier in Borsigs Maschinenbau-Anstalt.

GRÜNE MINNA Als die Berliner Polizei 1848 auf Anordnung von König Friedrich Wilhelm IV. gegründet wurde, dienten in ihr ein Oberst, fünf Hauptleute, sechzehn Leutnants, einige (ich weiß nicht wie viele) Wachtmeister, außerdem acht Schutzleute zu Fuß und sechs Schutzleute zu Pferd. 1850 kam schon ein Polizeibeamter auf 346 Einwohner – was darauf schließen lässt, dass in der Stadt genug Bösewichte unterwegs waren, die man zur Ordnung rufen musste. Nur wenige Jahre später wurde sogar ein eigenes Gefangenentransportwesen der Polizei gegründet: Pferdefuhrwerke, deren Wagen durch ihre grüne Farbe schon von weitem als Polizeiwagen zu erkennen waren, in denen die Raufbolde, Betrüger und Grobiane ins Gefangnis geschafft wurden. Dieses Gefährt wurde im Volksmund »Grüne Minna« genannt – wie auch die Autos viele Jahrzehnte später immer noch. Inzwischen ist das hübsche Wort fast ausgestorben (in Schwaben heißt das Gleiche »Grüner August« und in Österreich »Grüner Heinrich«), denn die Polizei fährt ja neuerdings in blauen Wagen herum. Schade eigentlich.

GRUNEWALD Obwohl man denken könnte, dass wilde Tiere in der Großstadt Berlin nur im **ZOO** leben, ist das Stadtgebiet Lebensraum für viele wilde Jäger. **FLEDERMÄUSE**, Marder, Falken, Ratten, Füchse und Waschbären leben mit den Menschen mitten in der Stadt. Und neuerdings kommen an den Stadträndern auch so genannte Stadtschweine hinzu. Das sind Wildschweine, die entdeckt haben, dass die Essensreste in den Mülltonnen der Menschen eine einfache Beute sind. Das ist natürlich nicht gewollt und sehr gefährlich, denn Wildschweine sind keine kuscheligen Zeitgenossen. Der Grunewald ist Berlins größtes Waldgebiet und war viele Jahrhunderte das Jagdgebiet der preußischen Kurfürsten und Könige. Er liegt im Westen der Stadt in den **BEZIRKEN** Charlottenburg-Wilmersdorf und Steglitz-Zehlendorf und zieht sich bis zur **HAVEL** hinunter. Mittendrin liegt eine Seenkette, zu der Grunewaldsee, Schlachtensee und Krumme Lanke gehören. Sein Name ist eine Abwandlung von »grüner Wald«, doch heißt er noch nicht lange so. Zu königlich-preußischen Zeiten war sein Name »Spandauer Forst«, noch früher »Teltowsche Heide«. Viele **BERLINER** gehen hier wandern und baden oder besuchen das einstige königliche Jagdschloss (siehe **SCHLOSS**), das inzwischen Museum und Konzerthaus ist. Wildschweine leben allerdings immer noch im Dickicht des Waldes. Falls ihr einer Wildschweinfamilie begegnet, bewahrt vor allem Ruhe und haltet euch an die einfachen Verhaltensregeln: Nicht darauf zu gehen, auf keinen Fall versuchen, die Frischlinge anzufassen, nicht schreien oder rumfuchteln, denn sonst denkt das Wildschwein, ihr wollt ihm drohen. Stattdessen langsam rückwärts bewegen. Ganz einfach also.

HACKESCHE HÖFE Die Hackeschen Höfe sind in Berlin eine wichtige Adresse. Sie sind so etwas wie das Aushängeschild von Berlins Mitte, in der sich Altes und Neues auf eine besondere Weise mischen. Sie sind im Prinzip mehrere hinter- und nebeneinander liegende **HINTERHÖFE**, wie sie für Berlin typisch sind – nur viel schöner. Die gesamte Anlage wurde 1907 für kleine Handwerksbetriebe, Fabriken und Büros gebaut. Zu DDR-Zeiten verfiel das gesamte Ensemble, ebenso wie viele andere Altbauviertel. Nach der aufwändigen Restaurierung in den 90er Jahren gibt es hier heute Restaurants, Galerien, Kinos, Theater, Architektenbüros, Instrumentenbauer, Modeateliers und Wohnungen. Am allerschönsten ist der erste Hof mit seiner blau gekachelten Jugendstil-Fassade.
www.hackesche-hoefe.de

HAUPTMANN VON KÖPENICK

Obwohl man denken könnte, der »Hauptmann von Köpenick« sei eine literarische Erfindung, war er nicht nur echt, sondern auch **BERLINER**. In Wirklichkeit hieß er Friedrich Wilhelm Voigt und wurde 1849 als Sohn eines Schuhmachers in Tilsit geboren. Nach Berlin kam er 1906. Da war er schon 57 Jahre alt und bereits mehrmals beim Stehlen und Fälschen erwischt worden und ins Gefängnis gewandert. Berühmt wurde er dann als »Hauptmann von Köpenick« mit der so genannten Köpenickiade. Und die ging so: Mit der Uniform eines preußischen Hauptmanns verkleidet (die Teile der Uniform konnte man damals in Trödelläden kaufen), behauptete er, dass er der neue Hauptmann einer Militärschwimmanstalt vom Plötzensee sei. Von der schönen Uniform und dem strengen Ton beeindruckt, glaubten ihm alle und folgten seinen Befehlen. Das heißt, die Mannschaft zog zum Rathaus Köpenick, verhaftete den **BÜRGERMEISTER** und beschlagnahmte die Stadtkasse, in der sich 4000 Mark und 70 Pfennige befanden. Mit dieser Beute floh der falsche Hauptmann zurück nach Berlin, wo er sich zuerst einmal neu einkleidete. Das war am 16. Oktober 1906. Zehn Tage später hatte man den Schwindel durchschaut und verhaftete ihn. Die vier Jahre Haft, zu denen er dann verurteilt wurde, musste er aber nicht absitzen, weil Kaiser Wilhelm II. ihn schon 1908 begnadigte. Nach dem Gefängnis entschied sich der inzwischen berühmt gewordene »Hauptmann von Köpenick«, Berlin wieder zu verlassen. Er zog nach Luxemburg und arbeitete dort als Kellner und Schuhmacher. Die »Köpenickiade« hatte ihn außerdem so bekannt gemacht, dass er auch in Kanada, in den USA und in Frankreich viele Zuschauer fand, die seine Vorstellungen besuchten. Trotzdem verstarb er 1922 im Alter von 72 Jahren völlig verarmt. Vor dem alten Rathaus in Köpenick steht seit 1996 ein Denkmal, das den Hauptmann ziemlich genau darstellt.

HAFEN Dass Berlin auch Hafenstadt ist, überrascht die meisten Menschen. Wenn man aber an die beiden Flüsse **SPREE** und **HAVEL** denkt, wird die Bedeutung des Schiffsverkehrs für Berlin klar. Immerhin sind acht Prozent der Stadtfläche mit Wasser bedeckt. Vor dem Zweiten Weltkrieg hatte Berlin sogar den größten Binnenhafen Deutschlands. Täglich kamen über vierhundert Schiffe in die Stadt, um Baumaterial, Heiz- und Nahrungsmittel zu liefern. Um die Ware abzuladen, liefen die Schiffe einen der Häfen im Stadtgebiet an: den »Osthafen« in Friedrichshain, wo alte Lagerhäuser inzwischen zu modernen Firmensitzen umgebaut wurden, den »Westhafen« am Nordrand des Stadtteils **TIERGARTEN**, »Viktoriaspeicher« und »Spandauer Südhafen« in Neukölln oder »Nordhafen« und »Humboldthafen« im Wedding.

Obwohl auch heute noch Güter von den Schiffen auf Schienen oder aus Zügen auf Schiffscontainer verladen und in die Welt verschickt werden, haben die Häfen nach dem Zweiten Weltkrieg ständig an Bedeutung verloren. Vor allem die Teilung der Stadt behinderte die Arbeit der Häfen. Von der langen Schifffahrtsgeschichte Berlins erzählt der Historische Hafen nahe dem **NIKOLAIVIERTEL**. Wie in einem Freilichtmuseum werden hier zwanzig historische Schiffe gehegt und gepflegt, darunter fahrtüchtige Dampfschlepper, Fahrgastschiffe der Jahrhundertwende und historische Maßkähne. www.historischer-hafen-berlin.de

HASENHEIDE

Das ist einer der schönsten Berliner Ortsnamen und soll deswegen hier erwähnt werden – auch wenn die Hasenheide eigentlich nur einer von vielen **VOLKSPARKS** in Berlin ist. Er liegt zwischen den Stadtteilen Neukölln, Kreuzberg und Tempelhof und hat, sieht man von ein paar Kaninchen ab, keine Bewohner, die den Namen rechtfertigen würden. Wahrscheinlich haben die Kurfürsten hier einst gejagt und das Langohrenvieh erlegt, vielleicht ist das auch der Ort, wo die Berliner Osterhasen in Vollmondnächten weiden, um sich für die anstrengenden Touren durch die Stadt zu stärken. Über Berliner Grenzen hinaus bekannt wurde die Hasenheide, weil **TURNVATER JAHN** hier den ersten Turn- und Sportplatz einrichtete. Von der Hasenheide ging deshalb die Turnerbewegung aus, die bald in ganz Deutschland begeisterte Anhänger fand. Heute ist die Hasenheide ein beliebter Ausflugsort. Besondere Attraktion sind die Wildgehege mit Damhirschen und Rehen.

HAUPTSTADT

Heute ist Berlin die Hauptstadt Deutschlands. So einfach das klingt, so kompliziert ist die Sache mit der Hauptstadt für Berlin in Wirklichkeit. Im Laufe der vielen Jahrhunderte war Berlin Residenzstadt der Kurfürsten, Hauptstadt der preußischen Könige, so genannte Reichshauptstadt unter den Nazis und (eigentlich illegal) Hauptstadt der DDR. Aber der Reihe nach und so kurz wie möglich: Als Berlin Ende des 12. Jahrhunderts gegründet wurde, war es eine kleine Fischer- und Kaufmannssiedlung an der **SPREE**. Etwas bedeutender wurde Berlin im Jahr 1411. Burggraf Friedrich VI. aus dem Hause **HOHENZOLLERN** machte Berlin zur **RESIDENZSTADT**, also zum Sitz eines Königshauses. Nachdem sich Kurfürst Friedrich III. am 18. Januar 1701 zum König Friedrich I. in Preußen krönt, wird Berlin »königliche Residenz- und Hauptstadt Preußens«. Als 1871 das Deutsche Kaiserreich gegründet wird, hat Berlin mehr als 820 000 Einwohner und wird von der königlichen Hauptstadt Preußens zur kaiserlichen Hauptstadt des Deutschen Reichs. In der darauf folgenden **GRÜNDERZEIT** wächst Berlin enorm – neue Fabriken und Wohnsiedlungen entstehen. In den **GOLDENEN ZWANZIGERN** wird Berlin zur Weltstadt. Mit Hitlers Machtübernahme 1933 werden für Berlin ganz große Pläne geschmiedet. Aus der Hauptstadt Deutschlands soll die »Welthauptstadt Germania« werden. Von hier aus sollte die ganze Welt regiert werden. Als Regierungssitz wurde die gigantische »Reichskanzlei« an der Wilhelmstraße Ecke Voßstraße errichtet. Der Zweite Weltkrieg hat die weitere Umsetzung des größenwahnsinnigen Plans verhindert. Trotzdem wurde von Berlin aus das ganze Grauen, das die Nazis über die Welt brachten, erdacht und befohlen. Aus diesem Grund verboten die **ALLIIERTEN** nach dem Sieg über Deutschland, dass Berlin wieder **HAUPTSTADT** wurde. Die Potsdamer Konferenz teilte Berlin in vier **SEKTOREN**. Mit Gründung der zwei deutschen Staaten verlegte die Bundesrepublik ihre Hauptstadt nach Bonn. Die DDR ernannte **OST-BERLIN** trotz des alliierten Verbots zur

»Hauptstadt der DDR«. Bis zur Wiedervereinigung existierten so **WEST-BERLIN** und Ost-Berlin nebeneinander, der eine Teil als Regierungssitz und Hauptstadt, der andere ab 1961 als eine von der Berliner **MAUER** umgebene »Insel«. 1991 entschied der Deutsche **BUNDESTAG**, dass Berlin wieder Hauptstadt und damit auch Sitz des Bundestages, der Bundesregierung und des Bundesrates werden sollte. Der Regierungsumzug war aber erst 1999 abgeschlossen, nachdem große Teile des Parlamentsviertels fertig gestellt waren. Vorher verabschiedeten sich die amerikanischen, britischen, französischen und russischen alliierten Truppen mit Feiern und Paraden von den **BERLINERN**.

Die halbe Hauptstadt auf einem 5-Mark-Stück

Der Mariannenplatz war blau,
soviel Bullen waren da, und
Mensch Meier mußte heulen,
das war wohl das Tränengas.
Und er fragt irgendeinen:
»Sag mal, ist hier heut'n Fest?«
»Sowas ähnliches«, sacht einer
»das Bethanien wird besetzt.«

Nach dem Mauerfall gab es eine neue Hausbesetzerbewegung im Ostteil der Stadt. Leer stehende Häuser wurden zum Teil jahrelang für Wohn- und Kunstprojekte genutzt – bis sie verkauft wurden. Um einige Gebäude in Friedrichshain gibt es bis heute Auseinandersetzungen, weil die alten Bewohner den neuen Eigentümern nicht weichen wollen.

HAVEL Neben **SPREE** und **PANKE** ist die Havel der dritte Fluss Berlins. Im Gegensatz zu den anderen beiden fließt er eher in den westlichen Stadtteilen, wo es die schönsten Seen Berlins gibt. Dazu gehört zum Beispiel der **WANNSEE**, der eine Ausbuchtung der Havel ist. Die Havel ist insgesamt 343 Kilometer lang. Ihre Quelle liegt im Dambecker See in Mecklenburg. Sie fließt durch Brandenburg und Berlin und mündet schließlich in Sachsen-Anhalt in die Elbe.

HAUSBESETZER gehörten einst zu **WEST-BERLIN** wie die Kerne zu den Kirschen. In den 1970er Jahren eroberten junge Leute leer stehende Häuser und wohnten dort, ohne Miete zu zahlen. Offiziell hießen sie Hausbesetzer, sie selbst nannten sich Instandbesetzer, weil sie in Häuser zogen, die nicht mehr bewohnt und ziemlich heruntergekommen waren. So hatten die Eigentümer einen Grund, die alten Häuser abzureißen und neue hinzubauen. Wie alles Neue waren diese Wohnungen dann teurer, obwohl man die alten mit etwas Mühe hätte erhalten können.
Das erste und vielleicht bekannteste besetzte Haus Berlins war das »Rauch-Haus« in Kreuzberg. Gemeint ist damit das Schwesternwohnheim im einstigen Krankenhaus **BETHANIEN**, das seit 1970 leer stand. Besetzt wurde es im Dezember 1971. Aber nur für kurze Zeit. Nachdem die Polizei vergeblich versucht hatte, die Besetzer und ihre Anhänger vom Mariannenplatz zu vertreiben, kamen vier Monate später, am 19. April 1972, in aller Frühe 800 Polizisten, um das Haus gewaltsam zu räumen. Die Band »Ton Steine Scherben« hat darüber ein Lied geschrieben. Es ist bis heute die Hymne der Hausbesetzer. Der Anfang geht so:

HERTHA BSC ist der berühmteste Berliner Sportverein – vor allem in Sachen Fußball, denn der Verein spielt in der Bundesliga. Weniger bekannt ist, dass auch die Hertha-Boxer auf Bundesligaebene antreten. Gegründet wurde der Fußballverein vor mehr als hundert Jahren am 25. Juli 1892 als »BFC Hertha 92«. Der für einen Fußballklub eher ungewöhnliche Name Hertha soll von einem gleichnamigen Dampfer stammen, dessen Schornstein blau-weiß gemustert war – was bis heute die Vereinsfarben sind. Die größten Erfolge stammen aus der Zeit vor der Bundesliga, denn Hertha gewann die zwei Meisterschaften von 1930 und 1931. Während der Teilung war Hertha ein **WEST-BERLINER** Verein, doch scheiterten die Fußballer an Skandalen wie der sogenannten Handgeld-Affäre 1965 (gemeint ist damit, dass neue Spieler Geld erhielten). Wegen ihr wurde die Mannschaft von der Bundesliga auf die Regionalliga zurückgestuft. Fortan stieg der Verein immer mal in die Bundesliga ein und wieder aus. Seit 1997 spielt er – abgesehen von zwei Saisons – in der ersten Bundesliga. Außergewöhnlich ist das Engagement des Vereins für Kinder und Jugendliche. Neben einem Kids-Club und einer Jugendmannschaft gründete er die Hertha-Stiftung, die Kinder und Jugendprojekte unterstützt.

HINTERHAUS

Ein Hinterhaus ist das Gegenstück zu einem Vorderhaus. Beide gehören zusammen und wurden vor allem in der **GRÜNDERZEIT** gebaut. Die Angaben hinten und vorn beziehen sich auf die Adresse. Das Vorderhaus steht also an der Straße, das Hinterhaus dahinter, so dass man es nicht direkt von der Straße aus erreichen kann. Hinterhäuser waren früher immer schlechte Adressen. In ihnen waren die Wohnungen kleiner und dunkler als im Vorderhaus, es gab keine Balkone, keine Verzierungen an der Fassade, die Treppenaufgänge waren eng und muffig, und die Klos befanden sich immer im Treppenhaus. Inzwischen hat sich das geändert. Zwar findet man in den Vorderhäusern oft die größeren Wohnungen, doch ist es dort durch den Verkehr auch meist viel lauter als in den Hinterhäusern. Und weil die meisten Hinterhäuser renoviert, mit neuen Bädern ausgestattet und manchmal auch vergrößert wurden, wollen heute viele **BERLINER** lieber im Hinterhaus wohnen.

HOBRECHT-PLAN

Der Hobrecht-Plan ist ein Schriftstück, das Berlin sein typisches Aussehen gab und bis heute auf jedem Stadtplan erkennbar ist: Ein Gewimmel von Straßen und Stadtvierteln, die durch den **S-BAHN**ring und große, von der Mitte strahlenförmig verlaufende Magistralen (große, sehr lange Straßen, die vom Zentrum an den Stadtrand führen) gegliedert sind. Erstellt wurde der Stadtplan vom Berliner Wasserbauingenieur James Hobrecht 1862, der sich im Auftrag des Königs um die Kanalisation in der ständig wachsenden Stadt kümmern sollte. Um festzulegen, wo die Hauptabwasserkanäle verliefen, legte Hobrecht zunächst einmal die Hauptstraßen und Plätze fest und plante Bahnhöfe und Eisenbahnstrecken. Innerhalb des Rasters, das festgelegt wurde, entstanden viele **GRÜNDERZEIT**-Stadtviertel.

HOCHHAUS

Wie jede Großstadt ist auch Berlin nicht ohne Hochhäuser denkbar. Man findet sie überall dort, wo die alten Häuser durch den Krieg zerstört wurden (zum Beispiel am **ALEX** und auf der **FISCHERINSEL**), und dort, wo in den letzten Jahrzehnten neue Stadtviertel entstanden sind, an den Stadträndern. Diese Hochhäuser wurden zum größten Teil in den 70er und 80er Jahren als so genannte Plattenbauten, das heißt aus Betonfertigteilen gebaut. Sie sollten möglichst schnell und möglichst billig für möglichst viele Leute Wohnraum schaffen, denn Berlin war damals schon ein beliebter Wohnort und viele Leute suchten eine Wohnung. Richtige Wolkenkratzer, wie man sie aus Frankfurt am Main, New York oder Shanghai kennt, gibt es in Berlin eigentlich nur am **POTSDAMER PLATZ**. Und bald auch am **ALEX**.

Kanalisation im Auftrag des Königs

Ganz schön lange Familiengeschichte: Um 1400 regierten König Ruprecht und seine Gemahlin Elisabeth das römisch-deutsche Königtum. Preußen kam erst später.

HOHENZOLLERN heißt das Fürstenhaus, das über Jahrhunderte in Berlin residierte und **PREUSSEN** regierte. Das ist ein Adelsgeschlecht, also eine adelige Familie mit einem großen Stammbaum, die die Fürsten-, Königs- und später auch Kaiserkronen an ihre Nachkommen vererbte. Dem Haus Hohenzollern gehörten zum Beispiel die Könige **FRIEDRICH DER GROSSE** und sein Vater Friedrich Wilhelm I. (siehe **SOLDATENKÖNIG**) sowie die deutschen Kaiser Wilhelm I., Friedrich III. und Wilhelm II. an.

Im Jahr 1061 soll der Name das erste Mal in einer Urkunde erwähnt worden sein. Neben den preußischen Hohenzollern gibt es auch noch die brandenburgischen, die fränkischen, die schwäbischen und die rumänischen Hohenzollern. Der Stammsitz des Hauses ist die Burg Hohenzollern in Schwaben, wo sich die Angehörigen auch heute noch zu Familientreffen zusammenfinden. Außerdem gibt es ein öffentlich zugängliches Museum, in dem die preußische Königskrone und viele Dinge aufbewahrt werden, mit denen sich die einstigen Könige und Kaiser gern umgaben. Nach der Zerstörung der **GEDÄCHTNISKIRCHE** im Zweiten Weltkrieg wurden auch ihre schönen Flügeltüren dorthin gebracht.

Die preußischen Könige und Kaiser aus dem Hause Hohenzollern residierten in den kleinen und großen **SCHLÖSSERN** in und um Berlin. 94 Angehörige der Familie wurden in der Gruft des Berliner **DOMS** beerdigt. Zu ihnen gehören der Große Kurfürst Friedrich Wilhelm, sein Sohn König Friedrich I. und dessen Gemahlin Sophie Charlotte.

HOLOCAUST-MAHNMAL Sechzig Jahre nach Ende des Zweiten Weltkriegs wurde im Mai 2005 ganz in der Nähe des **BRANDENBURGER TORS** das größte Denkmal Berlins eröffnet: das »Denkmal für die ermordeten Juden Europas«, kurz das »Holocaust-Mahnmal«. Wenn man bedenkt, dass sechs Millionen jüdische Menschen während der Nazizeit grausam ermordet wurden und dass dieser Massenmord von Berlin aus gesteuert wurde, fragt man sich vielleicht, warum es so lange gedauert hat, bis ein Denkmal an diesen Teil der Geschichte erinnert. Aber auch das erklärt sich aus der Geschichte dieser Stadt: Während der Teilung Deutschlands in Ost und West gab es kein gemeinsames Erinnern an diese grausamen Verbrechen. Erst nach dem Mauerfall konnte ein zentrales, für ganz Deutschland geltendes Mahnmal errichtet werden, dass an die jüdischen Opfer des Holocaust erinnert.

Das Holocaust-Mahnmal steht an einem sehr symbolischen Ort. Von 1961 bis 1989 verlief genau hier die

MAUER zwischen **OST-** und **WEST-BERLIN**. Die Entscheidung, wie das Mahnmal aussehen soll, war nicht einfach. Die Bundesregierung schrieb deshalb einen internationalen Wettbewerb aus. Am Ende siegte der Entwurf des amerikanischen Architekten Peter Eisenman. Das Mahnmal besteht aus 2711 unterschiedlich hohen, schwarzgrauen Betonstelen, die an ein Gräberfeld oder an Särge erinnern. Eisenman hat die dunklen Steinkästen so nebeneinandergesetzt, dass man auf schmalen Wegen durch das Feld hindurch laufen kann. Der Boden ist wellig, und die Stelen sind ganz leicht geneigt. Auf diese Weise verliert man schnell die Orientierung und die Sicherheit, mit der man sonst durch die Straßen läuft, oder sich durch die Geschichte bewegt, als sei sie etwas Fremdes, etwas, das mit uns nichts zu tun hat. Weil das Grauen, das die Menschen erleben mussten, aber ganz konkret und wirklich war, und weil es wichtig ist, daran zu erinnern, gibt es auf dem Gelände des Holocaust-Mahnmals eine Informationsstelle, in der man mehr über die Opfer und die Täter erfahren kann.
www.stiftung-denkmal.de

HUFEISENSIEDLUNG Eine der verrücktesten Wohnsiedlungen Berlins befindet sich in Britz, einem Stadtteil des **BEZIRKS** Neukölln. Dort entstand zwischen 1925 und 1933 die Hufeisensiedlung – miteinander verbundene Miethäuser, deren Gesamtform aussieht wie ein Hufeisen. Insgesamt befinden sich etwa 2000 Wohnungen in der Anlage, die von Bruno Taut entworfen wurde. Taut war ein moderner Architekt, der sich für neue Formen des Wohnens interessierte. Vor allem engagierte er sich für die Siedlungen von Arbeitern, die in den großen Industriebetrieben der Stadt arbeiteten. Anders als viele seiner Vorgänger, die dunkle **MIETSKASERNEN** geplant hatten, wollte er den Bewohnern ein menschenwürdiges und angenehmeres Leben ermöglichen. Deshalb plante Taut Wohnungen mit viel Licht, mit Gärten und kleinen Parks vor der Tür und Platz für gemeinsame Aktivitäten. Auch Farben spielten bei ihm eine wichtige Rolle, denn er wollte vermeiden, dass die Siedlungen monoton und langweilig wirkten. In der Hufeisensiedlung sind es rote Fassaden und blaue Hauseingänge, die zusammen mit gelben Klinkersteinen dafür sorgen, dass die riesige Siedlung freundlich und einladend wirkt. Im Inneren des Hufeisens liegt ein Park mit einem Pfuhl (ein aus der Eiszeit übrig gebliebener kleiner See). Die Hufeisensiedlung wurde 2008 zum UNESCO-Welterbe ernannt und wird von Liebhabern des modernen Bauens aus aller Welt besucht.

HUGENOTTEN Berlins Geschichte ist längst nicht nur die Geschichte von **PREUSSEN** oder Deutschen. Slowaken, Russen und Niederländer kamen zum Beispiel schon nach Berlin, als das Reisen und Auswandern noch gar nicht in Mode war und die meisten Menschen ihr ganzes Leben lang an einem Ort blieben (siehe **EINWANDERER**). Dass das in Berlin anders war, hängt mit den Kriegen der preußischen Armee, mit Militärbündnissen und Freundschaften unter Königshäusern zusammen. Besondere Beachtung verdienen die Hugenotten (wörtlich bedeutet das: die Eidgenossen). Sie sind Franzosen protestantischen Glaubens. Da die meisten Menschen in Frankreich katholisch sind, waren sie eine Minderheit im eigenen Land. Die französischen Könige hielten aber nichts von Glaubensfreiheit und ließen die Hugenotten verfolgen und ermorden. Hunderttausende flüchteten deshalb in die umliegenden protestantischen Länder, besonders gern aber nach Preußen (und damit nach Berlin), weil die Herrscher ihnen hier seit der Zeit des Großen Kurfürsten Friedrich Wilhelm freundlich gesinnt waren. Ein königlicher Erlass von 1685 gewährte ihnen Unterkunft, Arbeit und viele Vergünstigungen – und das natürlich nicht ohne eigenen Nutzen. Das preußische Königshaus versprach sich durch die Hugenotten den Einzug der »feinen Sitten« Frankreichs. Also französische »

ALEXANDER UND WILHELM VON HUMBOLDT

UNTER DEN LINDEN, vor dem Haupteingang der Humboldt-**UNIVERSITÄT**, sitzen auf zwei hohen Sockeln die Brüder von Humboldt. Links sitzt Wilhelm. Er ist durch die Bücher in seinen Händen zu erkennen, denn er war ein Gelehrter und Minister, der sich um die Erziehung und die Bildung in **PREUSSEN** kümmerte und den Kaiser dazu bewegte, die Humboldt-Universität zu gründen. Alexander sitzt rechts. Sein Erkennungszeichen ist der Globus, denn er war ein Naturforscher, der um die Welt reiste, Vulkane und Berge bestieg, Pflanzen und Mineralien sammelte und über all das Bücher schrieb, die viele Tausend begeisterte Leser fanden.

Das Leben der beiden Brüder war so abenteuerlich, dass es für zehn reichen würde. Dabei ist der Anfang noch einfach: Die Gebrüder waren Söhne eines preußischen Offiziers, ihre Mutter war **HUGENOTTIN** aus wohlhabendem Haus. Sie wuchsen im **SCHLOSS** Tegel auf und erhielten dort Privatunterricht von berühmten Lehrern, die ihnen mehrere Sprachen, die Grundlagen der Philosophie und der Naturwissenschaften beibrachten. Dann wird es komplizierter: Wilhelm, der ältere, lebte von 1767 bis 1835. Er studierte in Frankfurt (Oder) und Göttingen, verbrachte einige Jahre in Thüringen als Berater und Mitarbeiter Schillers und Goethes, zog später mit seiner Familie nach Paris. In Berlin zurück, entwickelte er ein Bildungs- und Schulsystem, das uns bis heute beeinflusst. Er wurde Diplomat und Minister und lebte wieder im Tegeler Schloss, das er von **SCHINKEL** umbauen ließ. Dass zur Einweihung des Umbaus das preußische Kronprinzenpaar anwesend war, zeigt, wie bedeutend Wilhelm von Humboldt in Berlin war.

Alexander, zwei Jahre jünger, lebte bis 1859. Er galt als der weniger begabte der beiden Brüder und musste erst die Handelsakademie besuchen. Bevor er endlich um die Welt reisen konnte, studierte er Physik und Bergbau und leitete zwei Bergwerke. Zeitlebens machte er immer das, was unmöglich oder gefährlich schien: Im Jahr 1800 reiste er 75 Tage lang auf dem Fluss Orinoco und bemerkte bei der 2 000 km langen Reise, dass die magnetische Feldstärke vom Pol zum Äquator abnimmt. Er maß die Temperaturen des Meeres und entdeckte so den später nach ihm benannten Humboldtstrom. 1802 bestieg er den Chimborazo in Ecuador, später untersuchte er Vulkane in Mexiko, Italien und auf Teneriffa. Im April 1827 drang er in London mit der ersten Taucherglocke der Welt bis auf den Grund der Themse vor.

Durch seine Reisen und die Bücher, die er darüber schrieb, wurde Alexander noch berühmter als sein Bruder. Nach seinem Tod ehrte man ihn mit einem Staatsbegräbnis im Berliner **DOM**. Nach den Gebrüdern Humboldt wurde nun das erst kürzlich eröffnete, wiederaufgebaute Stadt**SCHLOSS** benannt: Im Humboldt-Forum soll Berlin und die ganze Welt in all ihrer Schönheit und Vielfalt gezeigt, gefeiert und gewürdigt werden. www.humboldtforum.org

Alexander und Wilhelm von Humboldt vor dem Haupteingang der Humboldt-Universität

Kultur, französische Küche und französisches Handwerk in Preußen. Viele Hugenotten fanden ihr Auskommen als Handwerker, Landwirte, Köche, Schneider und als Baumeister am königlichen Hof. Das blieb auch unter **FRIEDRICH II.** und anderen preußischen Königen so. Glaubenszentrum der Berliner Hugenotten war die Französische Friedrichstadtkirche am **GENDARMENMARKT**, der später angebaute Turm heißt Französischer **DOM**. Dort findet sich heute das Hugenotten-Museum. Einer der berühmtesten Hugenotten Berlins war übrigens **THEODOR FONTANE**. www.hugenottenmuseum-berlin.de

Der große (dicke) Kurfürst empfängt Abgesandte der Hugenotten 1686

ICC Nicht lange nach der Eröffnung des **PALASTES DER REPUBLIK** in **OST-BERLIN** feierte **WEST-BERLIN** im April 1979 die Einweihung des Internationalen Congress Centrums (ICC). Drei Tage dauerte das Fest mit allen berühmten Leuten aus Berlin und vielen aus der Bundesrepublik. Das Berliner Philharmonische Orchester spielte unter der Leitung von Herbert von Karajan. Luciano Pavarotti und Udo Jürgens sangen, der Regierende **BÜRGERMEISTER** hielt eine feierliche Rede, die Senatoren sprachen von der großen Zukunft (West-)Berlins, weil nun alle Leute aus nah und fern ihre Kongresse im ICC abhalten würden. Immerhin hatte man fast zehn Jahre an diesem Haus gebaut, und noch nie war so viel Geld für ein einziges Gebäude ausgegeben worden. Etwa 4000 Handwerker, Bauleute, Techniker, Elektriker und andere hatten mitgearbeitet, um das 320 Meter lange, 80 Meter breite und 40 Meter hohe Gebäude zu errichten, das mit seinen silbernen Fassaden und verglasten Gängen aussah wie ein Raumschiff, das soeben am **FUNKTURM** gelandet war. Kein Wunder also, dass die **BERLINER** es auch gleich so nannten. Das ICC hat 80 Säle, in denen 20 oder auch 9000 Menschen Platz hatten – bevor das ICC 2014 praktisch geschlossen wurde, weil niemand mehr die Kosten für die dringend notwendigen Renovierungen übernehmen wollte und sowieso andere Gebäude für Messen oder andere Großveranstaltungen genutzt werden. Es wurde 2019 zwar unter Denkmalschutz gestellt, aber ein Konzept, was mit dem ICC passieren soll, scheint es bislang nicht zu geben.

ISCHTAR-TOR Einer der größten Schätze Berlins ist das Ischtar-Tor im Vorderasiatischen Museum auf der **MUSEUMSINSEL**. Einst war es ein Stadttor in Babylon am Ufer des Euphrat. Die Stadt kommt in der Bibel als Ort des Turmbaus zu Babel vor. Das Tor befand sich am Ende einer von hohen Mauern gesäumten Prozessionsstraße. Deutsche Archäologen fanden deren Reste bei Ausgrabungen Anfang des 20. Jahrhunderts. Bis 1927 wurden Hunderte Kisten mit Gegenständen aus dem alten Babylon nach Berlin verschifft und von Restauratoren behandelt. Stück für Stück setzten sie die alten Formen wieder zusammen, ergänzten und bauten nach, bis man 1930 im Südflügel des gerade neu gebauten Pergamonmuseums (siehe **PERGAMONALTAR**) wieder durch das alte Tor von Babylon schreiten konnte. Die Mauern der Straße und des Tores sind mit leuchtend blauen Ziegeln verkleidet, auf denen große goldgelbe Tiere zu sehen sind: Die Löwen sind Symbole der Göttin Ischtar, die die Babylonier als Herrin des Himmels, als Göttin der Liebe und als Schutzgöttin der Armee verehrten. Die Drachen mit den schlangenähnlichen Köpfen stellen den Gott der Stadt Babylon, Marduk, dar. Von ihm erhoffte man sich viele Kinder und ewiges Leben. Die wilden Stiere symbolisierten den Wettergott Adad. Hinter dem Tor stand einst ein großer Stufentempel – jener Turm zu Babel, von dem in der Bibel die Rede ist. Obendrauf befand sich ein Schrein, in dem man dem Gott Marduk huldigte.

ISLAMISCHER FRIEDHOF 1866 schenkte König Wilhelm I. der türkischen Gemeinde Berlins ein Stück Land am Columbiadamm, das fortan als Friedhof für die **EINWANDERER** aus der Türkei genutzt werden konnte. Die meisten Türkinnen und Türken gehören der islamischen Religion an und haben andere Bräuche, um ihre Toten zu begraben und zu ehren. Zum Beispiel werden alle Gräber nach Mekka ausgerichtet. Das ist eine Stadt in Saudi-Arabien, in der Prophet Mohammed geboren worden sein soll. Dort befindet sich die heiligste Stätte des Islams: die Heilige Moschee. Die Verstorbenen werden nicht in einem Sarg, sondern in einem Leichentuch bestattet – aber das sind nur einige Unterschiede zu christlichen Begräbnissen. Der islamische Friedhof wurde nicht nur von türkischen, sondern von Muslimen aller Länder genutzt. In seiner Mitte steht ein Obelisk, der die Namen von fünf in Berlin verstorbenen Gesandten und Botschaftern trägt, die zu Zeiten von Wilhelm I. hier dienten. Nach dem Ersten Weltkrieg wurde hier auch eine Kriegsgräberstätte für gefallene türkische Soldaten angelegt. Die letzte Beerdigung fand 1989 statt. Seitdem gibt es auf anderen Berliner Friedhöfen Teile, die nur von Muslimen genutzt werden können. Am Columbiadamm aber entstand ein türkisches Gemeindezentrum mit großer Moschee.

JÜDISCHER FRIEDHOF Seit 1880 gibt es in Weißensee einen Friedhof für **BERLINER** und Berlinerinnen jüdischen Glaubens. Die Gemeinde Berliner Juden hatte damals 65 000 Mitglieder, so dass der ältere

Friedhof in der Schönhauser Allee nicht mehr ausreiche, um die Verstorbenen zu begraben. Mit mehr als 116 000 Grabstellen auf 42 Hektar ist der Weißenseer Friedhof inzwischen der größte jüdische Friedhof Europas, und ganz sicher gehört er zu den schönsten der Welt. Viele der besonders alten Gräber sind Mausoleen von berühmten Berliner Familien, zu denen herausragende Künstler, Industrielle und Erfinder gehörten. Während des Nationalsozialismus versteckten jüdische Gemeindemitglieder in der Feierhalle des Friedhofs mehr als 500 Thorarollen (die Thora ist die heilige Schrift des Judentums), um sie vor der Vernichtung durch die Nazis zu bewahren. Das wäre fast geglückt, doch zerstörten die Bomben der **ALLIIERTEN**, die gegen Hitler kämpften, auch Teile des Friedhofs. Nach Ende des Zweiten Weltkriegs lag der Friedhof in **OST-BERLIN**. (**WEST-BERLIN** eröffnete deshalb einen eigenen jüdischen Friedhof an der Heerstraße.) Vor der

großen Feierhalle erinnert ein Gedenkstein an die sechs Millionen Juden, die in den Konzentrationslagern der Nazis ums Leben kamen. Um den mittleren Stein herum sind deshalb weitere Steine ausgelegt, auf denen die Namen der großen Konzentrationslager zu lesen sind. Auf dem Friedhof selbst findet man viele Gräber, an denen nachträglich Namen von Familienmitgliedern angebracht wurden, die dort ums Leben kamen.

17. JUNI 1953 Einer der ungewöhnlichsten Straßennamen Berlins gehört zu der großen Straße zwischen **BRANDENBURGER TOR** und Ernst-Reuter-Platz: Die Straße des 17. Juni. An diesem Tag ereignete sich 1953 der einzige große Aufstand gegen die DDR-Regierung vor dem Herbst 1989, bei dem die **MAUER** fiel. Der Aufstand ging von den Arbeitern der Stalinallee (siehe **ZUCKERBÄCKERSTIL**) aus. Sie wehrten sich damit gegen immer neue Arbeitsanforderungen der Regierung, für die sie mehr arbeiten und weniger Lohn erhalten sollten. Dagegen traten die Bauarbeiter am Abend des 16. Juni in einen spontanen Streik. Am folgenden Tag weitete er sich auf das Gebiet der gesamten DDR aus. Während die Fernsehsender der DDR den Streik verschwiegen oder herunterspielten, übertrug der **RIAS** alles, was seine Journalisten erfahren konnten. Die Regierung der DDR ließ sich jedoch nicht auf Verhandlungen ein. Sie rief die sowjetischen **ALLIIERTEN** zu Hilfe und ließ den Aufstand niederschlagen. Bis heute ist nicht sicher, wie viele Streikende dabei starben. Schätzungen sprechen von 50 bis 125 Todesopfern. Außerdem wurden etwa 1400 Menschen zu Haftstrafen verurteilt. Die westlichen Alliierten griffen nicht in das Geschehen ein. Im Nachhinein bewerteten beide deutsche Staaten das Geschehen gegensätzlich. In der Bundesrepublik galt der Aufstand als Versuch der DDR-Bürger, ihre Regierung zu stürzen (man feierte deshalb den 17. Juni als »Tag der deutschen Einheit«). Die DDR-Regierung dagegen bezeichnete ihn als »konterrevolutionären Putsch«, also einen feindlichen Angriff, den westliche **SPIONE** angezettelt hätten. Nicht zufällig heißt deshalb nur der einst in **WEST-BERLIN** liegende Teil der Straße so. In **OST-BERLIN** war es generell unerwünscht, über den 17. Juni 1953 zu sprechen.

Ein Datum als Straßenname 75

J.W.D. (sprich: jott we de) ist eine Abkürzung und typisch **BERLINERISCH**. Ausgeschrieben bedeutet es: janz weit draußen – was bei **BERLINERN** alles Mögliche sein kann: der nächste Kiez, das andere Ende der Stadt, ein Randbezirk, ein Vorort von Berlin oder Bayern oder die afrikanische Wüste.

KADEWE Eine der bekanntesten Adressen Berlins ist das KaDeWe, das Kaufhaus des Westens in der Tauentzienstraße am Wittenbergplatz. Es ist das berühmteste aller Berliner Kaufhäuser, man kennt es sogar in London und Paris. Gegründet wurde es 1907 von Kommerzienrat Adolf Jandorf. Damals hatte das Haus fünf Etagen und 24 000 Quadratmeter Verkaufsfläche. Auf denen verkaufte man so exquisite Waren, dass das Kaufhaus in kürzester Zeit die beliebteste Einkaufsadresse für gut betuchte Berliner Familien wurde. Heute gibt es sieben Verkaufsetagen und 60 000 Quadratmeter Fläche, auf denen Mode, Geschirr, kleinere Einrichtungsgegenstände und Nahrungsmittel verkauft werden – und auch heute soll es von allem das Beste sein. Täglich kommen bis zu 50 000 Menschen hierher, um die Schaufenster, das Portal oder die Auslagen zu bewundern und etwas zu kaufen. Oder auch nur, um die Feinschmeckeretage zu besuchen. Die ist so groß, dass man angeblich jedes noch so seltene Nahrungsmittel Europas hier finden kann. Egal ob das stimmt oder nicht, sensationell ist es allemal.

KALTER KRIEG Der Ausdruck »Kalter Krieg« bezeichnet die Auseinandersetzungen, die nach dem Zweiten Weltkrieg zwischen den verfeindeten Lagern NATO und Warschauer Pakt mit den Supermächten USA und Sowjetunion an der Spitze ausgetragen wurden. Das war kein echter Krieg, sondern ein »kalter«, in dem nicht mit Waffen gekämpft wurde, sondern mit Propaganda, Anfeindungen, Spionage und falschen Behauptungen, die das Bild vom anderen System möglichst schlecht machen sollten. Deutschland und vor allem Berlin waren wichtige Schauplätze des Kalten Kriegs, denn hier trafen beide Machtblöcke direkt aufeinander. Mehrmals sah es so aus, als würde er gerade hier zu einem richtigen (»heißen«) Krieg werden. Solche Situationen bestanden während der **BLOCKADE** 1948 oder während des Mauerbaus 1961. Mit der Wiedervereinigung Deutschlands fand auch der Kalte Krieg ein Ende. Wer wissen möchte, wie er in Deutschland geführt wurde, sollte sich die ständige Ausstellung im Deutschen Historischen Museum ansehen. Dort kann man anhand von Plakaten, nachgebauten Radiosendern, Spionagegeräten, Zeitschriften und tausend anderen Sachzeugen erleben, wie der Kalte Krieg das Denken und Handeln vieler Menschen in Ost und West beeinflusst hat. www.dhm.de

KARNEVAL Lange Zeit war Berlin für Karnevalisten ein Schrecken, denn hierzulande waren es lange nur Kinder, die sich verkleideten und bunt bemalt durch die Straßen zogen. Alle anderen wurden skeptisch beobachtet und mit frechen Sprüchen bedacht, so dass sich auch die mutigsten Karnevalsnarren komisch vorkamen. Das hat sich inzwischen gleich doppelt geändert.
1. Seit dem Umzug der Bonner nach Berlin (siehe **HAUPTSTADT**) wird hier eine Art rheinischer Fasching gefeiert, der selbst die Rheinländer erstaunt. Denn in der Fremde (also in Berlin) verbrüdern sich die ehemaligen Bewohner der sonst eher feindlichen Karnevalszentren

Köln, Düsseldorf und Mainz miteinander, um einträchtig und für olle Berliner Ohren zu laut und zu fröhlich Karneval zu feiern. Am wichtigsten ist auch hier natürlich der Umzug, der seit 2000 in Mitte stattfindet.
2., und noch viel besser, gibt es den Karneval der Kulturen. Das ist ganz sicher der tollste Umzug Berlins. Er findet seit seiner Erfindung 1995 jeden Sommer an einem Wochenende Ende Mai oder Anfang Juni statt und zieht inzwischen fast zwei Millionen Zuschauer an. Die Idee zum Karneval entstand durch die **BERLINER** vieler verschiedener Nationalitäten und Kulturen, die hier zu Hause sind. Es sollen immerhin 440 000 Menschen aus 180 Ländern der Welt sein. Beim Karneval der Kulturen kann man sie alle sehen: bunt kostümiert, tanzend, singend, trommelnd. Der Zug ist unendlich lang und laut und lustig und ganz sicher eins der schönsten Ereignisse, die man in Berlin erleben kann. Für Kinder gibt es einen extra Umzug, der vom Mariannenplatz zum Görlitzer Park in Kreuzberg führt. Teilnehmen kann jeder, der Lust und ein Kostüm hat. Am Ende gibt's dann jede Menge Konzerte und Mitmachspiele für alle. Alle Infos findet ihr unter www.karneval-berlin.de

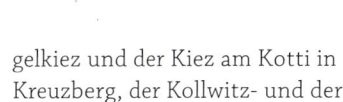

gelkiez und der Kiez am Kotti in Kreuzberg, der Kollwitz- und der Helmholtzkiez rund um den Kollwitz- bzw. den Helmholtzplatz in Prenzlauer Berg oder der Nollendorfkiez um den Nollendorfplatz in Schöneberg. Dort gibt es besonders viele Cafés, Spielplätze, Kneipen und Kinos und irgendwie wirken die Leute, die man dort trifft, als würden sie sich alle gut kennen.

KIEZ ist ein Wort, das es nicht nur in Berlin gibt, aber es wird wohl nirgendwo so oft und so gern gebraucht wie hier. Im Mittelalter bedeutete Kietz (man schrieb das Wort damals noch mit tz) so etwas wie »kleine Fischersiedlung« oder »Hütten in der Nähe der Burg«. Das Wort stammt aus dem Slawischen und leitet sich von chyza für Hütte oder Haus ab. Man sagt, dass es früher eher abfällig gebraucht wurde, weil in Hütten meist die armen Menschen lebten. Heute ist das ganz anders, denn die meisten **BERLINER** lieben ihren Kiez. Im Unterschied zum **BEZIRK**, der in Berlin ja ganz schön groß sein kann, bezeichnet das Wort ein kleines Stadtviertel oder einen Ortsteil. »Mein Kiez« sagt man zu dem Viertel, in dem man wohnt, wo man sich wohl und zu Hause fühlt. Meistens weiß man, wo man das beste Eis bekommt, wann man Freunde auf dem Spielplatz trifft, welche Skaterbahn gerade die beste ist, welche Ampel schneller auf Grün schaltet und welcher Bäcker ab und zu ein Stückchen Kuchen umsonst rausrückt. Zu den bekanntesten Kiezen Berlins zählen der Wran-

KNUT Am 5. Dezember 2006 jubelte ganz Berlin über ein vorzeitiges Weihnachtsgeschenk: Im Berliner **ZOO** waren zwei kleine Eisbären geboren worden, die ersten seit dreißig Jahren. Leider überlebte nur einer von beiden, denn die Eisbärenmutter Tosca nahm ihre Jungen nicht an. Knut, der zu diesem Zeitpunkt gerade mal 810 Gramm wog (weniger als eine Packung Milch), kam deshalb in einen Brutkasten und wurde von einem Tierpfleger rund um die Uhr gefüttert, gehegt und gepflegt. Unter seiner Obhut entwickelte Knut sich prächtig. Im März wog er bereits neun Kilogramm – und konnte am 23. März 2007 endlich den Zoobesuchern vorgestellt werden. Die kamen in Scharen, genauso wie viele Journalisten und Fernsehreporter, die das »

Ereignis in die ganze Welt übertragen, sogar nach China und Südafrika. Knut hatte von da an eine Fangemeinde, die die Entwicklung vom Baby zum erwachsenen Bär genau verfolgte. Und alle wollten den kleinen weißen Kerl und seinen inzwischen ebenfalls berühmt gewordenen Pfleger Thomas Dörflein spielen sehen. Leider starb Knut im Alter von vier Jahren an einer Gehirnentzündung. So groß die Begeisterung bei seiner Geburt gewesen war, so groß war die Trauer bei der Nachricht seines plötzlichen Todes. Knuts Körper wurde präpariert und ist seitdem im Berliner Naturkundemuseum als ein Meisterstück der Taxidermie (einem alten Handwerk der Tierpräparation) zu bewundern.

ROBERT KOCH (-INSTITUT)

Wenn es unter Medizinern Superstars gibt, dann gehört Heinrich Hermann Robert Koch in jedem Fall dazu. Er war nicht nur Arzt, sondern auch Mikrobiologe. Mit beiden Fähigkeiten versuchte er die Ursachen von Krankheiten zu finden, die zu Kochs Lebzeiten (1843–1910) jedes Jahr Hunderttausenden Menschen das Leben kosteten. Dass man heute Tuberkulose und Milzbrand kaum noch kennt, hat mit Kochs wegweisenden Forschungen zu tun. Koch hatte sich schon als Kind fürs Mikroskopieren interessiert und sofort nach dem Abitur mit dem Medizinstudium begonnen. Auch nach dem Studium hatte er noch so großen Wissensdurst, dass er es nicht lange an einem Ort aushielt und von Stadt zu Stadt zog, um als Arzt zu arbeiten. Erst in einem Krankenhaus in Hamburg, dann in einer Kinderpsychiatrie in Langenhagen bei Hannover, dann als Landarzt nahe Potsdam. Und er meldete sich freiwillig als Sanitätsarzt im Deutsch-Französischen Krieg (1870/71). An jeder Station sammelte er neue Erfahrungen und entwickelte Ideen zum Ursprung jener Krankheiten, die er bei seinen Patienten behandelte. Er verstand, dass nicht schlechte Taten oder ein strafender Gott die Krankheiten auslösten, sondern Bakterien. Und er wies nach, dass sie von Mensch zu Mensch weitergegeben werden können. Was sich heute ganz selbstverständlich anhört, waren damals Sensationen. Erst mit diesen grundlegenden Erkenntnissen war es möglich, den Krankheiten vorzubeugen oder nach Heilmitteln zu suchen.

Für die Entdeckung der Tuberkulose-Bazillen erhielt er 1905 den Nobelpreis für Medizin. Aber Koch war schon lange vorher ein Star – und zum **BERLINER** geworden. 1885 kam er als erster Professor für Hygiene (ein Bereich der Medizin, der sich mit der Erhaltung und Förderung der Gesundheit befasst und besonders auf die Vermeidung von Keimen und Infektionen achtet) an die Berliner **UNIVERSITÄT**. Studenten aus aller Welt wollten bei ihm lernen und mit ihm gemeinsam an den Krankheitserregern forschen. 1891 wurde er deshalb zum Direktor eines für ihn und seine Forschungen gegründeten Instituts für Infektionskrankheiten. Er leitete es bis 1904, begann jetzt aber auch um die Welt zu reisen, um tropische Krankheiten zu erforschen. Er starb 1910. Die Urne mit seiner Asche wurde an seinem Institut, in einem eigens für ihn errichteten Mausoleum, beigesetzt. Es heißt heute nach ihm und ist so bekannt wie kaum eine andere wissenschaftliche Einrichtung in Deutschland: das Robert-Koch-Institut Berlin.

www.rki.de/museum

KÄTHE KOLLWITZ

Eine der wichtigsten deutschen Künstlerinnen des 20. Jahrhunderts war Käthe Kollwitz. Sie war keine echte Berlinerin (geboren wurde sie 1867 in Königsberg), aber sie lebte seit ihrem 17. Lebensjahr bis fast zum Ende ihres Lebens in Prenzlauer Berg. Berühmt wurde Käthe Kollwitz durch Kunstwerke, in denen sie zeigt, was Armut, Krankheit, Arbeitslosigkeit, Krieg und Tod für die Menschen bedeuten. Ihre Arbeiten tragen Titel wie »Arbeitslosigkeit«, »Nie wieder Krieg!«, »Die Witwe« oder »Hunger«. Das Leid, das sie in ihren Werken darstellte, erlebte sie täglich auf den Straßen Berlins oder in der Arztpraxis ihres Mannes. Und am eigenen Leib: Im Ersten Weltkrieg starb ihr Sohn Peter.

Für ihren Kampf gegen den Krieg und die Armut wurde Käthe Kollwitz 1929 der Orden »Pour le Mérite« verliehen. Die Anerkennung dauerte aber nicht lang. 1933 wurde Käthe Kollwitz von den Nationalsozialisten aus allen Ämtern gedrängt. Sie zählte damit zu den vielen Künstlern, die unter den Nationalsozialisten als »entartet« galten (eine Worterfindung der Nazis, die ausdrücken sollte, dass die Kunst nicht schön und fröhlich, sondern krank, hässlich und düster sei) und deren Werke deshalb nicht mehr öffentlich ausgestellt werden durften. Käthe Kollwitz arbeitete trotzdem weiter in ihrem Berliner Atelier in der Fasanenstraße. Aus dieser Zeit stammt das Selbstporträt links. Erst als die Bombardierungen zunahmen, verließ sie Berlin. Am 22. April 1945 starb sie im Alter von 77 Jahren in Moritzburg bei Dresden. Ihr Grab ist auf dem Zentralfriedhof Berlin-Friedrichsfelde. Der nach Käthe Kollwitz benannte Kollwitzplatz liegt nur wenige Schritte vom einstigen Wohnhaus der Familie Kollwitz entfernt. Mitten auf dem Platz kann man ihr als große, bronzene Skulptur des Bildhauers Gustav Seitz begegnen. Drumherum befindet sich einer der beliebtesten und belebtesten Spielplätze Berlins. Berühmt ist nicht nur der Platz, sondern der ganze **KIEZ** rund um den Kollwitzplatz. Außerdem gibt es in der Fasanenstraße ein wunderbares Museum, in dem man viele ihrer Werke sehen und viel über ihr Leben erfahren kann.

www.kaethe-kollwitz.berlin

KPM Eine der berühmtesten Berliner Fabriken ist die **K**önigliche **P**orzellan-**M**anufaktur. In ihr werden seit dem 18. Jahrhundert feine Geschirre, Kaffeegedecke, Vasen oder Büsten berühmter Persönlichkeiten hergestellt. Ihren Namen erhielt die KPM durch **FRIEDRICH II.**, der die Manufaktur 1763 vom Berliner Kaufmann Johann Ernst Gotzkowsky kaufte. Mit dem Erwerb schlug Friedrich zwei Fliegen mit einer Klappe: Einerseits bewahrte er eine Fabrik, die sonst wahrscheinlich Pleite gegangen wäre. Auch damals gab es also schon so etwas wie Wirtschaftsförderung. Andererseits bekam er so eine Manufaktur, in der er sein eigenes Geschirr herstellen lassen konnte. Fein verzierte Porzellane waren damals an allen großen Königshäusern Europas in Mode. Und ein König, der seine eigene Manufaktur hatte, konnte sich den anderen Königen ebenbürtig fühlen. Friedrich wurde so auch sein bester Kunde. Als erstes gab er 22 Service (aus Unter-, Speise- und Suppentellern, Tassen, Schalen und Terrinen bestehend) in Auftrag, die auf seinen Schlössern benutzt oder an andere Königshäuser verschenkt wurden. Dem König war sein Porzellan sehr wichtig, deshalb war die KPM ein Vorzeigebetrieb, in dem viel bessere Arbeitsbedingungen herrschten als sonst in Berlin. Es gab geregelte Arbeitszeiten, eine Betriebskrankenkasse, Renten und eine bessere Entlohnung. Kinderarbeit war verboten. Markenzeichen des KPM-Porzellans ist das königsblaue Zepter auf der Rückseite. Noch heute befindet sich die KPM in Charlottenburg am Rand des **TIERGARTENS**, wohin die Fabrik zu Lebzeiten Friedrichs wegen des direkten Zugangs zur **SPREE** gezogen war. Den **ALTEN FRITZ** gibt's inzwischen auch aus Porzellan.

Die sind echt überall

KREMSER Dass das etwas altmodische Wort »Kremser« eine Pferdekutsche bezeichnet, wissen heute noch ziemlich viele. Dass es sich dabei um eine Berliner Erfindung handelt, ist schon nicht mehr so bekannt, obwohl Kremser einmal das wichtigste Verkehrsmittel Berlins waren. Damals nannte man sie »Pferdeomnibus« – was ziemlich genau ausdrückt, was Kremser sind: Vornedran zwei Pferde, hintendran ein Wagen, in dem sechs bis zehn Personen Platz hatten. Bis zur Einführung der Kremser 1825 ließ man sich in Sänften tragen (ja wirklich: zwei Leute tragen den »Fahrgast« auf einer Art Stuhl mit zwei Tragegriffen vorn und hinten – sehr praktisch auf Holperwegen), im Flaker (zwei Pferde vor einer Kutsche, in die vier Personen passen) oder in der Droschke kutschieren (kleines Pferdefuhrwerk für einen Kutscher und einen Fahrgast). Im Vergleich dazu waren die Kremser Massentransportmittel. Zuerst dienten sie dazu, von Berlin aus in die Städte und Dörfer der Umgebung zu gelangen, wie nach Charlottenburg, das damals noch nicht zu Berlin gehörte. Später setzte man sie auch im innerstädtischen Verkehr auf festen Strecken ein, so dass sie wirklich wie die heutigen Linienbusse fuhren.

KULTURFORUM Das Kulturforum dürfte einer der phänomenalsten Plätze in Europa sein, zumindest, wenn man gern in Konzerte geht, Museen besucht oder Bücher aus Bibliotheken ausleiht. »Kulturforum« ist nämlich der Name für ein großes Gelände neben dem **POTSDAMER PLATZ** an der Grenze zum **TIERGARTEN**. Erbaut wurde es in den 1960er Jahren – je nachdem, welches Gebäude man meint. Zum Forum gehören die Philharmonie, der Kammermusiksaal, die Staatsbibliothek, die **GEMÄLDEGALERIE**, das Kupferstichkabinett und die Neue **NATIONALGALERIE**, das Kunstgewerbe- und das Musikinstrumentenmuseum. Die Gesamtanlage wurde vom Architekten Hans Scharoun entworfen. Für **WEST-BERLIN** war das Kulturforum so etwas wie ein Gegenstück zur **MUSEUMSINSEL** in **OST-BERLIN** und zur Prachtstraße **UNTER DEN LINDEN**, wo sich die allermeisten der wichtigen Berliner Museen und Konzerthäuser befanden. In der Mitte der Kulturforums steht das einzige alte Gebäude: die St. Matthäuskirche, die 1844–1846 von Friedrich August Stüler gebaut wurde und wo heute neben den Gottesdiensten auch Konzerte mit geistlicher Musik stattfinden. Aktuell wird am Kulturforum das Museum des 20. Jahrhunderts gebaut.

KURFÜRSTENDAMM | KU'DAMM

Der Ku'damm, dessen Name nix mit Kuh zu tun hat, ist Berlins bekanntester Einkaufsboulevard. Man findet hier auf 3,5 Kilometer Länge große Modekaufhäuser, Juweliere, Galerien, Teppich- und Einrichtungsläden und im Winter manchmal auch pelzmanteltragende Damen, die dem Einkaufsbummel die nötige Eleganz verleihen. Hotels, Theater und Cafés gehören auch dazu, schließlich war der Ku'damm das Szeneviertel der **GOLDENEN ZWANZIGER**, in denen Berlin das legendäre kulturelle Zentrum Europas war. Zu den schrecklichen Seiten seiner Geschichte gehört, dass hier zuerst und besonders hart die Enteignungen jüdischer Kaufleute durch die Nazis begannen. Während des Zweiten Weltkriegs wurden viele Gebäude, darunter die **GEDÄCHTNISKIRCHE**, durch Bomben zerstört. Danach wurde der Ku'damm das Aushängeschild **WEST-BERLINS** im Wirtschaftswunderboom der 1950er Jahre.

Seine Geschichte beginnt allerdings schon im 16. Jahrhundert als Reitweg (oder eben Damm) für die Kurfürsten, die so bequem vom Stadtschloss zum Jagdschloss **GRUNEWALD** (siehe **SCHLOSS**) reiten konnten. Daher der Name. Zum 53 Meter breiten Boulevard wurde er auf Geheiß des Reichskanzlers Otto von **BISMARCK**, der in der neuen Reichshauptstadt Berlin (siehe **HAUPTSTADT**) eine Prachtstraße haben wollte.

LANDWEHRKANAL

Die Wasserstraße zwischen der Oberspree am Schlesischen Tor und der Unterspree in Charlottenburg heißt Landwehrkanal. Angelegt wurde er 1845 nach Plänen des Berliner Landschaftsarchitekten Peter Joseph Lenné, der auch den **TIERGARTEN** entworfen hat. Für den Bau des Kanals nutzte man den Lauf eines alten Grabens, auf dem Flöße mit Baumstämmen und behauenem Holz zum königlichen Holzplatz am Halleschen Tor gebracht wurden. Davor war er einfach ein Graben vor der Stadtmauer, der einerseits vor Eindringlingen schützen (daher der Name) und andererseits Hochwasser aus der **SPREE** aufnehmen sollte. Lenné vergrößerte den Landwehrkanal auf zehn Kilometer Länge, durchschnittlich 23 Meter Breite und zwei Meter Tiefe.

In die Berliner Geschichte ging er ein, weil Rosa Luxemburg (sie war Mitbegründerin der Kommunistischen Partei Deutschlands und Anfang der 20. Jahrhunderts wichtige Anführerin der Arbeiterbewegung) am 15. Januar 1919 in der Nähe ermordet wurde. Die Mörder, Angehörige der Garde-Kavallerie-Schützendivision, warfen ihren Leichnam in den Kanal, wo er erst ein halbes Jahr später gefunden wurde. Ein Denkmal in der Nähe der unteren Schleuse erinnert heute daran.

LAUBENPIEPER

Lauben oder Schrebergärten gibt es in ganz Deutschland. Eigentlich erfand sie ein gewisser Herr Schreber Mitte des 19. Jahrhunderts, damit Kinder, die in der Großstadt aufwachsen, lernen, wie man Obst und Gemüse anbaut. Anstelle der Kinder waren es aber die Erwachsenen, die an den kleinen Gärten Gefallen fanden, so dass bald überall an den Stadträndern Gartenkolonien entstanden, in denen vor allem die »kleinen Leute« etwas Erholung fanden und Gemüse anbauen konnten, um Geld zu sparen. In Berlin gibt es fast 72 000 Schrebergartenbesitzer, die hier allerdings Laubenpieper genannt werden. Und die gärtnern nicht nur an den Stadträndern, sondern auch mitten in Wilmersdorf, Wedding oder Prenzlauer Berg, manchmal umgeben von hohen Betonwänden oder Plattenbausiedlungen. Für die Natur ist das ein großes Glück, denn Kleingartenkolonien sind ökologische Inseln, in denen oft mehr Tier- und Pflanzenarten leben als in den öffentlichen Parks.

Ist diese Schrift zu klein? Karotten sind gut für die Augen!

Lieber Leierkastenmann,
fang noch mal von vorne an
deine alten Melodien
von der schönen Stadt Berlin.
Stehst du unten uff'n Hof,
wird mir jleich ums Herz
janz doof;
noch eenmal so'n junget
Blut sein,
noch eenmal im Tanz
sich zärtlich drehn.
Lasst man, Kinder,
lasst man jut sein,
unsre Stadt Berlin
is doch janz schön.

LEIERKASTENMANN Obwohl Drehorgeln keine Berliner Erfindung sind, gehört der Leierkastenmann zu Berlin wie die **BERLINER WEISSE** und der **GASSENHAUER**. Man findet ihn auf alten Berliner Fotos, auf den Zeichnungen **ZILLES** und in den Berliner Liedern. Leierkastenmänner (Frauen gab es auch!) sind Straßenmusikanten, die eine Drehorgel, eben den Leierkasten spielen. Das ist ein herrliches Instrument: ein schön bemalter Kasten auf Rädern, in dem sich Pfeifen ähnlich denen einer Kirchenorgel befinden, außerdem ein Blasebalg und eine Walze, auf der die Melodie eingestanzt ist. Durch das Drehen der Kurbel wird der Blasebalg bewegt und Luft ins Innere gebracht. Die wird in die Orgelpfeifen geleitet und erzeugt so die Töne. Der Mechanismus ist mal einfacher, mal komplizierter, je nachdem aus welcher Werkstatt das Instrument stammt. Eine, die für die Berliner Leierkastenmänner produzierte, befand sich in der Schönhauser Allee 74a. Die Drehorgelwerkstatt des Italieners Giovanni Bacigalupo baute viele Jahrzehnte in Berlin Instrumente für die hiesigen Straßenmusiker. Wie sehr die **BERLINER** und Berlinerinnen deren Musik liebten, erzählt der Gassenhauer »Lieber Leierkastenmann« in bestem **BERLINERISCH**. An die einstige Drehorgelwerkstatt in Prenzlauer Berg erinnert heute nur noch eine Plakette. Im Berliner Stadtmuseum aber kann man alte Leierkästen bestaunen und viel über das Leben dieser tollen Instrumentenbauer erfahren: **www.stadtmuseum.de**

LINIE 1 Manche bezeichnen die **S-** und **U-BAHN-**Linien, die wie Adern durch die Stadt laufen, als Lebenslinien Berlins. Davon berichtet auch das berühmteste Musical Berlins (es ist zugleich das einzige Berlin-Musical). Es heißt nach der U-Bahn-Linie »Linie 1« und handelt von Christiane F., einem Mädchen vom Dorf, das nach Berlin kommt, weil sie sich in einen Rockmusiker verliebt hat. Auf der Suche nach ihm kommt sie jedoch nicht über die Bahnhöfe der U-Bahn-Linie 1 hinaus. Dort trifft sie eine ziemlich verrückte Auswahl von **BERLINERN**, die jedoch ganz gut zeigen, was für unterschiedliche Leute in dieser Stadt wohnen und was sie beschäftigt: Rentner, Türken, Inder, chaotische Familien, Tagträumer, Skins, Weltverbesserer, verbiesterte Witwen, Schulschwänzerinnen, Arbeitslose und Studenten. Wer sie alle auf einmal erleben will, sollte ins GRIPS Theater gehen. Das ist das bekannteste Kinder- und Jugendtheater der Stadt und die Geburtsstätte der »Linie 1«. Das Musical läuft dort seit 1986 und ist immer noch ein großer Knaller. **www.grips-theater.de**

MAX LIEBERMANN

In Berlin gab es schon immer eine ganze Menge berühmter Künstler. Einer der berühmtesten und bis heute beliebtesten Berliner Maler war Max Liebermann, den die Berliner liebevoll und ein bisschen respektlos »Maxe, unser lieber Mann« nannten. Er entstammte einer bedeutenden jüdischen Industriellenfamilie, einem seiner Onkel gehörte z.B. das Eisenwalzwerk, das sein Malerkollege Adolph von MENZEL in seinem berühmten Bild gemalt hat. Die Familie Liebermann wohnte »wenn man nach Berlin reinkommt, gleich links«, soll heißen, am Pariser Platz, direkt neben dem BRANDENBURGER TOR. Keine schlechte Adresse, oder? Das Haus ist heute wieder aufgebaut und man kann dort Ausstellungen besuchen. Aber besonders stolz war Liebermann auf seine Villa am WANNSEE, die er nach eigenen Entwürfen und von seinem selbst verdienten Geld hatte bauen lassen. Der Garten am Haus war sein liebster Platz auf Erden, und er hat ihn zu allen Jahreszeiten leidenschaftlich gern gemalt. Diese Bilder hängen heute in den größten Museen der Welt, auch in der Berliner NATIONALGALERIE. Liebermann war, wie er selber sagte, »een oller Berliner«. 1847 wurde er mitten im alten Berlin (in der Burgstraße) geboren und starb 1935 in seinem berühmten Palais am Pariser Platz. Er war schon zu Lebzeiten ein gefeierter und weltbekannter Maler, auch als Präsident der AKADEMIE der Künste war er hoch geachtet. Doch mit dem Beginn der Naziherrschaft wurde er als Jude zunehmend aus dem öffentlichen Leben ausgeschlossen. Selbst seine Beerdigung auf dem Jüdischen Friedhof an der Schönhauser Allee wurde von den Nazis überwacht und die Trauergäste wurden bedroht. Seine Frau musste die ganze Entrechtung und Verfolgung der Juden während der Nazizeit erleiden und nahm sich 1943 im Alter von 86 Jahren kurz vor der Deportation in ein Konzentrationslager das Leben. An das Leben und Werk dieses berühmten Berliners erinnern heute nicht nur Straßen und das wiederaufgebaute Palais am Pariser Platz, sondern auch eines der schönsten Museen in Berlin: die Liebermann-Villa am Wannsee.
www.liebermann-villa.de

LITFASSSÄULE Wenn man heute durch Berlin geht und an Trafostationen, Toreinfahrten, an Häuserwänden, Lattenzäunen, Friedhofsmauern und wer weiß wo noch Plakate sieht, erscheint es ganz logisch, dass auch die Litfaßsäule eine Berliner Erfindung ist. Denn es scheint keine andere Stadt zu geben, in der es so viel Neues, Schönes und Wunderbares zu verkünden gibt. Der Reihe nach muss es so erzählt werden: Bis in die Mitte des 19. Jahrhunderts durfte in Berlin jeder jeden Zettel aufhängen oder ankleben – um etwas zu verkaufen, um für ein Theaterstück oder eine Zirkusaufführung zu werben, um den Markttag anzukündigen, um zu einer Demonstration aufzurufen und so weiter. Da Berlin zu dieser Zeit wuchs wie Gras nach dem Regen, gab es auch immer mehr Leute, die etwas ankündigen wollten. Und immer mehr Zettel und »

Plakate, die überall herumhingen. Um dem Einhalt zu gebieten, verbot 1851 kurzerhand ein Gesetz das private Ankleben. Weil es aber weiterhin so viel bekannt zu machen gab, brauchte man andere Möglichkeiten, die Aufmerksamkeit der Leute auf sich zu ziehen. Drei Jahre nach dem Verbot erfand Ernst Litfaß eine Säule, an der Behörden und Unternehmer wieder ihre Angebote unterbreiten konnten. Gegen Geld versteht sich. Um die Jahrhundertwende gab es in Berlin dann schon mehr als 400 Litfaßsäulen. Diesen Namen trugen sie wohl von Anfang an, weil nur Herr Litfaß die Erlaubnis erteilen konnte, sie zu benutzen. Heute gibt es außer den Säulen auch Werbetafeln, Plakate an Laternen, Aufsteller etc. Das private Plakatieren auf anderen Flächen ist eigentlich immer noch verboten, doch scheint sich kaum noch einer daran zu halten, so dass es heute fast schon wieder so aussieht wie vor der Erfindung der Litfaßsäule.

LUFTBRÜCKE Während der Berlin-**BLOCKADE** richteten die amerikanischen und britischen **ALLIIERTEN** eine Luftbrücke ein. Gemeint ist die Versorgung der West-Berliner Bevölkerung aus der Luft, weil die Zufahrtswege zu den westlichen **SEKTOREN** durch die sowjetischen Militärs blockiert wurden. Während dieser Blockade wurden mehr als 1,5 Millionen Tonnen Nahrungsmittel, Baustoffe, Kohle und Kleidung auf dem Luftweg nach **WEST-BERLIN** gebracht. Diese »Luftbrücke« wurde von Hunderten Flugzeugen (und auch durch ein paar Flugboote) gebildet. Sie absolvierten zwischen dem 26. Juni 1948 und dem 30. September 1949 mehr als 270 000 Flüge. Die meisten starteten von den Militärstützpunkten der westlichen Alliierten in Hamburg, Frankfurt (Main) oder Wiesbaden und landeten auf den West-Berliner **FLUGHÄFEN** in Tempelhof, Gatow und Tegel oder auf der **HAVEL** und dem Großen **WANNSEE**.

Die Luftbrücke war ein organisatorisches Meisterwerk, das große Genauigkeit und die Zuverlässigkeit aller Beteiligten erforderte. Zum Teil flogen die Maschinen in fünf übereinander liegenden Ebenen mit nur 500 Fuß (etwa 180 Meter) Höhenabstand zueinander, so dass im Dreiminutentakt Maschinen in Berlin landen konnten. Nur ein einziges Mal kam es dabei zu einem schrecklichen Unfall: Am 13. August 1948 stürzten drei Flugzeuge der Luftbrücke ab, eins von ihnen brannte aus.

Eines der Flugzeuge, die für die Luftbrücke flogen, ist eine britische »Hastings TG 503«, die ihr im Alliiertenmuseum bestaunen könnt. Sie flog nicht nur Kohle nach Berlin, sondern später viele Hilfseinsätze außerhalb Europas. Als die britischen Streitkräfte Berlin nach der Wiedervereinigung Deutschland verließen, schenkte die Royal Air Force die Maschine dem Museum. Und in Tempelhof erinnert seit 1951 ein Denkmal an die Luftbrücke und an die bei ihren Einsätzen verunglückten Piloten. Ihnen ist eine Inschrift im Sockel des Denkmals gewidmet: »Sie gaben ihr Leben für die Freiheit Berlins im Dienste der Luftbrücke 1948/1949«. 1985 wurden Kopien des Denkmals dann auch in Frankfurt (Main) und in Celle aufgestellt, von wo aus viele der Flugzeuge gestartet waren.

Das Denkmal am Platz der Luftbrücke sieht aus wie eine Brücke, die in die Luft geht.

LUSTGARTEN

Eine von Berlins bekanntesten Haltestellen ist der Lustgarten, denn von hier aus kommt man zur **MUSEUMSINSEL**, zum **SCHLOSS**, zum **DOM** und zu einigen anderen Sehenswürdigkeiten der Stadtmitte. Der Lustgarten selbst wirkt eher wie ein kleiner Platz mit Wiese, auf der sich im Sommer gern die Touristen ausruhen. Aber so unspektakulär war das nicht immer. Angelegt wurde der Garten zu Füßen des Stadtschlosses schon 1573 unter Kurfürst Johann Georg als ein Küchengarten mit Obstbäumen und Blu-

men. Knapp einhundert Jahre später ließ der Große Kurfürst, Springbrunnen und Statuen aufstellen und Laubengänge aus Bäumen und Sträuchern anlegen. Später entstanden sogar eine Orangerie (Gewächshäuser für die damals so beliebten Orangenbäumchen) und ein Lusthaus, das eine künstliche Grotte enthielt. Der gesamte Garten war in Terrassen angelegt, über die man lustvoll wandeln konnte. Klar, auf diese Weise kam die Anlage zu ihrem Namen. Ihr Aussehen wandelte sich im Laufe der Jahrhunderte immer wieder: Erst ließ **SOLDATENKÖNIG** Friedrich Wilhelm I. den Lustgarten 1713 zu einem Exerzierplatz für seine Soldaten umbauen, dann wurde der Gartenbauarchitekt Lenné mit der Wiederherstellung des Gartens beauftragt. Zugleich wurden der Dom und das Alte Museum gebaut. Gleich blieb bei allen Veränderungen: Obwohl es sich um eine königliche Anlage handelte, war der Garten öffentlich und durfte von den **BERLINERN** für Spaziergänge genutzt werden. In der Weimarer Republik nutzte die Berliner Arbeiterbewegung den Lustgarten für Demonstrationen gegen Hitler. Auch die Nazis hielten später dort Kundgebungen ab und ließen den Platz pflastern. Ein wichtiges Datum war der 18. Mai 1942, an dem eine Gruppe jüdischer Männer und Frauen einen Brandanschlag auf eine Propagandaausstellung Hitlers verübte. An Herbert Baum und seine Mitstreiter erinnert noch heute ein kleines würfelförmiges Denkmal an einer Ecke des Lustgartens.

Wie die gesamte **MUSEUMSINSEL**, war auch der Lustgarten in den Luftangriffen des Zweiten Weltkriegs fast vollständig zerstört worden. Inzwischen ist die Anlage wieder nach historischem Vorbild rekonstruiert. Und da das Schloss wieder aufgebaut ist, kann man seine einstige Bestimmung wieder gut nachvollziehen.

MAISON DE FRANCE Das französische Haus oder »Maison de France« ist ein Gebäude am **KU'DAMM**, das von den französischen **ALLIIERTEN** im britischen Sektor Berlins nach dem Krieg wiederaufgebaut und im April 1950 als deutsch-französisches Kulturzentrum eröffnet wurde. Hört sich einfach an, war aber eine große Sache, denn Frankreich und Deutschland hatten über Jahrhunderte keine sonderlich guten Beziehungen. Der deutsch-französische Krieg zum Beispiel – von **BISMARCK** zugunsten Deutschlands entschieden – spielte dabei eine genauso große Rolle wie die Besetzung Frankreichs durch die Nationalsozialisten während des Zweiten Weltkriegs. Zur Eröffnung des Maison de France kamen deshalb die ranghöchsten Politiker beider Seiten: der französische Stadtkommandant General Jean Kanevas, der Hohe Kommissar für Deutschland André François-Poncet und Berlins Oberbürgermeister Ernst Reuter. Das Haus hatte jede Menge Angebote, die im zerstörten Nachkriegsberlin keine Selbstverständlichkeit waren: das Kino »Cinema Paris«, das Institut Français (in dem man bis heute Französisch lernen kann), eine Bibliothek mit französischer Literatur, eine Bar, ein Reisebüro und verschiedene Geschäfte, außerdem fanden hier Konzerte, Ausstellungen und Empfänge statt, nach denen sich die **BERLINER** sehnten. Das ist bis heute so. www.maisondefrance.de

wasserspeiende Frösche, die sich in schöne Prinzen verwandeln, wenn man sie küsst. An den Beckenrändern stehen zehn Figurenpaare aus Märchen der Gebrüder Grimm – Brüderchen und Schwesterchen oder Aschenputtel. Die Becken des Brunnens werden von Balustraden und Kolonnaden gesäumt, auf denen wiederum Tierplastiken zu sehen sind. Der Märchenbrunnen wurde von berühmten Bildhauern geschaffen: Ignatius Taschner, Josef Rauch und Georg Wrba, allesamt Mitglieder der **AKADEMIE** der Künste. Der Märchenbrunnen steht unter Denkmalschutz.

MÄRCHENBRUNNEN An der Grenze zwischen den Stadtteilen Prenzlauer Berg und Friedrichshain liegt der **VOLKSPARK** Friedrichshain. Das ist ein großer Park mit hohen Bäumen, kleinem Ententeich, Liegewiesen und einer japanischen Glocke. Und dem Märchenbrunnen, einer großen Brunnenanlage mit vielen Becken und Wasserspeiern, die schon 1913 eingeweiht wurde. Der Märchenbrunnen besteht aus terrassenförmigen Wasserbecken. In denen sitzen neun

MAUER Wahrscheinlich ist kein anderes Berliner Bauwerk in der Welt so bekannt wie die Berliner Mauer. Wenn Touristen heute nach Berlin kommen, finden sie davon allerdings nur noch wenig. Der **CHECKPOINT CHARLIE**, das Mauermuseum in der Bernauer Straße und die **EAST SIDE GALLERY** sind ein paar Orte, an denen man erahnen kann, was die Mauer für Berlin bedeutete – wenn man sich die Farben der Mauerbilder wegdenkt und die graue Eintönigkeit einer stacheldrahtbesetzten Mauer dazu vorstellt.
Gebaut wurde die Mauer in der Nacht vom 12. zum 13. August 1961 von 15 000 Polizisten und Armeeangehörigen der DDR auf der Grenzlinie zwischen **OST-** und **WEST-BERLIN**. Gestürmt wurde sie am 9. November 1989 – das Datum, das die deutsche Zeitrechnung in »vor« oder »nach dem Mauerfall« teilt. Doch zurück

zum Mauerbau: Obwohl es viele Gerüchte gegeben hatte, dass die DDR ihre Grenze abriegeln wolle, behauptete der damalige Staatschef der DDR Walter Ulbricht noch kurz vorher: »Niemand hat die Absicht, eine Mauer zu errichten.« Dass sie dann doch gebaut wurde, hatte vor allem den Zweck, zu verhindern, dass Menschen über West-Berlin aus der DDR flüchteten. Seit Gründung der beiden deutschen Staaten waren 2,6 Millionen Menschen in die Bundesrepublik geflohen. Das wollte die DDR-Regierung unter allen Umständen verhindern. Dass sie damit die Menschen einsperrte und deren freien Willen missachtete, war ihr egal. Viele, die über die Mauer hinweg flüchten wollten, verloren dabei ihr Leben. Bis zum Tag des Mauerfalls starben (soweit man das heute sagen kann) 140 Menschen beim Versuch, die Berliner Grenzanlagen zu überwinden. Die Denkmale am **TIERGARTEN** und am Spreeufer nahe dem **REICHSTAG** erinnern an sie.

stehende Häuser wurden oft geräumt und gesprengt. Durchlässe gab es nur an den wenigen Übergangsstellen wie dem Checkpoint Charlie oder in der Friedrichstraße (siehe **TRÄNENPALAST**). Auch die Mauer selbst wurde abgeriegelt. Grenzpolizisten und Hunde sorgten dafür, dass niemand herankam. Hinter dieser Mauer schloss sich ein Grenzstreifen an – ein platt gewalzter Streifen Erde, auf dem nichts stehen oder wachsen und die Sicht verstellen durfte. 1985 wurde sogar die Versöhnungskirche in der Bernauer Straße gesprengt, weil sie im Grenzgebiet stand. In der so geschaffenen Schneise wurden Bewegungsmelder, Flutlichter und Beobachtungstürme, Panzersperren und Autogräben angelegt. Die Breite dieses Streifens war sehr unterschiedlich. Sie reichte von etwa 30 Meter in der Bernauer Straße bis zu fast 500 Meter am **POTSDAMER PLATZ**. Im Westteil der Stadt sah das ganz anders aus. Hier gab es keine Sicherungsanlagen, und niemand wurde daran gehindert, z.B. den Mauerbeton zu bemalen.

Der Abriss der Mauer begann direkt nach dem Sturz der DDR-Regierung 1989. Schon im November 1991 gab es nur noch ein paar absichtlich stehen gelassene Einzelteile, wie in der Käthe-Niederkirchner-Straße am Gropius-Bau. Der einstige Grenzstreifen ist an manchen Stellen noch gut erkennbar (zum Beispiel im Mauerpark an der Grenze zwischen Prenzlauer Berg und Wedding), an anderen gar nicht mehr. Hinter dem **BRANDENBURGER TOR** zeigt eine Doppelreihe Pflastersteine den einstigen Verlauf. Damit man sich vorstellen kann, wie die Mauer aussah, wurden Teile der Maueranlage in der Gedenkstätte Bernauer Straße wieder aufgebaut. Dieses Museum ist der beste Ort, um sich über die Mauer zu informieren. Neben einem modernen Dokumentationszentrum und der Gedenkstätte kann man hier auch die Kapelle der Versöhnung besuchen. Sie steht auf den Fundamenten der gesprengten Versöhnungskirche, die einst im Todesstreifen lag:
www.berliner-mauer-gedenkstaette.de
Multimedialer geht's im neu eröffneten Mauermuseum nahe der East Side Gallery im Mühlenspeicher, direkt an der Oberbaumbrücke, zu:
www.thewallmuseum.com

Die erste Mauer vom August 1961 war aus Steinen gemauert. Die wurden später durch knapp 3,5 Meter hohe Betonteile ersetzt, die aneinandergereiht 155 Kilometer Mauer ergaben. Straßen, die von Ost nach West führten, wurden einfach abgeriegelt. An der Mauer

In den ersten Tagen bildeten bewaffnete Soldaten die Mauer

MAUERSPECHT Nach dem Mauerfall gab es jede Menge Souvenirjäger, die mit Hammer und Meißel Teile der Betonmauer herausbrachen. Man nannte sie deshalb »Mauerspechte«. Viele von ihnen verkauften die erbeuteten Steine an Touristen. Sogar heute findet man am **BRANDENBURGER TOR** oder am **CHECKPOINT CHARLIE** Souvenirverkäufer, die sie anbieten, doch hört man, dass es sich längst nicht mehr um originale Mauersteine, sondern um nachgemachte Ich-tu-so-als-ob-ich-ein-Mauerstein-war handelt.

MAULBEERBÄUME sind sehr schöne Bäume mit knorzigen Stämmen und leuchtenden kleinen Blüten. Sie kommen ursprünglich aus Japan und China, wo man sie von alters her zur Seidenraupenzucht benutzt, denn sie lieben seine grünen Blätter. Nach Berlin kamen die Bäume erstmalig nach dem Dreißigjährigen Krieg mit den **HUGENOTTEN**. Dass sie in Berlin und Brandenburg heimisch wurden, verdanken wir den preußischen Kurfürsten. Friedrich Wilhelm I. z.B. interessierte sich vor allem für die Seidenherstellung und forderte die Bevölkerung zur Pflanzung von Maulbeerbäumen auf. Er war sehr sparsam und wollte durch die einheimische Seidenherstellung Geld sparen. Ebenso, wie er die **BERLINER** aufforderte, mehr Bier zu trinken, damit man nicht den teuren Tee einführen muss. Im 17. Jahrhundert entstanden deshalb viele kleinere Plantagen und Hecken aus Maulbeerbäumen. Auch sein Sohn **FRIEDRICH II.** versuchte, das Berliner Seidengewerbe auszubauen. Er sorgte dafür, dass jeder kostenlos Samen der Bäume und Eier des Seidenspinners erhielt, gab Geld und sorgte für Weiterbildungen. Im Jahr 1784 sollen in **PREUSSEN** 13 432 Pfund Rohseide produziert worden sein. Das hört sich viel an, entsprach aber nur etwa fünf Prozent der Menge, die pro Jahr importiert wurde. Das lag vor allem daran, dass der Umgang mit den empfindlichen Seidenraupen schwierig war, denn die Tiere brauchen Wärme, viel Pflege und jede Menge Maulbeerblätter. Die Berliner hielten sich lieber Hühner oder ein Schwein, das man am Ende auch selbst essen konnte. Nach Friedrichs Tod kam die Produktion deshalb zum Erliegen.

Zum zweiten Mal versuchte es der Steglitzer Unternehmer und Seidenhändler Johann Adolf Heese etwa 100 Jahre später. Er legte in Steglitz eine Maulbeerplantage an und produzierte bis zu 750 Kilogramm echte Berliner Seide. Nach seinem Tod ging das Kapitel Seidenraupenzucht in Berlin dann endgültig zu Ende. Ein paar der herrlichen Bäume haben sich aber bis heute erhalten. Auf dem Friedhof an der Dorfkirche von Alt-Zehlendorf z.B. stehen drei über 200 Jahre alte Weiße Maulbeerbäume. Sie sind seit 1940 Naturdenkmäler. In der Oderberger Straße in Prenzlauer Berg wurden nach dem Zweiten Weltkrieg Maulbeerbäume gepflanzt.

Dieser knorrige Maulbeerbaum steht in einem Hinterhof der Friedrichstraße 179 in Berlin Mitte.

ADOLPH VON MENZEL

Im 19. Jahrhundert war Adolph von Menzel in ganz Europa ein berühmter Maler. Und obwohl er in Breslau geboren wurde, gilt er als Urberliner. Berühmt wurde er mit Gemälden und Illustrationen zum Leben **FRIEDRICHS II.**, wie die »Tafelrunde Friedrichs des Großen in Sanssouci« und das »Flötenkonzert«, aber auch mit Bildern aus der Arbeitswelt, wie das »Eisenwalzwerk«. Während die ersten beiden Bilder Aufsehen erregten, weil sie das Geschehen am Hofe Friedrichs II. so lebendig und zugleich phantasievoll darstellten, erschienen die Arbeiter auf dem »Eisenwalzwerk« so ungewöhnlich, dass das erlauchte Publikum aus dem Staunen gar nicht mehr herauskam. Bilder mit arbeitenden Menschen waren damals nämlich etwas ganz Neues und Unerhörtes.
Menzels Ruhm war schon zu Lebzeiten groß. Er erhielt Orden und Auszeichnungen und wurde 1895 sogar Ehrenbürger von Berlin. Der klein gewachsene Maler war sehr menschenscheu. **FONTANE** soll ihn respektlos einen »kleinen Knopp« genannt haben. Andere waren nicht so vornehm und nannten ihn eine »kleine Kröte«. Trotzdem genoss er hohes Ansehen. Von seinen 90 Lebensjahren (1815 bis 1905) verbrachte er 75 in Berlin. Hier war er Mitglied und Professor der Königlichen **AKADEMIE** der Künste. Nach seinem Tod wurde er in einem Ehrengrab auf dem Dreifaltigkeitsfriedhof in Kreuzberg beigesetzt.

Ein Ausschnitt aus Menzels Gemälde »Eisenwalzwerk«

MIETSKASERNE Zur Zeit der Industrialisierung zogen viele Menschen vom Land in die Stadt, um in den neu gegründeten Fabriken zu arbeiten. In Deutschland begann diese Entwicklung nach der Gründung des Deutschen Kaiserreichs 1871. In dieser Zeit wuchsen die Großstädte um das Doppelte oder Dreifache an. Das gilt besonders für Berlin, das zur **HAUPTSTADT** des neuen Reichs geworden war. Hier gab es **UNIVERSITÄTEN**, Kunst und Kultur, eine gute Eisenbahnanbindung. Und den Kaiser mitsamt der Regierung. Deshalb wurden hier viele der neuen Fabriken gebaut, die wiederum viele Menschen von außerhalb anzogen. Und weil diese Wohnungen brauchten, baute man in Windeseile auch neue Wohnhäuser, Straßen, Kirchen, Markthallen. Schneller als je zuvor entstanden ganze Stadtbezirke, die sich wie Zwiebelschalen um den alten Stadtkern herum legten. Wo gerade noch Feld und Acker und Ausflugslokale im Grünen gewesen waren, wohnten nun Hunderttausende Menschen, die in den Fabriken arbeiteten. Typisch für diese Zeit sind große Komplexe, die aus mehreren hintereinander gesetzten Wohnhäusern bestanden. Zwischen den Häusern lag ein Hinterhof, der manchmal so klein war, dass die Sonne nur in die oberen Stockwerke reichte. Und während vorn die reichen Bürger, wohlhabende Handwerker und Fabrikanten wohnten, lebten hinten die Arbeiter, Dienstboten und Angestellten. Durch die enge Bebauung wohnten in den neuen Bezirken viel mehr Menschen als in den großzügiger gebauten Miethäusern der älteren **BEZIRKE**. Schon ein einzelnes Haus hatte durch die Hinterhöfe so viele Bewohner wie eine ganze Kompanie beim Militär – und weil die Häuser auch aussahen wie Kasernen, bekamen sie den eher abfälligen Beinamen »Mietskaserne«.

MILLIONENBAUERN Nach der Gründung des Ersten Deutschen Kaiserreichs 1871 unter **BISMARCK** war Berlin eine schnell wachsende **HAUPTSTADT**. Innerhalb von fünfzig Jahren vervierfachte sich die Einwohnerzahl, denn die **GRÜNDERZEIT** und der technische Fortschritt führten zur Gründung von Fabriken und Unternehmen, in denen immer mehr Menschen Arbeit fanden. Da sie auch alle irgendwo wohnen mussten, wurden zunächst auf jedem freien Fleckchen innerhalb der Stadtgrenzen Häuser gebaut – oft die so genannten **MIETSKASERNEN**. Als hier kein Platz mehr war, breitete sich die Bebauung in die Vorstädte aus. Zum Beispiel nach Wilmersdorf und Schöneberg, die damals noch eigenständige kleine Gemeinden waren. Viele der in Berlin benötigten Nahrungsmittel wurden hier auf den Feldern angebaut. Als sich immer mehr abzeichnete, dass der Platz in der Stadt nicht für die vielen Menschen ausreichen würde, kauften Bauherren den Bauern mit viel Geld ihr Land ab. Sie wurden so zu »Millionenbauern«.

MOLECULE MAN Einer der schönsten Teile Berlins liegt zwischen Oberbaum- und Elsenbrücke. An den Ufern der **SPREE** stehen um- oder neugebaute Hallen, in denen große Unternehmen wie Coca Cola oder Universal ihren Sitz haben, auch eine Einkaufsmeile und das Badeschiff befinden sich hier. Hinter der Oberbaumbrücke liegen die East Side Gallery mit begrünten Ufern, an denen sich an sonnigen Tagen **BERLINER** und Touristen tummeln, und die Mercedes-Benz-Arena, in denen Konzerte und große Sportwettkämpfe stattfinden. Zu Zeiten der Teilung Berlins war die Spree der Grenzfluss zwischen Ost und West, und die Brücken konnten gar nicht oder nur von jenen benutzt werden, die in der DDR ein- oder ausreisten.
Heute erinnert fast nichts mehr an die damalige Ödnis, Gott sei Dank. Bis auf ein riesiges Kunstwerk mitten auf dem Wasser. Der »Molecule Man« besteht aus drei durchlöcherten Riesenfiguren, die aufeinanderzugehen. Sie symbolisieren den Schnittpunkt der drei Berliner Ortsteile, die hier aufeinandertreffen: Kreuzberg, Alt-Treptow und Friedrichshain (die bis zur Bezirksreform auch eigenständige **BEZIRKE** waren) – und damit auch an die Teilung der Stadt, denn Kreuzberg gehörte zu **WEST-BERLIN**, Treptow und Friedrichshain aber lagen in **OST-BERLIN**. Der Molecule Man stammt von dem amerikanischen Bildhauer Jonathan Borofsky, der schon in vielen anderen Städten der Welt ähnliche Skulpturen aufgestellt hat. Für ihn sind Moleküle die kleinste Einheit des Lebens. Alles lässt sich in sie aufspalten, alles aus ihnen zusammenfügen.

MOLLE ist der Berliner Begriff für ein Glas Bier.

MONBIJOU Wie »**BELLEVUE**« ist auch der Name »Monbijou« französischen Ursprungs. Im Barock galt Frankreich als das große Vorbild in ganz Europa. Alle Könige wünschten sich so prächtige Schlösser und Gärten wie die des »Sonnenkönigs« Louis XIV. und sprachen am liebsten französisch, weil das so vornehm klingt. Die Worte mon bijou bedeuten »mein Schmuckstück« und waren einst der Name des Schlösschens Monbijou an der **SPREE** gegenüber der **MUSEUMSINSEL**. Davon ist heute nichts mehr zu sehen, denn es wurde im Zweiten Weltkrieg stark beschädigt. Die verbliebenen Fundamente wurden 1960 abgerissen und auf dem Areal der heutige Monbijou-Park angelegt. In dem kann man spazieren

Drei Männer tanzen auf dem Wasser

gehen, baden, im Strandbad sitzen oder Theateraufführungen besuchen, doch ist das alles nichts im Vergleich zum einstigen **SCHLOSS** und seinem Garten, der bis an die Spree reichte. Beide waren Anfang des 18. Jahrhunderts vom Architekten Johann Friedrich Eosander für einen Minister von König Friedrich I. errichtet worden, bald aber wohnte die Kronprinzessin Sophie Dorothea darin. Das Schloss war zwar eher klein, doch so schön, dass es den Namen »Schmuckstück« verdiente.

MONT KLAMOTT

1983 stürmte die Ost-Berliner Band »Silly« mit dem Song »Mont Klamott« die Herzen ihrer Fans. Tamara Danz sang damals: »Mitten in der City zwischen Staub und Straßenlärm / Wächst ne grüne Beule aus dem Stadtgedärm / Dort hängen wir zum Weekend die Lungen in den Wind / Bis ihre schlappen Flügel so richtig durchgelüftet sind.« Klingt ohne Melodie vielleicht seltsam, war damals aber genauso herrlich rau und frech, wie man sich zuweilen in **OST-BERLIN** fühlte. Besungen wird darin der titelgebende Berg (französisch Mont: Berg oder Hügel) aus Steinen (Klamotte: aus der Gaunersprache und **BERLINERISCH** für Stein), der nach Ende des Zweiten Weltkriegs künstlich aus Trümmern, die die Kämpfe um Berlin hinterlassen hatten, aufgeschüttet wurde. Die wurden mit der Berliner Trümmerbahn herangekarrt und um zwei Flakbunker (Hochbunker, auf deren Dach Flugabwehrkanonen stationiert waren), die von den **ALLIIERTEN** unschädlich gemacht werden sollten, herum abgeladen. Es handelt sich also um einen künstlichen Berg, der inzwischen allerdings gar nicht mehr als solcher erkennbar ist, weil riesige Bäume einen kleinen Stadtwald, den **VOLKSPARK** Friedrichshain entstehen ließen. Den Namen benutzen die **BERLINER** und Berlinerinnen aber bis heute.

MÜGGELBERGE

Die Müggelberge sind mit knapp 115 Metern Berlins höchste natürliche Erhebung und werden, obwohl nur sieben Quadratkilometer groß, von **BERLINERN** gern für Ausflüge genutzt, besonders gern zum Wandern im Sommer und zum Rodeln im Winter. Kenner unterscheiden den Großen und den Kleinen Müggelberg und die Kanonenberge, die allesamt in der Eiszeit entstanden. Für Berlins Geschichte sind die Müggelberge interessant, weil sie in **OST-BERLIN** lagen und Standort eines Observatoriums wurden, der von der **STASI** als Abhörturm genutzt wurde. Im »Stützpunkt Stern« horchten 63 Mitarbeiter die Telefongespräche zwischen **WEST-BERLIN** und der Bundesrepublik aus. Heute hat die Telekom auf dem Dach Funk- und Sendemasten in Betrieb.

MÜGGELSEE

Im **BEZIRK** Treptow-Köpenick liegt Berlins größter See, der Müggelsee. Er wird von der **SPREE** gespeist und ist mit 7,4 Quadratkilometern so groß, dass sich

die hunderttausend Gäste, die jedes Jahr das gleichnamige Strandbad besuchen, genug Platz haben und sich nicht mit den vielen Sportbootfahrern ins Gehege kommen. Lustig ist, dass ein seeähnliches Gebilde auf dem Saturn 2013 den ins Lateinische übersetzten Namen »Müggel Lacus« erhielt.

ne grüne Beule

MULMICH ist ein Berliner Wort für unbehaglich und »nicht ganz geheuer«.

MUSEUMSINSEL Die Berliner Museumsinsel liegt in der Mitte der Stadt und ist sowohl im wirklichen als auch im übertragenen Sinn eine Insel: Sie ist der nördliche Teil der Spreeinsel, dem kleinen Stadtgebiet, auf dem Berlin vor fast 800 Jahren entstand. Der südliche Teil ist die **FISCHERINSEL**. Zu ihrem Namen kam die Museumsinsel durch die fünf großen Museen, die hier ganz dicht nebeneinander stehen und eine Kultur-Insel in der großen Stadt bilden. Dazu gehören die Alte **NATIONALGALERIE** und das Alte Museum am **LUSTGARTEN**, das **PERGAMONMUSEUM**, das Neue Museum und das Bodemuseum an der Nordspitze der Insel, das wie ein Schiffsbug ins Wasser ragt. Die Idee, möglichst viele Museen an einem Ort zu vereinen, hatte der preußische König Friedrich Wilhelm IV. Der wollte eigentlich die ganze Spreeinsel »zu einer Freistätte für Kunst und Wissenschaft« machen. Das Ensemble der schönen, großen Bauten gilt als weltweit einmalig und wurde deshalb von der UNESCO zur Weltkulturerbestätte ernannt. Sie beginnt am Lustgarten und führt an der **SPREE** entlang bis zur **MONBIJOU**brücke, die den Kupfergraben und die Oranienburger Straße verbindet. Neu hinzu kam vor wenigen Jahren die **JAMES-SIMON**-Galerie, die zugleich Eingangsgebäude und Besucherzentrum für alle Museen der Museumsinsel ist.

NAPOLEON
Einer der größten Kriegsherren Europas war Napoleon I., Kaiser von Frankreich. Die Franzosen liebten ihn wie kaum einen König vorher, denn er hatte während der Französischen Revolution als Revolutionär für »Freiheit, Gleichheit und Brüderlichkeit« gekämpft und die Gründung einer Republik unterstützt. Er beendete diese erste französische Republik zwar durch seine eigene Krönung zum Kaiser, aber die Franzosen folgten seiner Politik lange Zeit bedingungslos. Andere Staaten hassten ihn, denn er führte in ganz Europa Eroberungsfeldzüge, mit denen er sein Land vergrößern wollte. So auch gegen Preußen, dessen Heer 1806 in einer bis heute legendären Doppelschlacht bei Jena und Auerstedt Napoleons Truppen unterlag. Napoleon ließ es sich nicht nehmen, seinen Sieg mit einem Einzug durch das **BRANDENBURGER TOR** zu feiern, wo er kurzerhand die **QUADRIGA** als Trophäe

beschlagnahmte und nach Paris bringen ließ. Für Berlin war das ein Augenblick von großer Wut und Schmach, für König Friedrich Wilhelm III. erst recht. Sieben Jahre war die Quadriga in Paris, nach den Befreiungskriegen kehrte sie 1814 an ihren Platz auf dem Brandenburger Tor zurück. Davor verhandelte Königin Luise von Preußen mit Napoleon über das Schicksal Preußens, das, hätte Napoleon sich durchgesetzt, fast seinen Status als Königreich verloren hätte und ein Teil Russlands geworden wäre. Königin Luise aber schaffte es, Napoleon umzustimmen und sagte sogar voraus, dass die Macht des unbesiegbar scheinenden Feldherrn und Kaisers keineswegs endlos sein würde. Sie hatte Recht: Napoleon verlor zum Ende seines Lebens die Zustimmung seines Volks und wurde auf die Insel St. Helena verbannt. Dort starb der einstmals mächtigste Mann Europas vereinsamt und machtlos im Jahr 1821.

wurde. Das war typisch für das geteilte Berlin – man wollte sich nicht nur von der Vergangenheit, sondern vor allem von Ost-Berlin unterscheiden.
Seit der Wiedervereinigung Deutschlands hat sich natürlich wieder alles geändert. Die geteilten Sammlungen wurden zusammengeführt und neu verteilt. Wie ursprünglich gedacht, wird die Kunst des 19. Jahrhunderts in der Alten Nationalgalerie auf der Museumsinsel und in der Friedrichswerderschen Kirche ausgestellt, das 20. Jahrhundert befindet sich zum Teil in der Neuen Nationalgalerie, zum Teil im Hamburger Bahnhof, dem neuen Museum für Gegenwartskunst, und die Klassische Moderne aus der Sammlung Heinz **BERGGRUEN** in Charlottenburg.
Jede dieser Galerien bietet auch tolle Kinderprogramme an, die zu besuchen sich lohnt. Und das ist nicht nur so dahingesagt, sondern großer, heiliger Ernst. Informationen zu allen Häusern der Nationalgalerie findet Ihr hier: www.smb.museum.de

NATIONALGALERIE Im 19. Jahrhundert gründeten viele europäische Staaten Museen, um »das Beste« aus der Kunst des eigenen Landes zu sammeln und zu zeigen. Die erste dieser »Nationalgalerien« entstand in London. Die Berliner Nationalgalerie wurde 1861 gegründet. Anlass war die Schenkung eines Bankiers, der 262 Gemälde deutscher und internationaler Künstler gesammelt hatte, darunter Werke von Karl Friedrich **SCHINKEL** und Caspar David Friedrich. Die wurden erst in der **AKADEMIE** der Künste untergebracht, später in einem eigenen Gebäude auf der **MUSEUMSINSEL**. Dort wuchs die Sammlung zu einer der schönsten in ganz Europa. Eines der beliebtesten Stücke in der Nationalgalerie ist die **PRINZESSINNENGRUPPE**. Nachdem die Alte Nationalgalerie im Zweiten Weltkrieg stark beschädigt worden war, eröffnete sie 1949 teilweise, 1955 im Ganzen. Durch die Teilung der Stadt lag sie seit 1961 in **OST-BERLIN**.
WEST-BERLIN gründete indes eine Neue Nationalgalerie, in der man internationale, moderne Kunst sammelte und die in West-Berlin verbliebenen Werke aus der alten Sammlung zeigte. Dafür wurde 1968 am **KULTURFORUM** ein neues Gebäude von Mies van der Rohe gebaut, das durch seine gläsernen Wände das Gegenteil der festen Mauern war, hinter denen die Kunst des 19. Jahrhunderts auf der Museumsinsel aufbewahrt

NESTHÄKCHEN lautete der Titel einer Kinderbuchreihe, die um 1920 ähnlich beliebt war wie heute Harry Potter oder Percy Jackson. Das Wort bedeutet: das jüngste, letztgeborene Kind einer Familie, das als letztes das elterliche Haus verlässt, eben »aus dem Nest fliegt«. In diesem Fall meint die Bezeichnung die Hauptfigur eines in mehreren Bänden erschienenen Mädchenromans von Else Ury. Die Hauptheldin ist das Mädchen Annemarie Braun, das im Berlin der Kaiserzeit geboren wird. Nesthäkchen lebt in der Knesebeckstraße in Charlottenburg und besucht dort die Schule. Nesthäkchen ist wild und neugierig, sehr eigenwillig »

Berlins berühmtester Bestseller vom Anfang des 20. Jahrhunderts

und gar nicht so brav und fleißig, wie es damals für Mädchen noch als selbstverständlich galt. Brav und gehorsam sind eher ihre beiden Brüder. Annemarie aber sucht ihre eigenen Wege und setzt sogar durch, dass sie Medizin studieren darf. Das war in jener Zeit noch ausgesprochen ungewöhnlich. Erst ab 1906 war es Frauen erlaubt an **UNIVERSITÄTEN** zu studieren. Genau deshalb wurde Nesthäkchen für viele Mädchen jener Zeit zum Vorbild. Die Bücher wurden später sogar verfilmt.
Nach Nesthäkchens Erfinderin Else Ury ist heute ein **S-BAHN**-Bogen zwischen Bleibtreu- und Knesebeckstraße in Charlottenburg benannt. Die Schriftstellerin lebte ganz nah ihrer Romanheldin in der Kantstraße 30.

NEUE WACHE
Zwischen **ZEUGHAUS** und **HUMBOLDT-UNIVERSITÄT** steht die »Neue Wache«, ein viereckiger Bau mit dreieckigem Giebel und sechs hohen Säulen an der Vorderfront. Dadurch wirkt das Gebäude wie ein Festungsbau aus dem alten Rom – was schon auf den Baumeister hinweist. Karl-Friedrich **SCHINKEL** hatte das Gebäude im Auftrag von König Friedrich Wilhelm III. entworfen und zwischen 1816 und 1818 bauen lassen. Es war sein erstes Bauwerk und machte ihn sofort berühmt, weil es den neuen, an der Antike orientierten Schönheitsidealen der Zeit entsprach. Der König wollte eine Gedenkstätte für die Gefallenen der Befreiungskriege gegen **NAPOLEON**. Und er brauchte ein neues Wachgebäude, in dem sich die königlichen Leibgarden aufhalten konnten. Bis zur Abschaffung der Monarchie (der Königsherrschaft) 1918 wurde das Gebäude so genutzt. Eine Halle des Gedenkens blieb die Neue Wache auch danach, ab 1931 als Ehrenmal für die Gefallenen des Ersten Weltkriegs. Nach dem Zweiten Weltkrieg in **OST-BERLIN** diente sie als »Mahnmal für die Opfer des Faschismus und Militarismus«. Seit 1993 dient die Neue Wache als »Zentrale Gedenkstätte der Bundesrepublik Deutschland« für die Opfer von Krieg und Gewaltherrschaft. Dazu wurde das Innere der Halle wiederum umgebaut und eine vergrößerte Kopie der Skulptur »Mutter mit totem Sohn« von **KÄTHE KOLLWITZ** aufgestellt.

NIEMANDSLAND
Die Berliner **MAUER** war ein kompliziertes Bauwerk, dessen verschiedene Teile nur eines zum Ziel hatten: Menschen, die die Flucht aus der DDR wagten, zu fassen und im Zweifelsfall zu erschießen. Meist geschah das innerhalb des Todesstreifens, der zwischen der ersten, im Ostteil der Stadt befindlichen Mauer, und der Hinterlandmauer, die – so könnte man denken – auf der Grenzlinie zu **WEST-BERLIN** stand. Aber so war es nicht. Auch hinter der Mauer befand sich noch Staatsgebiet der DDR, das so genannte Niemandsland, das oft mehrere Meter breit und nicht eindeutig gekennzeichnet war. Oder in der **SPREE** lag, wo eine Kennzeichnung nicht möglich war. Man sollte sich der Mauer also auch von der Westseite aus nicht nähern – was viele West-Berliner nicht ahnten. Mehrere Menschen verloren deshalb in West-Berlin ihr Leben an der Mauer, wie zum Beispiel Lothar Fritz Freie, der 1982 erschossen wurde, als er auf Gleisen spazieren ging, die noch zur DDR gehörten (aber hinter der Mauer lagen). Oder Kinder, die beim Spielen an der Oberbaumbrücke ins Wasser fielen.

NIKOLAIVIERTEL
Berlins Ursprünge liegen 800 Jahre zurück. Der Ort, an dem das mittelalterliche Berlin entstand, heißt heute nach der Kirche in seinem Zentrum Nikolaiviertel und liegt wie eine kleine Insel zwischen Rathausstraße, Spandauer Straße, Mühlendamm und **SPREE**. Gegenüber, auf der anderen Seite der Spree, lag die Schwesterstadt **CÖLLN**.
Bis zum Zweiten Weltkrieg war das Viertel berühmt für Gasthöfe, Läden und Handwerksbetriebe. Künstler wie Kleist, Hauptmann, Ibsen, Casanova, Strindberg

oder Lessing lebten hier oder nahmen sich Quartier, wenn sie Berlin besuchten. Leider ist von den mittelalterlichen Häusern nichts mehr erhalten, denn das Viertel wurde im Zweiten Weltkrieg zerstört. Erhalten geblieben ist nur die evangelische Nikolaikirche. Ihre Grundmauern stammen aus dem 12. Jahrhundert, also von den allerersten Anfängen der Stadt. Der Rest wurde im Laufe der Jahrhunderte immer wieder umgebaut, die beiden spitzen Türme sogar von **SCHINKEL**. Sie zu besuchen ist so etwas wie eine Zeitreise, in der man dieselben Steine sehen und berühren kann wie die allerersten **BERLINER**. Die übrigen Gebäude sind Nachbauten, mit denen die Ost-Berliner Stadtverwaltung anlässlich der 750-Jahr-Feier das mittelalterliche »Urberlin« wiederzubeleben suchte. Das allerdings in Plattenbauweise, in der auch die **HOCHHÄUSER** in Marzahn oder Hellersdorf gebaut worden waren. Nur in der Höhe wurden die Neubauten den alten Vorbildern angepasst und die engen Gassen mit holperigen Steinen gepflastert, so dass es ein bisschen mittelalterlich wirkt. Auf diese Weise entstand eine sehr seltsame Mischung aus Alt und Neu, die allerdings schon wieder einmalig ist und viele Touristen anlockt.

NOFRETETE

Ende des 19. Jahrhunderts wetteiferten die europäischen Staaten darum, wer in den fernen Ländern die spektakulärsten Ausgrabungen machen würde. Besonders Franzosen und Engländer schickten große Expeditionen in den Orient, nach Afrika und in die Südsee, die mit wertvollen Schätzen aus längst vergangenen Zeiten zurückkehrten. Damit Deutschland bei diesem Wettlauf nicht leer ausgehen musste, schickte die Preußische **AKADEMIE** der Wissenschaften den Ägyptologen und Architekten Ludwig Borchardt zu Ausgrabungen in der Nähe der berühmten ägyptischen Pyramiden von Gizeh. Nach langer Vorbereitungszeit fand die von ihm geleitete Expedition in Tell el-Amarna im Dezember 1912 in den Resten eines antiken Hauses die Büste der Nofretete. Trotz der langen Zeit, die sie unter Erdmassen verborgen gelegen hatte, war sie so schön, dass Borchardt vom ersten Moment an wusste, dass er etwas wirklich Einmaliges gefunden hatte. Und er hatte Recht. Nofretete war vor etwa 3350 Jahren die Gemahlin des ägyptischen Königs Echnaton. Man sagt, dass sie das große Reich am Nil mit ihm gemeinsam regierte und nach seinem Tod vielleicht sogar allein das Zepter führte. Man fand in vielen Ausgrabungen Abbildungen von ihr und ihrem Mann, manchmal auch von ihnen und den sechs Kindern. Ihr Name bedeutet: »Die Schöne, die da kommt«. Und tatsächlich ist es ihre strenge und geheimnisvolle Schönheit, die bis heute Besucher aus aller Welt fasziniert. In die Berliner Sammlung gelangte die Büste zusammen mit vielen anderen wertvollen Stücken durch die Schenkung des Berliner Mäzens **JAMES SIMON**, der die Ausgrabungen finanziert hatte. Während Ägyptens Regierung gegen den Diebstahl eines so wichtigen Kunstschatzes protestierte, kürten die **BERLINER** die Nofretete begeistert zur schönsten aller Berlinerinnen. Die Sammlung des Ägyptischen Museums ist im Neuen Museum untergebracht und eine der weltweit bedeutendsten Sammlungen der ägyptischen Hochkultur. Auch hier gibt es großartige Angebote für Kinder und Jugendliche, um diese Kultur kennenzulernen.

OHROPAX Die **GRÜNDERZEIT** in Deutschland führte nicht nur zum Wachsen der Städte, sondern auch zum Wachsen des Lärms. Mehr Menschen, mehr Märkte, mehr Droschken, mehr Fabrikhallen mit kreischenden Sägen und Bohrern und Hämmern, die ersten Züge, irgendwann Autos ... Man kann sich einigermaßen vorstellen, wie die einst stille Welt plötzlich vor Geräuschen zu bersten drohte – und wie ungewohnt und unangenehm das gewesen sein muss. Was für eine Erleichterung muss es deshalb gewesen sein, als der Berliner Apotheker Maximilian Negwer den Hauptstädtern 1907 seine neue Erfindung vorstellte. Er nannte sie Ohropax (Pax ist das Lateinische Wort für Frieden) und meinte damit in Wachs getränkte Watte, die sich formen und in die Ohren stecken ließ, so dass plötzlich viel weniger Geräusche durchkamen. Negwer war so erfolgreich, dass er sich noch im Jahr der Erfindung ganz der Herstellung von Ohropax und anderen Heilmitteln widmen konnte. Er gründete in Schöneberg eine »Fabrik pharmazeutischer Spezialitäten« und versorgte nicht nur die Berlinerinnen und **BERLINER**, sondern die Lärmgeplagten in ganz Deutschland. Sogar der Schriftsteller Franz Kafka, der in Prag lebte, soll sich schon nach kurzer Zeit ein Leben ohne diese Berliner Erfindung nicht mehr vorgestellt haben können. Der endgültige Durchbruch gelang Ohropax durch den Einsatz an der Front des Ersten Weltkriegs. Die Soldaten nutzten die lärmschützenden Wattebällchen gegen Gewehrfeuer und Kanonendonner (und wir hoffen inständig, dass es ihnen das Leben rettete). Ohropax ist bis heute in vielen Haushalten zu finden – und zwar nicht nur in Berlin.

OLYMPIASTADION Ja, auch Olympia gehört zu Berlin, klar! Seit der Fußballweltmeisterschaft 2006 kennt wahrscheinlich jedes Kind dieses Stadion. So schön und modern das heute ist, so unschön ist seine Geschichte. Denn gebaut wurde es 1934–36 auf Geheiß von Hitler für die Olympischen Sommerspiele 1936. Eigentlich war geplant, das Stadion am Lehrter Bahnhof auszubauen. Hitler wollte es aber größer, schöner, mächtiger – ein Stadion für 100 000 Zuschauer sollte es werden! Und das sollte im Westend entstehen, wo sich bis dahin das »Deutsche Stadion« befand. In dem sollte schon 1916 die Olympiade stattfinden – wozu es wegen des Ersten Weltkriegs aber nicht kam. Das neue Stadion war Teil des so genannten Reichssportfeldes, zu dem auch ein Aufmarschplatz, ein Glockenturm, ein Vorplatz, eine Tribüne, eine Freilichtbühne (die spätere Waldbühne) und ein Schwimmstadion gehörten. Die Bauarbeiten am Stadion begannen 1934, und schon da wurde spürbar, wie es in Deutschland bald überall sein würde: Hier durfte nur arbeiten, wer »arischer« Abstammung war und die deutsche Staatsangehörigkeit besaß. Weil nur zwei Jahre Zeit bis zur Olympiade waren, arbeiteten zeitweise 2600 Arbeiter gleichzeitig auf der Baustelle. Zur Eröffnung am 1. August 1936 waren alle Plätze der Zuschauertribünen besetzt. 3956 Sportler aus 49 Ländern der

ONKEL TOMS HÜTTE Wer mit der U3 in Richtung Krumme Lanke fährt, hält kurz vor der Endstation an Onkel Toms Hütte. Leider hat man aber keine Zeitreise gemacht und steigt nun im amerikanischen Kentucky des 19. Jahrhunderts aus, sondern im Stadtteil Zehlendorf, in dem es eine Wohnsiedlung mit diesem Namen gibt. Das Interessante an der Siedlung, die zwischen 1926 und 1932 entstand, ist auch eigentlich nicht ihr Name (der von einem Ausflugslokal übernommen wurde), sondern die Architektur, die maßgeblich von Bruno Taut entworfen wurde. Taut war ein großer Architekt des 20. Jahrhunderts. Er wurde vor allem durch moderne Siedlungen für Arbeiter und kleine Angestellte berühmt, weil er Wohnhäuser entwarf, die (anders als die **HINTERHÄUSER** der **GRÜNDERZEIT**) hell und modern waren und möglichst noch ein bisschen Grün drum herum hatten. Das hört sich gut an, und doch war die Siedlung »Onkel Toms Hütte« am Anfang ein großer Skandal. Taut plante 1100 Wohnungen und 800 Einfamilienhäuser am Rand des **GRUNEWALDS** – und das passte überhaupt nicht in die vornehme Zehlendorfer Villengegend. Am Ende setzten sich aber doch die Stadt Berlin und die Gewerkschaften, die das Großbauvorhaben planten, durch und die Siedlung konnte gebaut werden.

Welt zogen in die Arena ein. Wie man heute weiß, war es die letzte Veranstaltung, die unter Hitlers Herrschaft so international und friedlich verlief. Nach den Spielen war das Olympiastadion Schauplatz großer Aufmärsche und Fackelzüge. Während des Zweiten Weltkriegs ließ Hitler hier die »Kriegsmeisterschaften« ausrichten. Zerstört wurde es zum Teil durch die Bomben der **ALLIIERTEN**, zum Teil erst nach Kriegsende, weil ein Munitionslager in den unterirdischen Katakomben explodierte.
Seit 1950 heißt das »Reichssportfeld« Olympiastadion. In den folgenden Jahren wurden viele zerstörte Teile wieder aufgebaut und die Sportanlagen modernisiert. Als 1974 die Fußball-WM in Berlin stattfand, wurden die Zuschauertribünen teilweise überdacht. Sein heutiges Aussehen erhielt das Stadion durch große Umbauarbeiten zwischen 2000 und 2004.

OPER Ganz allgemein gesagt ist eine Oper so etwas wie ein gesungenes Theaterstück. Zu einer Oper gehören deshalb: die Musik (gespielt von einem Orchester, gesungen von Solisten und einem Chor), eine Handlung, die als Dichtung vorliegt (das nennt man Libretto), Schauspiel und manchmal Ballett, das Bühnenbild (das die Umgebung, in der die Handlung spielt, zeigt), Masken und Kostüme (damit die Opernsänger auch in etwa aussehen, wie man sich ihre Rolle vorstellt) und jede Menge Technik und Lichteffekte.
Opern sind, sieht man von antiken Vorläufern ab, eine Erfindung des 16. Jahrhunderts. Einen richtigen Boom erlebten sie aber erst im 17. Jahrhundert, als die barocken Königshäuser großen Gefallen an den aufwendigen Singspielen fanden. Deshalb ließen sie Opernhäuser bauen, in denen alles Notwendige zur Verfügung stand. Und wo das Volk (das stand unten im Parkett) ebenso wie die Mitglieder des Königshauses (die saßen oben in der Loge) hören und staunen konnten, »

was für ungeheuerliche Geschichten um Liebe, Mord und Tod sich auf der Bühne zutrugen. Herrlich. Berlin hat gleich drei Opernhäuser. Das ist für eine Stadt ziemlich viel und immer wieder fordern Politiker, mindestens eines zu schließen. Bis jetzt gibt es aber noch alle drei: die Staatsoper und die Komische Oper, beide **UNTER DEN LINDEN**, und die Deutsche Oper an der Bismarckstraße. Die Staatsoper entstand auf Veranlassung von (wie soll es anders sein) **FRIEDRICH II.** als »Königliche Hofoper«. Der ursprüngliche Bau ist seitdem mehrmals stark verändert worden – genau wie die Deutsche Oper, die 1912 in der damals noch nicht zu Berlin gehörenden Stadt Charlottenburg eröffnet wurde. Sie sollte das Gegenprogramm zur höfischen Oper sein und vor allem der Aufführung der großen Werke Richard Wagners dienen. Das moderne Haus von heute ersetzt den im Krieg zerstörten Vorgängerbau. Und weil das Haus modern ist, werden dort sehr viele moderne Opern gespielt.

Auch die Komische Oper hat eine Tradition, die bis ins 19. Jahrhundert zurückreicht. Ihren Namen trägt sie seit 1947 in Anlehnung an die französische Bezeichnung »Opéra comique«, was im Deutschen soviel wie »Singspiel« bedeutet (das heißt, zwischen den Gesangsstücken gibt es auch gesprochene Dialoge).

Während der Teilung Berlins lagen die Komische und die Staatsoper in **OST-BERLIN**, die Deutsche Oper in **WEST-BERLIN**. Alle drei Häuser bieten Programme für Kinder und Schulklassen an. Wer das verpasst, ist echt selber Schuld.

www.komische-oper-berlin.de
www.deutscheoperberlin.de
www.staatsoper-berlin.de

OPERETTE Genau wie die **OPER** ist die Operette ein musikalisches Werk, das auf einer Bühne aufgeführt wird und bei dem gesungen, getanzt und gesprochen wird. Die Bezeichnung kommt aus dem Italienischen und bedeutet »Kleine Oper«. Im Gegensatz zur »großen« Oper sind Operetten lustiger und flotter. Die Geschichten sind nicht so tragisch und bedeutungsschwer, und die Musik ist entsprechend heiter. Operetten entstanden Mitte des 19. Jahrhunderts in Paris und Wien. Komponisten wie Jacques Offenbach und Johann Strauß brachten sie zum ersten Mal auf die Bühne und waren damit so erfolgreich, dass bald ganz Europa davon sprach. So kamen die Operetten auch nach Berlin, das die neue Mode begeistert aufnahm.

Das war allerdings noch gar nichts im Vergleich zu den »Berliner Operetten«, die kurz darauf entstanden. Komponisten wie Paul Lincke oder Walter und Willi Kollo entwickelten einen ganz eigenen Operettenstil, der bald genauso berühmt wurde wie der aus Paris und Wien. Ihr Kennzeichen waren Lieder, die von Berlin, von der Liebe und all den Dingen erzählten, die schon in den Berliner **GASSENHAUERN** vorkamen. Und Gassenhauer wurden auch viele Operettenlieder, wie »Unter'n Linden, unter'n Linden«, »Die Männer sind alle Verbrecher« oder »Das war in Schöneberg im Monat Mai«, die

jeder auf der Straße vor sich hin trällerte. Das Gleiche ließe sich von Hunderten anderer Stücke berichten, die die Herren im Laufe der Jahre für ein begeistertes Publikum schrieben.

Doch davon ist kaum etwas übrig geblieben. Zwar gibt es in Berlin die nach Lincke benannten Straßen Paul-Lincke-Ring und das Paul-Lincke-Ufer, doch hat man es ganz schön schwer, wenn man mal eine richtige Berliner Operette erleben will (denn im Prinzip gehen heute alle in Musicals, die der Nachfolger der Operette sind, nur ohne Berlin drin). Die gibt es ab und zu in der Komischen Oper – ein bisschen ist es mit der Operette wie mit den Dinosauriern. Aber von denen hat Berlin wenigstens noch ein paar Skelette auf Lager (siehe **URVOGEL**).

OST-BERLIN Der sowjetische **SEKTOR** Berlins, der mit der Teilung der Stadt in vier Besatzungszonen nach dem Zweiten Weltkrieg entstand, wurde Ost-Berlin genannt. Diese Bezeichnung funktioniert natürlich nur als Gegenteil zu **WEST-BERLIN**, dem Gebiet der übrigen drei Sektoren. Weder Ost- noch West-Berlin waren offizielle Bezeichnungen. Trotzdem hat sie jeder gebraucht. In der DDR war nur von »Berlin« oder »Berlin, Hauptstadt der DDR« die Rede. Die Bundesrepublik hingegen gebrauchte die Bezeichnung Ost-Berlin oder sprach von der **ZONE** und ihrer **HAUPTSTADT** und drückte damit aus, dass sie weder die Gründung der DDR noch die Wahl Ost-Berlins zur Hauptstadt der DDR akzeptierte. Die DDR verstieß damit ohnehin gegen das Verbot der **ALLIIERTEN**. Da Berlin zu Zeiten Hitlers »Reichshauptstadt« und Machtzentrum der Nationalsozialisten gewesen war, hatten die Alliierten verboten, dass Berlin wieder Hauptstadt werden dürfe.

Zu Ost-Berlin gehörten die damaligen **BEZIRKE** Mitte, Prenzlauer Berg, Friedrichshain, Pankow, Weißensee, Hohenschönhausen, Lichtenberg, Marzahn, Hellersdorf, Treptow und Köpenick. Das Zentrum Ost-Berlins war der **ALEXANDERPLATZ**.

Mit der Wiedervereinigung Deutschlands 1990 wurden auch die beiden Stadtgebiete wieder vereint. Heute bilden sie gemeinsam das Bundesland Berlin, Hauptstadt der Bundesrepublik Deutschland.

In Ost-Berlin galten die Lehren von Marx und Engels. Ihr Denkmal wurde 1986 in Mitte eingeweiht und steht auch heute noch.

PALAST DER REPUBLIK Die Prachtstraße **UNTER DEN LINDEN** war über Jahrhunderte der Mittelpunkt der Stadt. Hier stand das **SCHLOSS** der **HOHENZOLLERN**, hierhin bauten die größten Baumeister der Stadt den **DOM** und prächtige Museen, die **UNIVERSITÄT**, das **ZEUGHAUS**, die Staatsbibliothek, das **BRANDENBURGER TOR**. Die meisten dieser Gebäude wurden zum Ende des Zweiten Weltkriegs schwer zerstört und danach (jetzt lagen sie plötzlich nicht mehr in der Mitte der Stadt, sondern in **OST-BERLIN**) wieder aufgebaut. Bis auf das Schloss. Dessen Überreste wurden 1950 gesprengt, weil man in der DDR nichts von **PREUSSEN**, König und Adel hielt. Besonders die westdeutsche Öffentlichkeit reagierte empört, schließlich wurde damit das Herzstück Preußens dem Erdboden gleichgemacht.

Anstelle dessen ließ die DDR hier den Palast der Republik bauen – ein Schloss des Volkes könnte man sagen. Dieser Palast war einerseits Sitz der Volkskammer, dem Parlament der DDR, das nun anstelle eines Königs die Geschicke des Landes bestimmte. Andererseits war der Palast ein Kulturhaus, in dem sich viele Restaurants, ein großer Saal für Konzerte und Shows, eine Kegelbahn, ein eigenes Postamt, ein Theater, Clubs, eine Galerie und viele andere Einrichtungen befanden. Der Große Saal war damals ein technisches Meisterwerk, das auch internationalen Vergleichen locker standhielt. Per Knopfdruck verwandelte sich der Zuschauerraum in ein terrassenartiges Theater, in eine Kundgebungshalle oder in einen Kammermusiksaal. Eine ähnliche Einrichtung bekam **WEST-BERLIN** erst 1979 mit dem Bau des **ICC**.

Mit der Wiedervereinigung Deutschlands wurde der Palast außer Betrieb genommen. Eigentlich sollte nur der Asbest (ein giftiger Baustoff) beseitigt werden, doch während der Sanierung brach ein Streit aus, ob Berlin nicht doch lieber das Schloss wieder aufbauen sollte. Der Streit dauerte lang, denn so viele Feinde das Symbol des Sozialismus (so hieß die Staatsform der DDR) hatte, so viele Freunde hatte er inzwischen. Schließlich hatten nicht wenige Ost-Berliner hier gute Stunden verbracht, und viele verbanden mit dem Gebäude ihre Jugend und ihr Leben, für das es nun keinen Platz mehr zu geben schien. Jüngere, die weder mit der DDR, noch mit der alten Bundesrepublik viel verbanden, brachten außerdem andere Möglichkeiten ins Spiel, eine Verbindung zwischen dem Palast und einem neuen Gebäude (dem wiederaufgebauten Schloss zum Beispiel). Am Ende entschied der **BUNDESTAG** im Jahr 2003 seinen endgültigen Abriss und den Wiederaufbau des Schlosses.

PANKE Die Panke ist ein Nebenfluss der **SPREE**, der einst durch viele **BEZIRKE** Berlins führte und für den Schiffsverkehr und die Fischerei genutzt wurde. Bis ins 19. Jahrhundert standen an den Ufern Wassermühlen, mit deren Hilfe Mehl oder Papier hergestellt werden konnte. Damals befand sich ein Großteil des Flusslaufs noch außerhalb der Stadt. Bereits um 1700 wurde die Panke aufgestaut, um eine Schiffsverbindung zwischen Charlottenburg und Niederschönhausen zu schaffen. An anderen Stellen verlegte man ihren Flusslauf unter die Erde, um Bauland zu gewinnen. Mit dem Mauerbau 1961 wurden viele dieser unterirdischen Flussläufe zerstört und trockengelegt, vor allem in den Innenstadtbezirken. Inzwischen gibt es Pläne, die alte Panke wieder zu aktivieren und erneut durch die Stadtmitte zu führen. Bis dahin kann man allen Flussliebhabern einen Ausflug nach Pankow empfehlen. Dort schlängelt sich das Flüsschen noch ganz idyllisch durch die Parks.

PERGAMONALTAR

In der türkischen Stadt Bergama fahren Busse durch die Gegend, auf denen in deutscher Sprache zu lesen ist: »Der Pergamonaltar gehört uns!« Der Satz richtet sich an die deutschen Touristen, die in Bergama herumlaufen und sich dafür interessieren, wo »ihr« Pergamonaltar herkommt. Das Ganze ist eine etwas verzwickte Angelegenheit: Wem gehören ausgegrabene Funde – dem, der sie findet (in diesem Fall ein Deutscher), oder dem, in dessen Boden sie gefunden werden (das ist die Türkei)? Um solche Fragen zweifelsfrei zu klären, gibt es heute viele Gesetze. Damals, als der Pergamonaltar ausgegraben wurde, gab es die aber noch nicht. Zwischen 1878 und 1886 weilte Carl Humann im Auftrag der Berliner Museen in Pergamon (heute Bergama) und fand die Friese eines Altars, der nach seinem Herkunftsort fortan »Pergamonaltar« genannt wurde. Anders als Altäre, die man aus christlichen Kirchen kennt, ist dieser selbst so groß wie ein Gebäude: 36 mal 34 Meter. Auf dem fast quadratischen Unterbau befinden sich Säulengänge, in der Mitte eine riesige Freitreppe. Die in Stein gehauenen Bilder (mehrere zusammen bilden einen Fries) unterhalb der Säulen sind so einzigartig, dass sie bald in der ganzen Welt berühmt wurden. Sie zeigen Szenen aus der griechischen Mythologie, nämlich den Kampf der Götter gegen die Titanen. Die Geschichte des Altars reicht fast bis in die Zeit der Götter zurück. Er wurde noch vor der Zeitenwende zwischen 180 und 159 v. Chr. erbaut. Damals herrschte Eumenes II. über das Pergamenische Reich. Der Pergamonaltar ist nur einer von vielen berühmten Funden, die im Pergamonmuseum zu sehen sind. Neben dem Pergamonaltar wurden das Markttor von Milet und das **ISCHTAR-TOR** aus dem alten Babylon rekonstruiert. Alle diese Schätze sind so überwältigend, dass das Pergamonmuseum das meistbesuchte Museum Berlins ist.

Falls ihr noch nicht da wart: Nix wie hin!

PHILHARMONIE

Eines der spektakulärsten Gebäude Berlins gehört zum **KULTURFORUM** am Potsdamer Platz: Die Philharmonie wurde nach dem Zweiten Weltkrieg als erstes Haus am neu geschaffenen Kulturforum nach Plänen des Architekten Hans Scharoun gebaut. Es ist das Haus der Berliner Philharmoniker, dem berühmtesten Orchester der Stadt. Scharoun entwarf für sie ein Gebäude, das aussieht wie Stein gewordene Musik, denn nichts an ihm scheint still zu stehen: goldene, großzügig geschwungene Bögen formen die Fassade wie die Handbewegungen eines Dirigenten; im Inneren bilden zueinander versetzte Zuschauerränge so etwas wie eine wilde, in ein Gebäude verwandelte Komposition mit vielen Stimmen und Instrumenten, in deren Mitte das Orchester spielt. Die goldene Außenhaut (die zur Eröffnung 1963 nur mit Farbe aufgetragen war und nicht wie heute durch Aluminiumplatten) sollte laut Scharoun an den ockerfarbenen Anstrich der alten Königsschlösser in und um Berlin erinnern. Karten für die Philharmonie zu bekommen, ist schon immer schwierig, denn alle wollen hin. Für Kinder gibt's extra Kita- und Familienkonzerte, die ein Glück für all jene sind, die ein paar der Eintrittskarten ergattern können!

www.berliner-philharmoniker.de

Ein Gebäude wie Musik

PFAUENINSEL Es ist gar nicht so leicht, sich in der modernen Großstadt von heute vorzustellen, wie die preußischen Könige einst wohl hier lebten: wie leer (viel weniger Menschen) und ruhig (kein motorisierter Verkehr) die Stadt im Vergleich zu heute war, auch wie dunkel in der Nacht (ohne Straßenbeleuchtung) und wie grün an den Rändern (wo es Tiergärten und Parks und kleine Schlösser gab, in die man zu Pferd oder in der Kutsche Ausflüge unternahm). Ein Ort, an dem man noch ganz gut fühlen kann, wie es damals gewesen sein könnte, ist die Pfaueninsel. Die liegt näher an Potsdam als an Berlin mitten in der **HAVEL** und ist ein idyllisches Plätzchen mit einem kleinen **SCHLOSS** und Pfauen, die über die Wiesen spazieren wie in einem Märchen. Ursprünglich waren es aber nicht Pfauen, sondern Kaninchen, die der preußische König Friedrich Wilhelm I. hier züchten ließ, weil sich damit die königliche Schlosskasse und natürlich auch die Schlossküche aufbessern ließen. Sein Sohn Friedrich Wilhelm II. machte sie dann zur Sommerresidenz, für die er ein weißes, mit Türmchen besetztes Schlösschen, einen Hafen, ein Kavaliershaus (für Pferde und Reiter) und später einen Park mit Fontäne und Brunnen anlegen ließ, in dem die exotischen Vögel von Schönheit und Reichtum der Königsfamilie zeugen sollten.

PINKE Einfach Pinke oder doppelt Pinkepinke ist der **BERLINERISCHE** Ausdruck für Geld, vor allem für die kleinen Münzen, das Klimpergeld. Die Stadt Berlin erwarb 1369 das Münzrecht. Das bedeutet, dass man hier eigenes Geld prägen durfte.
Mehr über Münzen kann man im Münzkabinett erfahren. Das besitzt mehr als 500 000 Münzen, Medaillen, Papiergeldscheine, Prägestempel und Siegel aus aller Welt und aus allen Zeiten. Ein kleinerer Teil davon ist im **PERGAMON**museum in einer ständigen Ausstellung antiker Münzen zu sehen. Der Hauptteil aber wird seit Oktober 2006 im Bode-Museum präsentiert.

POTSDAMER PLATZ Der einzige Platz in Berlin, wo man sich ein bisschen wie in New York, London oder Paris fühlt, ist der Potsdamer Platz. Mit seinen **HOCHHÄUSERN** und Leuchtreklamen gilt er als der modernste Platz der Stadt und als Wahrzeichen des »neuen« Berlin, das nach der Wiedervereinigung entstand. Das stimmt aber nur zum Teil. Zwar wurde der Potsdamer Platz mit all den Filmpalästen, Hotels und Einkaufsmeilen erst ab Mitte der 1990er Jahre gebaut, doch gab es ihn schon vorher. Vor allem in den legendären **GOLDENEN ZWANZIGERN** war er der Verkehrsknotenpunkt Berlins. Hier befanden sich S- und U-Bahnhöfe für Züge aus nah und fern, für Busse, Straßenbahnen, Droschken und Taxis. Zwölf Hauptverkehrsstraßen trafen sich auf dem Platz. Allein 26 Straßenbahnlinien kreuzten den Platz. Der Potsdamer Platz der Zwanzigerjahre war wahrscheinlich noch viel moderner, lauter und schneller als der heutige. Er war der Inbegriff der modernen Großstadt, in der es immer etwas zu entdecken gab. Hier leuchteten und funkelten die Fassaden der Prachthotels und Warenhäuser den ganzen Tag, damit die Bewohner und Gäste der Stadt hier ihr Geld ausgaben. Das letzte Zeugnis dieser Zeit kann man in

einer gläsernen Box direkt neben dem Sony Center bewundern, die einen Teil des legendären Kaisersaals enthält. Das war einst ein Prunksaal im Hotel »Esplanade«, geschmückt mit Kronleuchtern, kostbaren Holzverkleidungen, goldenen Spiegeln und verspielten Ornamenten. Hier feierte Kaiser Wilhelm II. mit seinen Generälen, später waren große Filmstars zu Gast. Der Potsdamer Platz hatte für jeden Geldbeutel etwas im Angebot. Hier gab es Lokale für mehr als zweitausend Gäste, daneben billige Gastwirtschaften und solche für den gehobenen Geschmack mit künstlerischen Darbietungen. Mit der Machtübernahme der Nationalsozialisten 1933 war diese Zeit zu Ende. Vom alten Potsdamer Platz blieb nach Krieg und Mauerbau fast nichts übrig. Nur das »Weinhaus Huth« überstand die Angriffe fast unbeschadet. Es ist auch heute wieder in Betrieb. Während der Teilung Berlins war der komplett leere Platz Teil des Mauerstreifens, der hier so breit war wie nirgends sonst. Die unterirdischen Bahnhöfe von S- und **U-BAHN** wurden zu »Geisterbahnhöfen«, in denen kein Zug halten durfte. Kann man sich heute kaum noch vorstellen. Erst nach der Wiedervereinigung 1990 kam wieder Leben in die Gegend. 1994 begannen die Bauarbeiten auf dem Potsdamer Platz. Er war sechs Jahre lang die größte Baustelle Europas. Bis zum Jahr 2000 waren die meisten Arbeiten abgeschlossen, und der Potsdamer Platz hatte sein heutiges Gesicht bekommen. Es verändert sich zwar täglich ein kleines bisschen, weil Neues hinzukommt oder Neues alt wird, aber anders wäre es ja auch ganz schön langweilig.

PRATER Eigentlich ist Wien die Stadt, die für ihren Prater berühmt ist: Der »Wiener Prater« ist eine Parkanlage, in der es ein legendäres Riesenrad, Bratwurststände, Bierbuden und überhaupt alles gibt, was man als Rummel auf der Wiese bezeichnen könnte. Denn das ist eine der ursprünglichen Bedeutungen des Wortes: »pratum« (lat.) = Wiese. In Wien hat sich der Prater von einem Jagdgrund für den König zu einem Rummelplatz für jedermann verwandelt. In Berlin ist es der Name eines großen Biergartens an der Kastanienallee in Prenzlauer Berg, in dem seit über 140 Jahren Bier ausgeschenkt und Theater gespielt wird, seit den ersten Besitzern 1867 eine Erlaubnis für die »Aufführung von Lustbarkeiten« erteilt wurde. »

Im Prater haben sich einige der besten berlinerischen Geschichten abgespielt: Hier wurden die ersten Filme gezeigt, die damals noch »laufende Bilder« hießen und gerade erst von den Gebrüdern Skladanowsky erfunden worden waren (die wohnten übrigens gleich gegenüber an der Ecke Schönhauser Allee), der Berliner **OPERETTEN**komponist Paul Lincke dirigierte im Pratergarten sein Orchester und an lauen Sommerabenden konnte man Zirkus und Boxwettkämpfe sehen.

Nach dem Zweiten Weltkrieg, den der Prater fast unbeschadet überstand, zog die Berliner Volksbühne hier ein, weil das Theater am heutigen Rosa-Luxemburg-Platz zerstört war. Später wurde der Prater zur Uraufführungsstätte für DEFA-Filme, und nach dem **Mauerfall** übernahm die Volksbühne das Haus wieder als Spielstätte. Und so ist es bis heute geblieben: Der Pratergarten ist einer der beliebtesten Biergärten der Stadt, und außerdem wird hier Theater oder Musik gespielt.

Das brandenburgische Kurfürstenpaar schaut bei der Kartoffelernte zu

PREUSSEN ist die Bezeichnung für den Staat, den die Berliner Kurfürsten und Könige regieren. Die bedeutenden Zeiten Preußens begannen mit der Regierungszeit des »Großen Kurfürsten« Friedrich Wilhelm 1640 und endeten mit dem Zweiten Weltkrieg 1945. In den dazwischen liegenden Jahrhunderten war Preußen unter dem Haus **HOHENZOLLERN** der größte Einzelstaat des Deutschen Reichs. Er ist nicht mit dem heutigen Berlin oder mit Berlin und Brandenburg zu vergleichen, denn Preußen umfasste zeitweise große Teile Mittel- und Norddeutschlands, reichte bis ins Ruhrgebiet oder bis zum heutigen Kaliningrad (früher Königsberg) weit im Osten Europas. Dieses riesige Staatsgebiet ist das Ergebnis ständiger Kriege. Waren die preußischen Herrscher Sieger, wie Friedrich Wilhelm I. im Nordischen Krieg 1720, gewannen sie neue Länder hinzu. In diesem Fall war es Vorpommern bis zum Fluss Peene mit der Hafenstadt Stettin. Verloren sie, wie König Friedrich Wilhelm III. 1807 gegen **NAPOLEON** (siehe **PRINZESSINNENGRUPPE**), wurde das Staatsgebiet Preußens kleiner.

Durch die Gründung des Deutschen Kaiserreichs 1871 wurde der König von Preußen zum Deutschen Kaiser. 1947 löste der **ALLIIERTE** Kontrollrat den Staat Preußen endgültig auf, dabei wurden auch die heutigen Grenzen Deutschlands festgelegt und große Teile Preußens an Russland und Polen übergeben. Das preußische Staatsvermögen ging in der Bundesrepublik auf die Nachfolgeländer über, in der DDR wurde es Teil des Volkseigentums. Die Kulturschätze Preußens gehören heute zu einer Stiftung, die eine der bedeutendsten in ganz Deutschland ist: zur Stiftung Preußischer Kulturbesitz.

PREUSSISCH BLAU Viele Dinge, die heute für uns ganz selbstverständlich sind, waren früher begehrte und teure Güter. Auch Farben gehörten dazu. Sie wurden von Handwerkern hergestellt, die Pflanzen, Steine und Erden sammelten, sie säuberten und zerrieben und zu Pulvern oder Pasten verarbeiteten. Man benötigte sie zum Färben der Stoffe, aus denen Kleidung oder Möbel gefertigt wurden, für Gemälde und Tapeten, zum Bemalen von Porzellan und anderes mehr. Besonders teuer und deshalb wertvoll waren Rot und Blau, die nicht (wie Grün, Gelb oder Braun) aus heimischen Pflanzen und Wurzeln hergestellt werden konnten, sondern aus seltenen, nur an wenigen Ort der Welt verfügbaren Materialien wie dem Schleim von Purpurschnecken oder zerriebenen Schildläusen (wirklich!). Leuchtendes Purpurrot war deshalb nur dem Kaiser, dem Papst und Gemälden Heiliger vorbehalten. Ähnlich war es beim

104 Das Blau fürs Berliner Porzellan

leuchtenden Blau, für das es lange keine natürliche Quelle gab – außer teure Edelsteine wie Lapislazuli oder den in fernen Ländern wachsenden tropischen Indigostrauch. Als der Berliner Farbenhersteller Johann Jacob Diesbach im Jahr 1706 zum ersten Mal sein Berliner Blau herstellte, gab es deshalb viele interessierte Käufer. Diesbach hatte es geschafft, eine kräftig blaue Farbe in einem künstlich herbeigeführten chemischen Prozess herzustellen, der ganz unabhängig von den seltenen natürlichen Rohstoffen funktionierte. Auf dieser Grundlage wurde das Preußisch (oder auch Berliner) Blau bald an vielen Orten Deutschlands hergestellt und sogar nach China und Japan verkauft.

PRINZESSINNEN(GRUPPE)

Wenn es so etwas wie das beliebteste Berliner Kunstwerk gibt, dann ist es eins, das im Gegensatz zu allen heldenhaften Reitern, Generälen, Feldherren oder Gottheiten gar nicht groß, sondern sehr zart und anmutig ist. Gemeint ist das Figurenpaar der beiden Prinzessinnen Luise und Friederike, das gleich in zwei Museen zu finden ist – aus Marmor in der Alten **NATIONALGALERIE**, aus Gips in der Friedrichswerderschen Kirche. Die Skulptur stammt von dem Bildhauer Johann Gottfried Schadow, der sie Ende des 18. Jahrhunderts (1795) im Auftrag des Königs Friedrich Wilhelm II. von Preußen anfertigte. Dessen Sohn Friedrich Wilhelm III. hatte die mecklenburgische Prinzessin 1793 geheiratet.
Die »Prinzessinnengruppe« zeigt die junge Kronprinzessin Luise mit ihrer Schwester Friederike – und das gar nicht so würdevoll und unnahbar, wie das damals bei Bildnissen von Angehörigen des Königshauses üblich war. Schon deshalb erregte das Werk Aufsehen. Luise war zu ihrer Zeit das, was man heute die »Königin der Herzen« nennt. Nicht nur, dass sie als überaus schön, natürlich und fromm galt und viele Kinder hatte, sondern sie kümmerte sich auch um das Wohl **PREUSSENS**. Luise wurde vom Volk verehrt, weil sie **NAPOLEON** erst entschieden entgegentrat und dann, nach der Niederlage Preußens 1807, den französischen Kaiser persönlich um Milde für ihr unterlegenes Vaterland bat. Es hat zwar nichts genützt, doch die **BERLINER** haben ihr das nie vergessen.
Luise starb schon im Alter von 34 Jahren an einer Lungenentzündung. Ihr früher Tod begünstigte, dass schnell ein »Luisen-Mythos« entstand, der aus ihr eine Art Berliner Heilige machte. Und Schadows Kunstwerk wurde zum Erinnerungsstück, das auch nachfolgenden Verehrern zeigte, wie anmutig und natürlich sie gewesen war.

QUADRIGA

Das lateinische Wort für Viergespann (also einen Wagen, der von vier Pferden gezogen wird), ist Quadriga. Solche Vierspänner wurden bei den alten Griechen zur Jagd und als Kampfwagen genutzt; im alten Rom war es der Wagen des Herrschers (und also das, was die goldene Kutsche in europäischen Königshäusern war).
In Berlin steht die Quadriga auf dem **BRANDENBURGER TOR** und von dort aus lenkt seit 1793 die Siegesgöttin Victoria den Streitwagen in Richtung **UNTER DEN LINDEN**. Ursprünglich hatte ihr Bildhauer Johann Gottfried Schadow nicht die stolze Siegesgöttin, sondern die Friedensgöttin Eirene in den Streitwagen gestellt. Nach antikem Vorbild war sie nackt – was aber so viel Aufsehen erregte, dass man der Göttin ein Hemd »

Berlins erste Influencerinnen 105

aus Kupfer überstülpte, ehe sie ins Freie durfte. Viel schöner und interessanter als die Wagenlenkerin sind aber sowieso die Pferde, weshalb Schadow viele Stunden im königlichen Marstall verbrachte, um die Tiere möglichst lebensecht gestalten zu können.
Bald nach der Aufstellung der Figurengruppe mussten die Berliner miterleben, wie **NAPOLEON**, der die Kriege gegen **PREUSSEN** gewonnen hatte, durch das Brandenburger Tor zog und kurz darauf befahl, die Quadriga abzubauen. Er plante, sie in Paris auf einem Triumphbogen aufzustellen. Dazu kam es zwar nicht, doch dauerte es bis zur Niederlage Napoleons, ehe die geraubte Quadriga 1814 wieder die Heimreise antreten konnte. Die Wandlung von der Friedens- zur Siegesgöttin soll bei ihrer Wiederaufstellung geschehen sein, indem man ihr das Eiserne Kreuz und den Preußenadler in die Hand drückte. So wurde aus dem Symbol der Niederlage ein Symbol des Sieges über die Franzosen. Die Heimkehr der Quadriga wird übrigens auch auf einem der Reliefbilder am **ROTEN RATHAUS** dargestellt.

QUATSCH Dreiviertelmondnächte sind in Berlin etwas ganz Besonderes. Vorausgesetzt dass der Mondschein durch die Wolken auf die Erde dringt, kann man kurz nach Mitternacht die Auerhasen beim Tanzen auf den Wiesen beobachten. Bei den langohrigen, grau-grün-gescheckten Tieren handelt es sich um eine sehr seltene Art des Lepus europaeus, einer Hasenart, die ihre Augen nicht schließen kann und deshalb nur in Nächten mit mildem Mondlicht an die Oberfläche kommt, um zu fressen und zu balzen. Das Beobachten der Tiere ist zu einem neuen Volkssport geworden und zieht inzwischen von Mai bis September Naturbeobachter aus der ganzen Republik an. Besonders gute Chancen, die außergewöhnlichen Lebensgewohnheiten der gut getarnten Tiere zu beobachten, hat man erstaunlicherweise im Regierungsviertel, wo auf der Wiese zwischen **REICHSTAGSGEBÄUDE** und **SPREE** vierblättriger Kleeblattrasen wächst. Den lieben die Auerhasen besonders – doch können sie auch hier nicht ungestört leben. Die Bewegungsmelder der unterirdischen Sicherheitstechnik sind so sensibel, dass sie oft mehrmals in der Nacht Alarm geben und das Flutlicht einschalten. Einem Zeitungsbericht zufolge wird nun in einer eigens eingerichteten Kommission aus Tierschützern und Parlamentariern diskutiert, wie man das Problem lösen kann. Bislang galten die Berliner Auerhasen als weltweit einmalig und streng auf das Stadtgebiet von Berlin begrenzt. Inzwischen mehren sich allerdings ähnliche Berichte aus Wellington, der **HAUPTSTADT** Neuseelands, die Berlin auf der anderen Seite der Erdkugel fast genau gegenüber liegt.

Dort haben die Maoris, die Ureinwohner des Inselstaates, sogar ein eigenes Sprichwort für das Phänomen. Wir drucken hier die phonetische Umschrift: Qua tschmi tsa-uc e.

QUERCUS PETRAEA ist das lateinische Wort für »Traubeneiche«. Das vermutlich älteste lebende Naturdenkmal Berlins ist eine über 800-jährige Traubeneiche – die **DICKE MARIE** am Schlosspark Tegel, die bereits seit 1939 geschützt ist.

RAW In Friedrichshain nahe der Warschauer Brücke liegt ein altes Reichsbahnausbesserungswerk (abgekürzt RAW), in dem lange Zeit die S-, U- und Straßenbahnen der Stadt repariert und instand gehalten wurden. Das war zwischen 1867 (damals hieß das Gelände »Königlich-Preußische Eisenbahnwerkstatt Berlin«) und 1995, der endgültigen Stilllegung des Werks. Heute ist das Gelände des RAWs der größte zusammenhängende Kulturveranstaltungsort Deutschlands. Hier befinden sich Konzerthallen und Künstlerateliers, Clubs, Galerien, Restaurants und Sporthallen, und sonntags findet hier ein toller Flohmarkt statt. Viele der alten Werkhallen tragen **GRAFFITIS**.

Das Reichstagsgebäude ist heute Teil des neu gebauten Parlamentsviertels, zu dem zahlreiche neue Gebäude wie das Marie-Elisabeth-Lüders-Haus, das Jakob-Kaiser-Haus und das Paul-Löbe-Haus gehören. In ersterem gibt es ein öffentlich zugängliches Mauer-Mahnmal: Der Architekt Stephan Braunfels ließ Teile der Mauer, die hier einst Ost- und West-Berlin trennte, wieder aufrichten und baute das eigentliche Parlamentsgebäude mit einer riesigen Bibliothek und Versammlungsräumen darüber. www.mauer-mahnmal.de

REICHSTAGSGEBÄUDE Seitlich hinter dem **BRANDENBURGER TOR** steht das Reichstagsgebäude. Viele sagen, dass es so etwas wie ein begehbares Geschichtsbuch sei, weil das Gebäude im Lauf der Jahrzehnte Schauplatz für die wichtigsten Ereignisse deutscher Geschichte war und die meisten ihre Spuren in seinen Mauern hinterlassen haben.
Begonnen hat alles 1871 mit der Gründung des Zweiten Deutschen Kaiserreichs und der Wahl des ersten deutschen Parlaments – dem so genannten Reichstag. Dem gehörten Vertreter aller 34 im Kaiserreich vereinten deutschen Staaten an, die zusammen mit dem Kaiser das neue, zu einem Nationalstaat vereinte Deutschland regierten. Das ist im Prinzip bis heute so – nur dass es natürlich keinen Kaiser mehr gibt. Da das Parlament damals eine ganz neue Sache war, brauchte es ein Gebäude, das seinen Anforderungen entsprach. Das erste Reichstagsgebäude wurde vom Architekten Paul Wallot entworfen und am 5. Dezember 1894 feierlich eröffnet. »

Aber der Reichstag war nicht nur mit dem Beginn, sondern auch mit dem Ende des Kaiserreichs verknüpft: Als der Kaiser 1918 gestürzt wurde, rief die neue Regierung von einem Fenster des Reichstagsgebäudes die Republik aus. Und im Plenarsaal tagten nicht mehr die Parlamentarier, sondern die Berliner Arbeiter- und Soldatenräte. Während der Weimarer Republik war das Reichstagsgebäude Sitz des neu gewählten Parlaments. Und auch diesmal spielte sich das Ende der Republik hier ab. In der Nacht vom 27. auf den 28. Februar 1933 zerstörte ein als »Reichstagsbrand« in die Geschichte eingegangenes Feuer den Plenarsaal. Die gerade an die Macht gekommenen Nationalsozialisten behaupteten, dass die Kommunisten den Brand gelegt hätten, und verhafteten sehr viele von ihnen – und das, obwohl sie höchstwahrscheinlich selbst dahinter steckten. Gleichzeitig schränkten sie die Pressefreiheit ein, so dass niemand diese Ungeheuerlichkeit aufdecken konnte. Da Hitler das Parlament einfach abschaffte, hatte das Gebäude während seiner Herrschaft keine Funktion mehr. Wichtig wurde das Haus am Ende des Zweiten Weltkriegs wieder. Das Foto, auf dem ein Soldat der Roten Armee die rote Fahne auf dem Dach des stark zerstörten Reichstags hisst, ging als Zeichen des Sieges über Nazideutschland um die Welt.

Nach der Teilung Deutschlands war der Reichstag wieder ohne Funktion. Da Berlin durch das Viermächteabkommen nicht mehr **HAUPTSTADT** sein durfte, blieb auch das Reichstagsgebäude leer. Es war zwar wieder aufgebaut worden, wurde aber nur für Ausstellungen genutzt. Die **MAUER** verlief direkt hinter dem Gebäude. Daran erinnert heute eine in den Boden eingelassene Linie. Die große Stunde des Reichstages kam nach dem Fall der Mauer. Am 4. Oktober 1990 trat hier das erste gesamtdeutsche Parlament nach der Teilung Deutschlands zusammen. Und als dann beschlossen wurde, die Hauptstadt nach Berlin zu verlegen, konnte das Reichstagsgebäude seinem Namen wieder alle Ehre machen. Bevor der Architekt Sir Norman Foster mit dem Umbau begann, verhüllten die Künstler **CHRISTO** und Jeanne-Claude das Gebäude im Sommer 1995. Im April 1999 wurde das umgebaute Reichstagsgebäude mit einer feierlichen Sitzung eröffnet. Seitdem trägt es eine herrliche Glaskuppel, von der man einen tollen Blick über die Stadt hat. Aber das Reichstagsgebäude ist mehr als »nur« der Parlamentssitz, es ist auch eines der ungewöhnlichsten Öko-Häuser im Lande. Unterirdische Wärmequellen werden zum Heizen und eine kühlende Grundwasserschicht zur Wärmeregulation im Sommer genutzt. Spiegel leiten das Sonnenlicht aus der Kuppel bis in den Sitzungssaal hinab, und es gibt sogar ein eigenes Kraftwerk, das mit Biodiesel betrieben wird. Der Bundestag bietet Führungen durch das Gebäude an, auch spezielle für Schülergruppen. Mehr Infos unter: www.bundestag.de

RESIDENZ Residenzstadt, also Wohn- und Regierungssitz eines Fürsten oder Königs, war Berlin von 1411 bis 1871. Das ist genug Zeit, um die Schlösser, Parks, Pavillons und Prachtstraßen zu bauen, die eine Residenz erst dazu machen, denn an ihnen erkennt man den Reichtum des Herrschers. 1411 war der Nürnberger Burggraf Friedrich VI. zum obersten »Verweser« und Hauptmann der Mark Brandenburg (zu der Berlin gehörte) ernannt worden. Damit begann die über 500-jährige Herrschaft des Hauses **HOHENZOLLERN** in Berlin. 1701 krönte sich Kurfürst Friedrich III. in Königsberg zum König. Von nun an war er König Friedrich I. in **PREUSSEN**. Und Berlin war königliche Residenzstadt. Das ging bis zur Gründung des Zweiten Deutschen Kaiserreichs 1871, mit der Berlin von der Residenz zur **HAUPTSTADT** wurde. Nach der Abschaffung des Kaiserreichs 1918 war Berlin »nur« noch eine normale Hauptstadt.

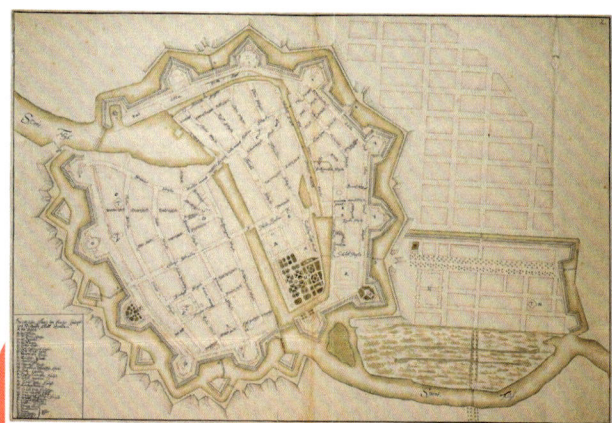

Im Jahr 1712 (in diesem Jahre wird Friedrich II. geboren), konnte man in wenigen Minuten von einem zum anderen Ende der Stadt laufen – in ihrer Mitte die Spree. Umgeben war sie von einer Stadtmauer. Jenseits davon lagen Felder und Windmühlen, Scheunen und Handwerksviertel.

RETOURKUTSCHE Das Wort Retourkutsche setzte sich aus einem französischen und einem deutschen Wort zusammen: retour für Rückkehr, Kutsche für Kutsche. Für **BERLINER** hat das Wort besondere Bedeutung, denn es wurde ein Spitzname für die **QUADRIGA** auf dem **BRANDENBURGER TOR**. Die wurde erst von **NAPOLEON** geraubt, dann zurückgebracht. Für die Berliner und Berlinerinnen war das ein Triumph, sie hießen die große Skulptur deshalb auch mit Jubel willkommen. Den französischen Feldherren Napoleon aber nannten sie fortan den Pferdedieb von Berlin.

RIAS ist die Abkürzung für »Rundfunk im amerikanischen Sektor«. Und eine Legende, ohne die Berlin zur Zeit des **KALTEN KRIEGS** nicht denkbar ist. Der RIAS war ein Sender, der nach dem Zweiten Weltkrieg Radio und, ab 1988, auch Fernsehprogramme aus **WEST-BERLIN** sendete. Die waren aber längst nicht nur für West-Berliner gedacht. Auch in **OST-BERLIN** und in der DDR hatte der Sender viele Hörer. Oft erfuhren die Hörer dort nur durch den RIAS, was in der Welt vor sich ging. Vor allem während des Aufstands am **17. JUNI** 1953 war er eine wichtige Informationsquelle für die Streikenden. Denn während die DDR nichts oder falsche Meldungen sendete, informierte der RIAS über die Aufstände.

Solange der RIAS bestand, begannen die Sendungen mit dem Satz: »Hier ist RIAS Berlin – Eine freie Stimme der freien Welt«. Jeden Tag erklang kurz vor 12 Uhr das Geläut der **FREIHEITSGLOCKE** aus dem Radio. Natürlich war der Sender auch ein Instrument des Kalten Kriegs, in dem die Sicht auf die Welt ziemlich einfach war: Auf der einen Seite standen die Guten, auf der anderen die Bösen. Und böse waren natürlich immer die anderen. Der RIAS wurde 1946 von den Amerikanern als DIAS (»Drahtfunk im amerikanischen Sektor«) gegründet, weil sie von der SMAD (sowjetische Militäradministration) keine Genehmigung zur Sendung innerhalb des Berliner Rundfunks bekommen hatten. Mit dem Fall der **MAUER** 1989 und dem Ende des Kalten Kriegs hatte der RIAS seine Daseinsberechtigung verloren und wurde deshalb aufgelöst. Das Fernsehprogramm übernahm die »Deutsche Welle«. Das Radioprogramm von RIAS 2 wurde als »rs2« privatisiert, ein anderer wurde zu »Deutschlandfunk Kultur«, das heute mit »Kakadu« eine der besten täglichen Kindersendungen überhaupt ausstrahlt.

In der Nachkriegszeit versammelten sich die Menschen um die RIAS-Lautsprecherwagen, um die neuesten Nachrichten zu erfahren.

Das Radialsystem ist heute ein Kultur- und Veranstaltungszentrum. Ursprünglich war es die Maschinenhalle eines Abwasserpumpwerks.

RIESELFELDER Wenn man sich Berlin in der Vergangenheit vorstellt, dann denkt man oft an die Schlösser, Lustgärten und Parks, an die Museen und Bürgerhäuser – also an jene Gebäude und Anlagen, die eine Stadt unverwechselbar machen. Meist vergisst man dabei, dass es damals noch keine geteerten Straßen, keine Zentralheizungen und auch nur wenige Straßenlaternen gab und vieles viel unbequemer war als heute. Und dass Berlin stank wie verdorbene Suppe, weil es bis zum Ende des 19. Jahrhunderts kein Abwassersystem gab, das halbwegs funktionierte. Alle Küchenabfälle, viele (räusper) Fäkalien, der Mist von Pferden und Schweinen, das Waschwasser von Mensch und Tier und alles andere, was wir uns nicht näher vorstellen wollen, wurde über offene Gräben an den Straßen abgeführt. Die Rinnsteine waren einen halben Meter breit, lagen direkt am Gehweg und mündeten entweder in **HAVEL** oder **SPREE** oder in unterirdische Kanäle. Aus denen stank es furchtbar, weil hier die Überreste des Berliner Lebens vor sich hin faulten. In vielen Stadtvierteln wurde sogar das Grundwasser verschmutzt, so dass sich Krankheiten immer schneller ausbreiten konnten.

Um dem ein Ende zu bereiten, setzte König Friedrich Wilhelm IV. eine ehrwürdige Studienkommission ein, die 1846 die Errichtung eines Wasserwerkes beschloss. Das dauerte dann zwar noch fast ein halbes Jahrhundert, führte am Ende aber erstens zur Einführung der ersten Wasserklos, zweitens zum Bau eines funktionierenden Abwassersystems (einer Kanalisation) und drittens zur Einrichtung von Rieselfeldern inner- und außerhalb der Stadt. Das ganze System funktionierte (sehr vereinfacht erklärt) so:

Die gesamte Stadtfläche wurde in zwölf Gebiete unterteilt. Jedes Gebiet erhielt ein Pumpwerk, in dem alle Abwässer zusammenflossen. Vom Pumpwerk aus wurden die Abwässer durch Druckrohre zu Feldern außerhalb der Stadt geleitet, auf denen das Abwasser »abrieseln« konnte, nachdem sich die festen Bestandteile abgesetzt hatten. Auf den Feldern wurde das Abwasser durch die Erde und die Pflanzen gereinigt und in den normalen Kreislauf zurückgegeben. Die festen Bestandteile vermischten sich zu Schlamm, der getrocknet und in der Landwirtschaft als Dünger eingesetzt werden konnte. Schon kurz nach dem Aufbau des Abwassersystems sank z.B. die Zahl der Typhus-Erkrankungen in Berlin spürbar. Rieselfelder gab es bis lang nach dem Zweiten Weltkrieg überall im Umland Berlins. Heute sind sie durch Klärwerke ersetzt.

RINGBAHN Schon Mitte des 19. Jahrhunderts plante man in Berlin eine Bahn, die die großen Bahnhöfe der Stadt miteinander verbinden sollte. Dabei ging es nicht zuerst um den Personenverkehr, sondern um den Transport von Gütern, die aus allen Himmelsrichtungen per Eisenbahn in die Stadt gebracht wurden – aber von hier nur schwerlich an ihren Bestimmungsort gelangten. 1871 wurde deshalb der erste Abschnitt eines neu gebauten, ringförmig angelegten Bahngleises zwischen dem Bahnhof Moabit im Norden und dem Bahnhof Schöneberg im Süden in Betrieb genommen. 1877 dann war die Strecke weit über diese Bahnhöfe hinaus zu einem geschlossenen Ring gebaut worden, auf dem man die Innenstadt in etwa 60 Minuten einmal vollständig umrunden kann. Der Ring ist nicht ganz ebenmäßig und erinnert an den Umriss eines Hundekopfes. Der bedeckt etwa 88 Quadratkilometer Stadtfläche und entspricht der Tarifzone A (muss man beim Fahrkartenkauf wissen). Durch den Mauerbau wurde die Strecke an zwei Stellen unterbrochen und erst nach der Wiedervereinigung und vielen Umbauarbeiten wieder eröffnet.

ROLAND

Vor dem Märkischen Museum an der Jannowitzbrücke steht eine mehr als fünf Meter hohe Männerfigur mit einem erhobenen Schwert in der Hand. Das ist der Roland von Brandenburg, ein steifer Geselle, der im Mittelalter in Brandenburg an der **HAVEL** stand und anzeigte, dass die Stadt das Marktrecht besaß und über eine eigene Gerichtsbarkeit verfügte. Rolandfiguren waren in ganz Norddeutschland verbreitet und eine Art Freiheitssymbol für Städte. Der schönste und bestimmt bekannteste steht in Bremen. Der Roland, der im 15. Jahrhundert auf dem Marktplatz der Neustadt von Brandenburg stand, soll aus Holz gewesen sein. Dem folgte eine Kopie in Sandstein, die 1716 an das Rathaus der Stadt umgesetzt wurde. Der Berliner ist eine Kopie aus dem Jahre 1905, die extra für das Märkische Museum hergestellt wurde, weil dieses Museum die Geschichte Berlins und Brandenburgs dokumentiert.
www.stadtmuseum.de/maerkisches-museum

ROSINENBOMBER

hießen die Flugzeuge der US-Armee, die 1948/49 während der Berlin-**BLOCKADE** die Bevölkerung der West-Berliner **SEKTOREN** aus der Luft versorgten. Die Rosinenbomber waren Passagier- und Frachtmaschinen, so genannte DC-3. Während der **LUFTBRÜCKE** landeten sie alle zwei bis drei Minuten auf einem der drei West-Berliner **FLUGHÄFEN** und brachten Nahrungsmittel, Kleidung und Kohle. Zu ihrem Spitznamen kamen die Flugzeuge, weil einer der Piloten vor der Landung oft Schokoladentafeln abwarf. Er hieß Gail Halverson. Als seine Kollegen davon erfuhren, machten sie mit, so dass bald alle Berliner Kinder begeistert auf die Straße rannten, wenn eines der Flugzeuge am Himmel auftauchte.

Einen echten Rosinenbomber kann man im Museum für Technikgeschichte sehen. Besser gesagt vor dem Museum, denn das Flugzeug hängt so dramatisch vor der Glasfassade, dass einem fast das Herz stehen bleibt. Überhaupt ist das Museum einer der schönsten Orte für Kinder in Berlin. Es ist ein Museum, in dem man alte Lokomotiven, **WINDMÜHLEN**, Rennwagen, Druckmaschinen, Abhörgeräte, Lockenwickler und was weiß ich noch für Gerät aus der Geschichte der Technik bestaunen kann. Es ist so groß, dass man Tage darin verbringen kann, und so toll, dass man es gar nicht merken würde. Wirklich! www.technikmuseum.berlin

ROTE KAPELLE

Während des Nationalsozialismus (also Deutschland unter der Herrschaft des Hitler-Regimes zwischen 1933–1945) gab es nicht nur Mitläufer, sondern auch Menschen, die sich gegen Hitlers menschenverachtende Politik wehrten. Etwa vierhundert von ihnen wurden von den Nazis »Rote Kapelle« »

Süßigkeiten aus dem Flugzeug

Libertas und Harro Schulze-Boysen (1935)

genannt. Sie standen (zu Unrecht) im Verdacht, der Sowjetunion geheime Nachrichten zukommen zu lassen. In Wirklichkeit war es aber keine geschlossene Gruppe, sondern um etwa vierhundert nur lose miteinander verbundene Menschen, die alleine oder in kleinen Gruppen in Deutschland, Frankreich und Belgien gegen die Nazis kämpften, indem sie illegale Flugblätter druckten, Juden beim Verstecken oder bei der Flucht halfen und die Verbrechen der Nazis dokumentierten. Viele von ihnen wurden von den Nazis hingerichtet. Zum Beispiel im Gefängnis Berlin Plötzensee, wo heute eine Gedenkstätte an sie erinnert. Zu ihnen gehörten die Berliner Arvid Harnack, seine Frau Mildred und eine kleine Gruppe um Harro Schulze-Boysen und seine Frau Libertas – Menschen, deren Lebensweg zeigt, dass auch in noch so dunklen Zeiten Einzelne Verantwortung übernehmen und für das Gute kämpfen – und die deshalb nicht vergessen werden sollten. Ihrer Gruppe sollen etwa einhundert Berliner Widerstandskämpfer (Frauen und Männer!) angehört haben.

ROTER WEDDING Wenn bisher in diesem Lexikon etwas Entscheidendes fehlt, dann ist es ein Stichwort, das von der Berliner Arbeiterbewegung erzählt. Ohne sie ist diese Stadt nicht denkbar, denn sie ist so etwas wie das Gegengewicht zu all den Königen und Kaisern, die Berlin prägten. Die Arbeiterbewegung ist natürlich eng mit der Industrialisierung verbunden, durch die immer mehr Menschen zu Arbeitern in Fabriken, in Bergwerken und auf Baustellen wurden. Lange Zeit gehörten sie zu den Ärmsten der Bevölkerung. Sie lebten in **MIETSKASERNEN**, erhielten nur kargen Lohn und litten am meisten unter dem Dreck, dem Gestank und den Krankheiten. In Berlin lebten seit der **GRÜNDERZEIT** so viele Arbeiter, dass ganze Arbeiterviertel entstanden. Eines davon ist der Wedding, der während der Weimarer Republik als »Roter Wedding« bekannt wurde. Wahrscheinlich leitete sich das Attribut rot von den roten Fahnen her, mit denen die Arbeiter gegen das Unrecht demonstrierten, das sie zu Menschen zweiter Klasse machte. Bei einer dieser Demonstrationen kam es zu Kämpfen, die als »Blutmai« in die Geschichte eingingen: Am 1. Mai 1929, dem traditionellen Tag der Arbeiter, wurden bei Kämpfen zwischen demonstrierenden Arbeitern und der Polizei 33 Demonstranten und unbeteiligte Anwohner von der Polizei getötet, viele verletzt. Die Arbeiter ließen sich nicht einschüchtern und streikten in den nächsten Tagen in 120 Betrieben. Um sie dabei zu unterstützen, schrieben Erich Weinert und Hanns Eisler das Lied »Roter Wedding«. Es beginnt so:

> Links, links, links, links!
> Die Trommeln werden gerührt!
> Links, links, links, links!
> Der Rote Wedding marschiert!
> Hier wird nicht gemeckert, hier gibt es Dampf,
> denn unsre Parole heißt Klassenkampf,
> nach blutiger Melodie!
> Wir betteln nicht um mehr Gerechtigkeit!
> Wir stehn zum entscheidenden Angriff bereit,
> zur Vernichtung der Bourgeoisie!

ROTES RATHAUS Nicht das einzige, aber das bekannteste rote Haus Berlins ist das Berliner Rathaus, das von allen »Rotes Rathaus« genannt wird. Es befindet sich in Berlin-Mitte nahe dem **ALEX** zwischen Spandauer Straße und Rathausstraße und ist ein großer, viereckiger Gebäudekomplex aus roten Ziegeln. 1861 wurde der Grundstein gelegt, 1869 zog die Stadtregierung (die Stadtverordnetenversammlung) ein und lenkte von nun an die Geschicke der Stadt. Das Gebäude hat eine Grundfläche von 99 mal 88 Metern. Der Architekt wollte mit der Gestaltung des Gebäudes an die Paläste Italiens erinnern. Besonders schön ist der umlaufende Terrakottafries aus 36 aneinandergereihten Bildtafeln aus rotem Ton, die Szenen aus der Berliner Geschichte von ihren Anfängen bis zur Gründung des Deutschen Kaiserreichs 1871 darstellen. Sie heißen deshalb auch die »Steinerne Chronik von Berlin«. Zu sehen sind alte Handwerke wie ein Bäckerjunge beim Brotaustragen, ein Schuhmacher, ein Tuchfärber und ein Gerber. Oder die ersten Schulen, in denen die Knaben naturwissenschaftliche Fächer und die Mädchen Handarbeiten lernten. Die Rückführung der von **NAPOLEON** entführten **QUADRIGA** ist dargestellt, und Forscher der **UNIVERSITÄT** und der **AKADEMIEN** blicken bedächtig auf das heutige Berlin. Leider sind sie weit über unseren Köpfen angebracht, dass man sie nur mit dem Fernglas gut erkennen kann. Ach ja, nicht zu vergessen: Das Rote Rathaus ist heute der Sitz des Regierenden **BÜRGERMEISTERS** und seiner Senatskanzlei.

Auch das **SANDMÄNNCHEN** ist eine Berliner Erfindung. Es flimmerte am 22. November 1959 zum ersten Mal über den Bildschirm, allerdings nur im Fernsehen der DDR. Ausgedacht und als Puppe entworfen wurde er von Regisseur Gerhard Behrendt, der den Kindern jenes kleine, spitzbärtige Männchen schenkte, das ihnen nun allabendlich kleine Geschichten brachte und den Schlafsand in die Augen streute. Die Vorstellung vom Sandmann ist eigentlich schon viel älter. Unter anderem widmete der Schriftsteller E.T.A. Hoffmann ihm schon 1816 eine Erzählung. Das Berliner Sandmännchen aber ist längst ein Gefährte für Kinder in ganz Deutschland geworden.

S-BAHN ist die Abkürzung für Stadtbahn. (Manche sagen auch Schnellbahn, andere Stadtschnellbahn. Nun ja.) Wichtig ist, dass sie schnell fährt und die Innenstadt mit dem Stadtrand verbindet, damit ist schon fast alles gesagt. Die erste Berliner S-Bahn fuhr am 8. August 1924 auf der Strecke zwischen Nordbahnhof und Bernau. Heute verkehren in Berlin 16 Linien, die an 168 Bahnhöfen halten.

Auch die S-Bahn hatte unter der Teilung der Stadt zu leiden. Auf Anordnung der **ALLIIERTEN** behielt **OST-BERLIN** das Betriebsrecht für das gesamte Berliner Streckennetz. Das führte dazu, dass viele West-Berliner lieber mit anderen Verkehrsmitteln fuhren. In Ost-Berlin blieb die S-Bahn das wichtigste Verkehrsmittel, und das Streckennetz wurde immer weiter ausgebaut. Vor allem die neu entstandenen **HOCHHAUS**siedlungen am Stadtrand sind am besten mit der S-Bahn zu erreichen. Nach dem Mauerfall wurden die beiden Systeme zusammengelegt, alte Verbindungen wiederhergestellt und Geisterbahnhöfe wiedereröffnet. Schon am 2. Juli 1990 fuhren drei Linien wieder durchgehend von Ost nach West. Seit Mai 2006 ist auch der S-Bahn-Ringverkehr rund um die Innenstadtbezirke wieder voll in Betrieb.

SCHEUNENVIERTEL Wenn man reden dürfte, wie man will, könnte man sagen: Es gab Zeiten, da war Berlin so klein wie ein Hosenfurz. 1672 zum Beispiel, als Kurfürst Friedrich Wilhelm regierte. Berlin reichte damals ungefähr vom **BRANDENBURGER TOR** (das es noch gar nicht gab) bis kurz hinterm **ALEX** (den es auch noch nicht gab). Hinter der Stadtmauer, auf dem so genannten Scheunenfeld, ließ der Kurfürst Scheunen für leicht brennbare Materialien wie Getreide und Stroh errichten, damit im Falle eines Brandes nicht die ganze Stadt in Flammen aufging. Auf diese Weise entstand auf dem Gebiet zwischen Torstraße, Münzstraße und Rosenthaler Straße ein Viertel mit fast 30 Scheunen: das Scheunenviertel in der Spandauer Vorstadt.

Ende des 19. Jahrhunderts kamen viele jüdische Flüchtlinge aus Russland und Polen nach Berlin. Da sie keine eigenen Häuser bauen durften, siedelten sie sich im Scheunenviertel an, weil der Wohnraum billig und eine große, neue **SYNAGOGE** in der Nähe war. Aber auch nichtjüdische Arbeiter wohnten hier. Das Scheunenviertel gehörte zu den ärmsten Vierteln Berlins. Anfang des 20. Jahrhunderts galt es als gefährlich, weil viele arme Leute ihren Lebensunterhalt durch Gaunereien verdienen mussten. Das machten sich die Nazis 1933 zunutze, indem sie die gesamte Spandauer Vorstadt in Scheunenviertel umbenannten. Damit wollten sie das ganze Viertel und seine Bewohner in Verruf bringen. Während des Nationalsozialismus wurden viele der hier lebenden Juden in Konzentrationslager deportiert. Der Bombenkrieg hat das alte Scheunenviertel wenig später zum größten Teil vernichtet. Während der Teilung Berlins durch die **MAUER** lag es im Ostteil der Stadt, wo man verfallen ließ, was übrig geblieben war. Nur die Sophienstraße wurde zur 750-Jahr-Feier Berlins renoviert. Der Rest erstand nach der Wiedervereinigung wieder in alter Schönheit. Heute ist das Viertel in der Nähe des **HACKESCHEN MARKTS** eines der beliebtesten Stadtviertel Berlins. Und allmählich siedelt sich auch wieder jüdisches Leben in seinen Straßen an. Geschäfte für koschere Lebensmittel, Cafés und Restaurants, Gebets- und Gemeindehäuser, einige Kulturzentren – und alles mischt sich mit einer Menge Galerien und Geschäften, die zu den angesagtesten der Stadt gehören.

SCHLOSS Eigentlich müsste dieses Stichwort »Schlösser« heißen, denn Berlin hat viel mehr als nur ein Schloss. Nimmt man Potsdam noch hinzu, braucht man mindestens eine Woche, um überall wenigstens einen Blick reinzuwerfen. Erklären lässt sich das nur mit Berlins Vergangenheit als preußische **RESIDENZSTADT**. Hier ein kurzer Einblick in die Berliner Schlösserwelt:

Das berühmteste Schloss Berlins steht seit kurzem in neuem Glanz auf dem Schlossplatz gegenüber dem **LUSTGARTEN**. Bis 1918 war es erst der Sitz der Markgrafen und Kurfürsten von Brandenburg, später der Könige von **PREUSSEN** und der Kaiser des Deutschen Reichs. Nach dem Sturz der Monarchie 1918 wurde es als Museum genutzt. Das Ursprungsschloss war schon 1443 für Kurfürst Friedrich II., genannt Eisenzahn (!), am **SPREE**ufer errichtet worden. Das war aber eher eine mittelalterliche Burg. In den folgenden Jahrhunderten wurde immer wieder umgebaut und abgerissen und erst unter Kurfürst Friedrich III. wurde das Schloss jene großartige Königsresidenz, von der bis heute alle reden. Die Arbeiten begannen 1699 unter der Leitung von Andreas Schlüter, einem berühmten Architekten und

Bildhauer. Trotz seiner tollen Schlossanlage wurde der Arme aber 1706 unehrenhaft entlassen, weil der von ihm entworfene Münzturm einzufallen drohte. Damit war die große Bauzeit am Berliner Stadtschloss vorbei. Alle nachfolgenden Architekten kamen nicht mehr recht zum Zuge, weil Friedrich I. starb. Sein Nachfolger, der **SOLDATENKÖNIG** Friedrich Wilhelm I., hielt von all dem Prunk wenig und wollte lieber sparen. Vollendet wurde der Bau deshalb von einem wenig bekannten Architekten. Im Zweiten Weltkrieg wurde der Bau dann stark zerstört und von der Regierung der DDR abgerissen (siehe **PALAST DER REPUBLIK**). Das heutige Schloss ist dem originalen nicht hundertprozentig genau nachgebaut, sondern enthält neben der heute notwendigen Technik auch einen zur Spree blickenden modernen Gebäudeteil. Es wird ja auch nicht mehr als Schloss genutzt, sondern als **HUMBOLDT**-Forum, ein Museum und Veranstaltungszentrum, in dem Ausstellungen, Diskussionen, Filmabende und viele andere Angebote den Austausch über die Welt, ihre Geschichte und ihre Zukunft beleuchten sollen. Darunter gibt es übrigens viele Angebote für Kinder und Familien.

www.humboldtforum.org/de

Wer wissen möchte, wie man sich als König fühlt, muss unbedingt Schloss Charlottenburg besuchen. Das wurde im Zweiten Weltkrieg zwar ebenfalls stark zerstört, wurde aber vom West-Berliner **SENAT** wieder aufgebaut. Schloss Charlottenburg ist ein Schloss, wie man es sich vorstellt: ein mächtiger, prächtiger Bau mit herrlich ausgemalten Sälen voller Spiegelwände, kostbarer Möbel, Tapeten und Porzellane. Obwohl immerzu daran herumgebaut wurde, ist es ein typisches Barockschloss mit dazugehörigem Park geblieben. Im Schloss gibt es Führungen durch die Wohnräume von **FRIEDRICH II.** und anderen Mitgliedern der Königsfamilie.

Außerdem gibt es eine großartige Gemäldesammlung zu sehen. Im Aussichtspavillon Belvedere befindet sich die **KPM**-Porzellansammlung des Landes Berlin.

»

KARL FRIEDRICH SCHINKEL

... ist wahrscheinlich der berühmteste Berliner Architekt. Und wie die meisten berühmten **BERLINER** wurde er nicht in Berlin geboren. Hier die wichtigsten Daten seines Lebens und einige Gründe, warum man Schinkel unbedingt kennen muss: Geboren wurde er 1781 in Neuruppin in Brandenburg. Nach Berlin kam er mit seiner Mutter und den Geschwistern 1794. Architekt wollte er werden, weil er in einer Ausstellung den Entwurf für ein Denkmal **FRIEDRICHS II.** gesehen hatte. So einfach ging das damals. Ein glücklicher Umstand für den jungen Herren war jedenfalls, dass er 1805 auf einer Italienreise den großen Forscher Wilhelm von **HUMBOLDT** traf und sich mit ihm anfreundete. Als er später eine Anstellung suchte, fand er sie auf Empfehlung seines berühmten Freundes als »Geheimer Oberbauassessor«. 1815 wurde er »Geheimer Oberbaurat« und war von nun an dafür verantwortlich, Berlin in eine tolle **HAUPTSTADT** für **PREUSSEN** umzugestalten. Das machte er so erfolgreich, dass er in ganz Europa berühmt wurde. Schinkels Stil wird Klassizismus genannt. Dessen gerade, schnörkellose Formen lösten den Barock mit seinen geschwungenen Bauformen ab. Vorbilder für diesen »klassischen« Stil waren die Antike und die italienische Renaissance (Baustile, die Schinkel an den herrlichen Tempeln und Palästen Italiens studiert hatte). Die **NEUE WACHE** und das Konzerthaus auf dem **GENDARMENMARKT** zeigen genauso wie das Alte Museum am **LUSTGARTEN** beispielhaft, was er unter »schöner« Architektur verstand: gerade Linien, strenge Säulen, große Treppen und griechische Statuen und Friese, die antike Formen aufgreifen. Als Schinkel am 9. Oktober 1841 in Berlin starb, war er ein berühmter Mann und wurde auf dem **DOROTHEENSTÄDTISCHEN FRIEDHOF** begraben.

So sah das Stadtschloss früher aus.
Im Neubau ist jetzt das Humboldtforum

 Nur ein paar **S-BAHN**-Stationen weiter liegt in einem Park direkt an der **SPREE** Schloss Bellevue, der Amtssitz des **BUNDESPRÄSIDENTEN**. Bis 1918 gehörte es ebenfalls der **HOHENZOLLERN**-Familie.

 Das Jagdschloss **GRUNEWALD** ist Berlins ältestes Schloss. Sein Name bedeutet »zum grünen Wald« und bezieht sich auf die Wälder und Seen rund um das Schloss, das sich Kurfürst Joachim II. von Brandenburg, ein begeisterter Jäger, im 16. Jahrhundert bauen ließ. Damals lag das Schloss noch weit vor den Toren der Stadt. Fast alle preußischen Herrscher gingen hier auf die Jagd – was man auf den Gemälden im Schloss ausgiebig bewundern kann. Das Jagdschloss ist seit 1932 ein Museum für Gemälde, Möbel und Porzellane vom 15. bis 18. Jahrhundert. Das mag sich etwas trocken anhören, ist es aber gar nicht – vorausgesetzt, man interessiert sich für die Jagd oder die Königsfamilie.

Im Vergleich dazu sehr jung ist das Schloss Glienicke kurz vor den Toren Potsdams. Prinz Carl von Preußen ließ es erbauen, nachdem er auf einer Italienreise die schönen antiken Villen kennen gelernt hatte. Die Pläne stammen von **SCHINKEL**, der dafür das königliche Landgut Glienicke umgestalten ließ. Er baute ein Schloss, ein Casino und Aussichtspavillons. Besonders beeindruckt muss der Prinz von den Farben Italiens gewesen sein. Im Schloss jedenfalls gibt es einen roten Saal, einen grünen Salon, ein türkisfarbenes Schlafzimmer (für die Prinzessin), ein Marmorzimmer und eine tiefblaue Bibliothek. Schloss Glienicke ist Teil des UNESCO-Welterbes, zusammen mit der **PFAUENINSEL**, auf der sich ebenfalls ein Schloss befindet, vielleicht sogar das eigenartigste von allen. Die Insel ist nur 67 Hektar groß und man muss mit einer Fähre übersetzen. Der Park besteht vor allem aus uralten Eichen, die ihre Äste knorrig gen Himmel recken. Das schneeweiße Schlösschen mittendrin hat zwei hübsche Türme, die von einer leicht geschwungenen Brücke verbunden werden.

All das sind nur klitzekleine Einblicke in die Berliner Schlösserwelt. Wer mehr wissen möchte, wendet sich am besten an die Stiftung Preußische Schlösser und Gärten, die auch jede Menge Führungen und Feste veranstaltet.

SCHRIPPE Früher konnte es passieren, dass man beim Bäcker fast eine Ohrfeige erntete, wenn man ein Brötchen oder gar eine Semmel verlangte. In Berlin heißen diese Dinger Schrippe und gemeint sind meist die einfachen ovalen Brötchen/Semmeln/… mit der Mittelkerbe. Seitdem die Bäckerei-Ketten an die Stelle der **KIEZ**bäckereien traten, kümmert das aber kaum noch jemanden, denn jetzt soll es in Berlin 163 Brotsorten mit Namen aus aller Welt geben. Wenn doch, ist das eher ein Hinweis darauf, dass hinter der Theke eine echte **BERLINER** Pflanze steht. Und das ist heutzutage ja auch schon mal was.

SCHWANGERE AUSTER ist der Spitzname vom Haus der Kulturen der Welt. Das befindet sich im **TIERGARTEN** an der John-Foster-Dulles-Allee hinter dem **REICHSTAG**. Seinen Spitznamen erhielt es wegen des sensationell geschwungenen Daches, das zusammen mit dem darunter liegenden Gebäudekörper an die Form einer geöffneten Auster erinnert (ein schönes Beispiel

für die **BERLINER SCHNAUZE**). Eigentlich ist die Auster eine Kongresshalle – ein Geschenk der Amerikaner an **WEST-BERLIN**, genau wie die **AMERIKA-GEDENKBIBLIOTHEK** oder die **FREIHEITSGLOCKE**. Als es 1957 anlässlich der Internationalen Bauausstellung eröffnet wurde, war das Haus die modernste Kongresshalle der Stadt, aber leider nicht die stabilste. Etwas mehr als dreißig Jahre später stürzte das Dach ein, weil der Stahlkern des vorderen Dachbogens durchgerostet war. Anlässlich der 750-Jahr-Feier Berlins wurde das Haus wieder aufgebaut. Da es inzwischen aber viel modernere Kongresshallen gab (zum Beispiel das **ICC**), nutzte man es fortan unter dem Namen »Haus der Kulturen der Welt« als Veranstaltungs- und Ausstellungshaus. Und zwar für Kunst und Künstler aus aller Welt. Das hauseigene Restaurant heißt übrigens nach dem Spitznamen für die Kongresshalle »Schwangere Auster«. www.hkw.de

SEKTOR Der Begriff Sektor bezeichnet allgemein einen Ausschnitt aus einem großen Ganzen. In Berlin nannte man die vier Besatzungszonen, in welche die Stadt nach dem Zweiten Weltkrieg von den **ALLIIERTEN** geteilt wurde, Sektoren. Bekannt wurde der Begriff aber durch die Warnschilder, mit denen die amerikanische Militäradministration auf die Sektorengrenzen aufmerksam machte. Sie warnten nicht nur **BERLINER** und Berlinerinnen, sondern auch die Angehörigen der Alliierten in englischer, russischer, französischer und deutscher Sprache mit den Worten: »Sie verlassen den amerikanischen Sektor!« Eines wurde zur Erinnerung am einstigen **CHECKPOINT CHARLIE** aufgestellt.

SENAT Genau wie Hamburg und Bremen ist Berlin ein so genannter Stadtstaat. So bezeichnet man Städte, die zugleich ein Bundesland sind und eine eigene Verfassung haben. Das ist relativ selten, denn meistens besteht ein Bundesland aus mehreren Städten und Gemeinden. Der Senat ist die Landesregierung Berlins. Sein Oberhaupt ist der Regierende **BÜRGERMEISTER**. Er sitzt mit seinen Mitarbeitern (der Senatskanzlei) im **ROTEN RATHAUS**. Der Regierende Bürgermeister ist in diesem Fall das, was in anderen Ländern der Ministerpräsident ist. Er regiert das Land gemeinsam mit den Senatoren (in anderen Ländern die Minister). In Berlin gibt es Senatoren für die Bereiche Stadtentwicklung; Wirtschaft, Technologie und Frauen; Bildung, Kultur, Wissenschaft und Forschung; Finanzen; Gesundheit, Umwelt und Verbraucherschutz; Inneres und Sport; Integration, Arbeit und Soziales; Justiz. Bürgermeister und Senatoren bilden zusammen den Senat. Wie auf Bundesebene gibt es parallel zu dieser Regierung ein Parlament, das die Regierung kontrolliert und berät. In Berlin heißt das **ABGEORDNETENHAUS**. In ihm haben alle Parteien Sitze je nach dem, wie viele Stimmen sie bei der letzten Wahl erhalten haben. Das Berliner Abgeordnetenhaus befindet sich im Gebäude des Preußischen Landtags in der Niederkirchnerstraße. Senat und Abgeordnetenhaus gibt es in Berlin allerdings erst seit der Wiedervereinigung. Während der Teilung war Berlin kein eigenständiges Bundesland, denn seine beiden Teile gehörten verschiedenen Staaten an. In **OST-** und **WEST-BERLIN** existierten getrennte Stadtverwaltungen, im Westen die Stadtverordnetenversammlung, im Osten der Magistrat.

Lebenswichtige Hinweisschilder

JAMES SIMON (GALERIE)

James Henry Simon (1851–1932) war der Sohn einer wohlhabenden Berliner Industriellenfamilie. Er liebte Kunst und widmete ihr einen großen Teil seines Vermögens. Gemeinsam mit seiner Frau sammelte er Werke der Renaissance und japanische Holzschnitte, die er später den Berliner Museen stiftete. Und er begeisterte sich für Expeditionen in ferne Länder und die Ausgrabungen, die deutsche Altertumsforscher dort leiteten. Um sie zu unterstützen, gründete er 1898 die Deutsche Orientgesellschaft. Die ermöglichte z.B. Ausgrabungen im ägyptischen Tell el-Amarna, bei denen die **NOFRETE**-Büste entdeckt wurde. Auch die Ausgrabung des **ISCHTAR-TORES** und des **PERGAMONALTARS** wurden von Simon finanziert und brachten Berlin so unglaubliche Kunstschätze, die den Vergleich mit großen Museen in London oder Paris nicht mehr zu scheuen brauchten.

James Simon auf einem Gemälde von Willi Döring

Simon begeisterte sich aber nicht nur für Kunst. Einen großen Teil seines Vermögens spendete er den Armen und Bedürftigen der Stadt, die ihm also unsagbar viel zu verdanken hat. Eine neu gebaute Galerie zwischen Pergamon- und Neuem Museum wurde deshalb nach ihm benannt. Sein Grab befindet sich auf dem alten **JÜDISCHEN FRIEDHOF** in der Schönhauser Allee.

SIEGESSÄULE Die Siegessäule in der Mitte des Großen Sterns ist eines der bekanntesten Wahrzeichen Berlins. Hoch über den Baumwipfeln des **TIERGARTENS** schwebt eine goldene Victoria, die Göttin des Sieges. Und obwohl sich das ganz herrschaftlich anhört, wird sie von den **BERLINERN** ziemlich respektlos »GOLDELSE« genannt. Die goldene Göttin also hält das Reichszepter in der einen und einen Lorbeerkranz in der anderen Hand. Damit soll an die Siege **PREUSSENS** über Dänen, Österreicher und Franzosen zwischen 1864 und 1871 erinnert werden. Aus dem Krieg von 1870–71 stammen auch die Kanonenrohre, mit denen die Säule geschmückt ist. Heute ist die Säule 69 Meter hoch. Als sie in den Jahren 1864 bis 1873 nach Plänen von Heinrich Strack errichtet wurde, war sie noch etwas niedriger. Damals stand sie am Königsplatz (dem heutigen Platz der Republik) vor dem **REICHSTAG**. Erst die Nationalsozialisten verlegten ihren Standort 1939 und ließen sie gleichzeitig um fast sieben Meter erhöhen. Im Innern der Säule führt eine Wendeltreppe über 285 Stufen auf eine 53 Meter hoch gelegene Aussichtsplattform, die eine weite Rundsicht über den Tiergarten ermöglicht. Zum Fuß der Säule und damit zum Eingang gelangt man unterirdisch über eines der vier Häuschen auf den Fußwegen.

SO 36 Zu Mauerzeiten war Kreuzberg einer der berühmtesten West-Berliner **BEZIRKE**. Weil er direkt an der **MAUER** lag, zogen viele **BERLINER** von hier weg. Auf diese Weise wurde der Wohnraum billiger, wodurch sich junge Leute und Studenten eine eigene Wohnung leisten konnten. Das gilt besonders für den südöstlichen Teil des Bezirks: den Postzustellbezirk SO 36 (man spricht die Buchstaben S für Süd und O für Ost getrennt). Bekannt wurde SO 36 vor allem durch seine große alternative Szene, durch **HAUSBESETZUNGEN**, schräge Läden, Clubs und Kneipen, auch durch die berüchtigten Krawalle am 1. Mai. Und zunehmend durch die vielen türkischen **EINWANDERER**, die hier eine billige Wohnung fanden. Der größere, südwestliche Teil Kreuzbergs heißt im Gegensatz dazu SW 61. Für Kreuzberger ist es noch heute wichtig, zwischen den beiden Gebieten zu unterscheiden.

SOLDATENKÖNIG Der preußische König Friedrich Wilhelm I. war der Vater von **FRIEDRICH DEM GROSSEN**. Er wurde Soldatenkönig genannt, weil er während seiner Regierungszeit von 1713 bis 1740 alles daransetzte, **PREUSSEN** zu einem mächtigen Staat innerhalb Europas zu machen. Er sorgte dafür, dass das Land ein starkes Heer bekam, verlieh den Offizieren und Generälen Macht und Einfluss. Er stärkte die Wirtschaft, indem er die heimische Landwirtschaft und preußische Handwerksbetriebe förderte und im Ausgleich dazu die Einfuhr ausländischer Waren beschränkte. Die einzige Spielerei, die er sich erlaubte, war ein Garderegiment, die so genannten »Langen Kerls«. Ihren Namen erhielten sie, weil sie allesamt größer als 6 Fuß (1,88 Meter) sein mussten. Eine solche Leibgarde war in Europa einzigartig. Gegenüber seinem Sohn war der Soldatenkönig hart und unerbittlich. Aus Angst, dass Friedrich II. verschwenderisch und gegenüber dem Staat gleichgültig sein könnte wie die meisten Angehörigen des Adels, ließ er ihn geradezu erbarmungslos erziehen. Als Friedrich diesem Drill entfliehen wollte, wurde er geschnappt. Sein bester Freund hatte ihm bei der Flucht geholfen – und wurde auf Geheiß des Soldatenkönigs vor seinen Augen enthauptet.

SOUTERRAIN Obwohl das schöne französische Wort wörtlich übersetzt »unter der Erdoberfläche« bedeutet, dient es als Bezeichnung für ein Gebäudegeschoss, das zwischen Keller und Erdgeschoss und also nur halb unter der Erde liegt. In dieses Zwischengeschoss steigt man über enge Treppen nach unten, die Fenster sind meist klein und beginnen direkt auf Höhe des Bürgersteigs oder sogar noch darunter. Souterrains findet man meist in den Häusern der **GRÜNDERZEIT** und deshalb in Berlin sehr häufig. Ursprünglich befanden sich dort die Wohnungen der Hausmeister oder anderer Angestellter, während man in den Stockwerken darüber (siehe **BELETAGE**) viel eleganter lebte. Aber auch Kohlehändler, Schuster, Schneider, Töpfer oder Maler hatten hier ihre Werkstätten und Läden. Wenn man durch Charlottenburg, Prenzlauer Berg oder Mitte spaziert, sieht man häufig die alten Inschriften, mit denen die Handwerker einst auf ihr Gewerbe aufmerksam machten. Nach dem Zweiten Weltkrieg wurden die Souterrains meist als Keller oder Abstellräume benutzt, ganz selten auch als billige Wohnungen. In den letzten Jahren wurde es wieder chic, im Souterrain ein Büro oder einen Laden zu eröffnen – was bestimmt aber auch daran liegt, dass die Miete hier geringer ist als in »richtigen« Ladengeschossen mit großen Schaufenstern und Türen.

SOWJETISCHES EHRENMAL Der Zweite Weltkrieg endete mit der »Schlacht um Berlin«. Sie wurde allein von den sowjetischen **ALLIIERTEN** geschlagen, die bei den Kämpfen um die deutsche **HAUPTSTADT** Hunderttausende Soldaten verloren. Diese Männer, die kurz vor Deutschlands Kapitulation fern der Heimat fielen, wurden auf drei großen Friedhöfen beerdigt, die extra dafür angelegt wurden und gleichzeitig »

Ein Soldat als König oder König der Soldaten? 119

Ehrenmale sind. Das größte von ihnen liegt mitten im **VOLKSPARK** Treptow. Man betritt es durch eines der Portale an der Straße und wird durch eine riesige Anlage geleitet, in der Figuren, Tafeln, steinerne Fahnen, goldene Kränze und Stelen von den Toten und dem »Großen Vaterländischen Krieg« gegen Nazideutschland erzählen. Das klingt vielleicht ein bisschen seltsam, ist aber sehr berührend, wenn man genau hinschaut und sich vorzustellen versucht, was damals passiert ist. Die größte Figur ist die eines sowjetischen Soldaten, der in einer Hand ein gesenktes Schwert trägt, im anderen Arm ein kleines Mädchen hält. Unter seinen schweren Stiefeln zerbricht das Hakenkreuz. Es ist das Sinnbild des siegreichen Sowjetsoldaten, der die Welt von Hitler befreite. Es stand als kleine Ausgabe in vielen Garnisonen der Roten Armee in der DDR.

Ganz anders ist die Geste der großen Soldatenfigur im **TIERGARTEN**. Das Ehrenmal, das direkt an der Straße des **17. JUNI** erbaut wurde, zeigt einen älteren Soldaten, der die Hand entschieden ausstreckt. Man versteht die Bewegung, wenn man den Ort des Ehrenmals betrachtet: An dieser Stelle hätte sich der Kreuzungspunkt der zwei Achsen befunden, die Hitlers Architekt Speer für die »Reichshauptstadt Germania« vorgesehen hatte.

Der Soldat wird von zwei T34-Panzern gerahmt, die beim Vormarsch der Roten Armee Berlin zuerst erreichten.

Im Stadtteil Schönholz in Pankow befindet sich das dritte und zuletzt gebaute sowjetische Ehrenmal Berlins. Es ist ein Friedhof für etwa 13 200 Soldaten und Offiziere der Roten Armee. Die Hauptfigur dieser Anlage ist die »Mutter Heimat«, eine verzweifelte Frau, die um die gefallenen Söhne ihres Volkes trauert. Wie in allen anderen Ehrenmalen, gibt es auch in Schönholz Tafeln mit den Namen und Dienstgraden der Gefallenen, so weit man diese kannte.

Nach dem Abzug der sowjetischen Alliierten 1994 wurden die Ehrenmale dem Land Berlin übergeben. Das verpflichtete sich, die Gräber zu erhalten und zu pflegen und damit das Andenken an die Toten zu bewahren. Mehr zu den sowjetischen Alliierten erfahrt ihr im Museum Karlshorst: www.museum-karlshorst.de

SPION Während des **KALTEN KRIEGS** galt Berlin als **HAUPTSTADT** der Spione. Da sich hier Ost und West und – durch die **ALLIIERTEN** – auch die Supermächte USA und Sowjetunion gegenüberstanden, versuchte man, auf beiden Seiten so viel wie möglich über die Pläne der anderen herauszufinden. Die Geheimdienste beobachteten sich gegenseitig, schleusten ihre eigenen Leute hinter die Grenze und mussten sie, wenn sie erwischt wurden, wieder freikaufen. Oder sie gewannen Bürger des anderen Landes als »Freizeitspione«, damit sie beim Spazierengehen oder bei der Arbeit Informationen sammelten, die nicht so ohne Weiteres zu bekommen waren, vor allem Informationen zur militärischen Ausrüstung des Gegners. Die größte Spionageaktion fand nicht in Berlin, sondern in Bonn, der damaligen Hauptstadt der Bundesrepublik, statt. Die DDR hatte bei Bundeskanzler **WILLY BRANDT** den Spion Günter Guillaume eingeschleust. Er arbeitete bei Brandt als enger Mitarbeiter, der so »brandheiß« über alle Vorhaben des westdeutschen Bundeskanzlers berichten konnte. In Wirklichkeit war er Offizier in der DDR und Mitarbeiter der **STASI**.

In Berlin fand aber in unregelmäßigen Abständen der Austausch von Agenten statt. Der größte Agentenaus-

tausch geschah am 11. Juni 1985 auf der **GLIENICKER BRÜCKE**: Vier sowjetische Spione wurden gegen 23 »Freizeit-Agenten« getauscht. Das waren zum Beispiel DDR-Bürger, die im Auftrag der USA Fahrzeuge der DDR-Armee gezählt hatten, dabei erwischt und ins Gefängnis gesteckt worden waren.

Auch heute sollen in Berlin noch viele Spione unterwegs sein. Obwohl die **MAUER** gefallen und der Kalte Krieg längst in die Geschichtsbücher verbannt wurde, schicken viele Staaten ihre Agenten hierher, um politische oder wirtschaftliche Geheimnisse herauszufinden. Im Jahr 2021 zum Beispiel wurde durch Zufall öffentlich bekannt, dass das Handy von Bundeskanzlerin Merkel durch den amerikanischen Geheimdienst abgehört wurde. Aber auch der Deutsche Geheimdienst (der offiziell Bundesnachrichtendienst heißt) ist nicht untätig. Gerade erst wurde die neue Zentrale in Berlin-Mitte eingeweiht. Es ist ein riesiges Gebäude, dessen Größe allein schon eine Idee davon vermittelt, wie viele Menschen heute wohl als Agenten oder im Hintergrund arbeiten. Und Berlin hat ein sensationell spannendes Museum, in dem man mehr über alte und neue Spione erfahren kann: das Spionagemuseum am Potsdamer Platz. www.deutsches-spionagemuseum.de

SPREE Berlins wichtigster Fluss ist die Spree. Die ist ungefähr 400 km lang, fließt durch Sachsen, Brandenburg und Berlin, und überall hat sie große Bedeutung für die an ihren Ufern gelegenen Städte und Dörfer. Auch Berlin ist ohne die Spree nicht denkbar. Die ersten Fischer und Kaufleute, die sich einst in den Schwesterstädten **CÖLLN** und Berlin niederließen, taten dies an den Ufern der Spree. Auf alten Karten kann man sehen, dass das mittelalterliche Berlin eine Insel (siehe **FISCHERINSEL**) war, die von den Ausläufern der Spree umarmt wurde. Heute ist Berlin zwar viel größer als damals, aber die Spree fließt noch immer mitten hindurch. Vor allem das Stadtzentrum ist ohne die vielen Flussarme und Kanäle nicht denkbar, und auch nicht ohne die zahlreichen Brücken.

SPREE-ATHEN Seit 1706 hat Berlin den Beinamen Spree-Athen. Erfunden wurde er durch Erdmann Wircker. Das war ein dichtender Jurist, der anlässlich des zweihundertjährigen Bestehens der Universität in Frankfurt (Oder), das damals zu **PREUSSEN** gehörte, ein Loblied auf den preußischen König Friedrich I. und sein Engagement für die Künste und die Wissenschaften schrieb. Wircker ging es dabei um einen Vergleich mit Athen, der antiken **HAUPTSTADT** Griechenlands. Der Baustil des **BRANDENBURGER TORS**, der **NEUEN WACHE** oder des Alten Museums erinnert an antike Vorbilder. Der Name »Spree-Athen« wurde im Laufe der Jahrhunderte immer wieder genutzt, um auf die besondere Schönheit der Stadt hinzuweisen. Die **BERLINER** wurden in diesem Sinne auch gern Spree-Athener genannt.

Das Springer-Hochhaus ragt hoch in den Berliner Himmel und leuchtete bis weit nach Ost-Berlin hinein. Nicht ohne Grund entstanden in der Leipziger Straße später Plattenbauten, die die Sicht verdeckten. Hier sieht man den noch unverbauten Blick ganz nah am Mauerstreifen.

SPRINGER-HOCHHAUS Von Berlins Vergangenheit als Frontstadt ist heute nicht mehr viel zu sehen. Ein wichtiger »Zeuge« ist aber immer noch da: das Axel-Springer-Hochhaus in Kreuzberg. Das stand bei seiner Einweihung 1966 direkt an der **MAUER** auf der Westseite. Springer war damals einer der einflussreichsten Männer der Bundesrepublik, denn er besaß die größten Zeitungen des Landes: Er hatte die BILD-Zeitung gegründet und gab »Die Welt«, die »Berliner Morgenpost«, die »Welt am Sonntag« und die »B.Z.« heraus. Und er war ein erbitterter Gegner der DDR und weigerte sich, den anderen deutschen Staat anzuerkennen. Deshalb ließ er DDR in allen seinen Zeitungen nur in Anführungszeichen schreiben oder als **ZONE** bezeichnen.

Das 19-stöckige Springer-Hochhaus war für ihn so etwas wie ein Leuchtturm des Kapitalismus, der tagein, tagaus Zeichen der Freiheit in den Osten sendete. In der im Grundstein eingemauerten Urkunde heißt es, dass das Hochhaus Ausdruck des »festen Glaubens an die geschichtliche Einheit dieser Stadt und an die geschichtliche Einheit Deutschlands« sei. Als es fertig war, erfand er hier mit seinen Redakteuren die bissigsten Schlagzeilen, um den Osten und die Sowjets anzuklagen.

Zu einer ziemlich verrückten Begebenheit kam es 1969. Da berichtete ein Sprecher des **RIAS**, dass er die Vorstellung komisch fände, dass die Rolling Stones auf dem Dach des Springer-Hochhauses ein Konzert gäben – und das auch noch am 7. Oktober, dem 20. Jahrestag der DDR. Obwohl man Springer damals wahrscheinlich alles zugetraut hätte, war diese Meldung ein Scherz. In **OST-BERLIN** nahm man ihn jedoch ernst. Am 7. Oktober trafen sich deshalb eine Menge Ost-Berliner Jugendlicher auf dem Spittelmarkt. Von dort aus hatte man den besten Blick auf das Springer-Hochhaus. Leider kamen noch mehr Volkspolizisten und Stasioffiziere, die viele Jugendliche später verhafteten, obwohl die Stones gar nicht kamen (und wahrscheinlich auch nie etwas davon erfuhren).

Ernster waren die Auseinandersetzungen um das Springer-Hochhaus 1968 gewesen. Es war das erste Jahr der Studentenunruhen in Berlin, in denen sich viele junge Leute gegen den Umgang mit dem Nationalsozialismus wehrten. Die BILD-Zeitung bezog Stellung gegen die Studenten und rief sogar dazu auf, ihre Anführer zu »ergreifen«. Als der Studentenführer Rudi Dutschke dann tatsächlich angegriffen wurde, richtete sich der Zorn der Studenten auch gegen die Springer-Presse. Bei den Protestkundgebungen vor dem Springer-Hochhaus kam es zu den bis dahin schwersten Ausschreitungen in der Geschichte der Bundesrepublik. Heute schaut man vom Dachgeschoss des **HOCHHAUSES**, das noch immer der Firmensitz ist, über das wiedervereinte Berlin. Und direkt nebenan steht inzwischen ein dreizehngeschössiger, sehr moderner Neubau. Von hier arbeiten die Mitarbeiter der Axel Springer SE, einer international tätigen Verlagsgruppe mit multimedialen Produkten, in der auch noch die Zeitungen erscheinen, mit denen alles begann.

STASI Die Staatssicherheit, kurz Stasi, war der Geheimdienst der DDR. Er wurde 1950, also ein Jahr nach der DDR, gegründet und beschäftigte 91 000 Berufsüberwacher (hauptamtliche Mitarbeiter) und doppelt so viele Freizeitspitzel, die so genannten inoffiziellen Mitarbeiter. Sie alle überwachten einerseits die eigenen Bürgerinnen und Bürger und versuchten andererseits geheime Informationen aus dem Ausland zu beschaffen (siehe **SPION**). Viele, die in ihr Visier gerieten, wurden überwacht, manche gefangengenommen, in Gefängnisse gesperrt, erpresst, gefoltert und des Landes verwiesen. Immer ging es dabei um die Vermutung, dass jemand gegen den Staat arbeitete oder anderer Meinung war als die Partei, die das Land regierte. Denn in der DDR gab es keine Presse- und Meinungsfreiheit – es war also nicht schwer, sich »verdächtig« zu machen. Die Arbeiter, die am **17. JUNI** 1953 einen Aufstand gewagt hatten, wurden zum Beispiel zu Tausenden eingesperrt.

Allein in **OST-BERLIN** arbeiteten 40 000 hauptamtliche Mitarbeiter. Hier hatte die Stasi ihren Hauptsitz im Ministerium für Staatssicherheit. Hier befand sich eines der größten Stasi-Gefängnisse. Es gab 25 Überwachungsstationen für Telefongespräche und 3 459 Privatwohnungen und Häuser, in denen sich die inoffiziellen Mitarbeiter mit den hauptamtlichen trafen, um zu berichten, was sie herausgefunden hatten.

Gott sei Dank sind die Zeiten vorbei. Aber man kann ihren Spuren überall in Berlin begegnen. Zum Beispiel in der Gedenkstätte Berlin-Hohenschönhausen, wo das alte Gefängnis zu einer interessanten Ausstellung umgebaut wurde, in der man viele und oft erschütternde Details über die Stasi in Berlin erfährt. In der einstigen Stasizentrale (dem Ministerium) gibt es ebenfalls eine Ausstellung mit begehbaren Akten und vielen seltsamen, für die Überwachung benötigten Gegenständen der DDR-Geheimpolizei – aber es gibt hier auch ein Archiv, in dem der Widerstand dokumentiert wird, denn auch der darf nicht vergessen werden.

Stasi-Zentrale Normannenstraße (links)
Gedenkstätte Berlin-Hohenschönhausen (rechts)

Eines von vielen bizarren Überwachungsgeräten der Stasi: ein Benzinkanister mit eingebauter Kamera.

SYNAGOGEN sind jüdische Gotteshäuser, also Orte des Gebets, wie bei den Christen die Kirchen. Wie die meisten jüdischen Gotteshäuser Deutschlands wurden auch die Berliner Synagogen in der Reichspogromnacht am 9. November 1938 von den Nazis zerstört, in Brand gesteckt und geplündert. Viele wurden im Krieg wenige Jahre später auch zerbombt und zerschossen. Dieses Schicksal erlitt auch die Neue Synagoge in der Oranienburger Straße. Weil sie in den 1980er Jahren wieder aufgebaut wurde, sieht man ihr das nicht mehr auf den ersten Blick an. Im Gegenteil. Die große, im Sonnenlicht leuchtende goldene Kuppel strahlt hell in den Berliner Himmel hinein.

Als die Neue Synagoge 1866 feierlich eingeweiht wurde, war sie mit 3 200 Sitzplätzen das größte jüdische Gotteshaus Deutschlands. Und trotzdem noch zu klein, um an Feiertagen die vielen Mitglieder der jüdischen Gemeinde Berlins zu beherbergen. Mitte des 19. Jahrhunderts soll es 25 000 Gemeindemitglieder gegeben haben. Viele von ihnen wohnten im **SCHEUNENVIERTEL** und in der Spandauer Vorstadt.

Die Pracht des neuen jüdischen Gotteshauses muss damals viele Besucher begeistert haben – ganz gleich, welchem Glauben sie angehörten. »

tafeln, die an die jüdischen Gotteshäuser von einst erinnern.
Wer etwas über das jüdische Leben in dieser Stadt erfahren will, kann das entweder in der Ausstellung in der Neuen Synagoge oder, noch viel ausführlicher, im großartigen Jüdischen Museum, das von deutsch-jüdischer Geschichte erzählt und dabei so überraschend ist wie kaum ein anderes Museum Berlins. Zum Programm gehören auch tolle Kinderprogramme und -führungen.
Neue Synagoge: www.centrumjudaicum.de
Jüdisches Museum Berlin: www.jmberlin.de

TELESPARGEL

nennen die **BERLINER** angeblich den **FERNSEHTURM**. Das zumindest behaupten fast alle Reiseführer über Berlin. Nur, dass es durch die Behauptung auch nicht wahrer wird. Mehr muss dazu nicht gesagt werden.

Doch alle Begeisterung rettete die Synagoge nicht vor ihrer Zerstörung in der Nacht vom 9. November 1938, und die Juden nicht vor Verfolgung und Ermordung. 1933 lebten rund 170 000 Juden in Berlin, 1945 waren es nur noch knapp 8 000. Die Neue Synagoge war während der Nazi-Herrschaft als Lagerhalle für die Wehrmacht missbraucht und schließlich von Bomben beschädigt worden. Da der Hauptraum nicht mehr zu retten schien, sprengte man im Sommer 1958 sogar einen weiteren Teil des Gebäudes. Erst 1988 fand, damals in **OST-BERLIN**, die symbolische Grundsteinlegung für den Wiederaufbau statt. Im Mai 1995 wurde die Neue Synagoge schließlich wieder für die Öffentlichkeit zugänglich, und das im wiedervereinten Berlin. Seitdem ist die Neue Synagoge Gotteshaus und Museum. Die jüdische Volkshochschule, eine Bibliothek und ein Teil der Verwaltung der Jüdischen Gemeinde nutzen die entstandenen Neubauten.
Die Neue Synagoge ist zwar die schönste und bekannteste, aber nicht die einzige in Berlin. Insgesamt gibt es acht Synagogen. Das sind viel weniger als vor 1933. Deshalb gibt es an vielen Orten in der Stadt Gedenk-

TEMPELHOFER FELD
Dort, wo früher die Start- und Landebahnen des **FLUGHAFENS** Tempelhof waren, befindet sich seit 2010 eine riesige Freifläche, die von den Berlinerinnen und **BERLINERN** mit Begeisterung zum Sonnenbaden, Gärtnern, Inlineskaten, Drachenfliegen, Joggen und allen anderen Freizeitbeschäftigungen genutzt wird, die man sich vorstellen kann. Es gibt Klassenzimmer im Grünen, das weltweit erste Juggerfeld und eine mobile Fahrradwerkstatt. Das Tempelhofer Feld ist mehr als 300 Hektar groß (zum Vergleich: die meisten Fussballfelder sind etwas kleiner als ein Hektar) und ist inzwischen auch Heimat für viele wilde Tiere geworden. Zum Beispiel die Feldlerche, die unter Schutz steht und hier eine Heimat gefunden hat. Seit 2019 werden die Wiesenflächen von einer Schafherde gemäht: 25 Skudden (eine vom Aussterben bedrohte Rasse) knabbern mit Begeisterung an den Halmen. Mehr über die Projekte erfahrt Ihr hier:

TEUFELSBERG

Einer der verrücktesten Orte Berlins ist der Teufelsberg – ein Trümmerberg, der 120 Meter hoch ist und damit als zweithöchste Erhebung Berlins gilt. 26 Millionen Kubikmeter Trümmerschutt wurden hier bis 1970 aufgeschüttet, mit Erde bedeckt und bepflanzt. Nicht nur mit mehr als einer Million Bäumen, die den Teufelsberg bald zu einem der beliebtesten Naherholungsgebiet für Berlinerinnen und **BERLINER** machte, sondern auch mit Weinreben, aus denen einige Jahre lang das »Wilmersdorfer Teufelströpfchen« gekeltert wurde (keltern = Wein herstellen). Aber nicht nur der Wein oder die Rodelbahnen machten den Teufelsberg besonders. Er war während des **KALTEN KRIEGS** auch Standort einer großen Flugüberwachungs- und Abhörstation des US-amerikanischen Militärs. Der Teufelsberg ist also das West-Berliner Gegenstück zu den **MÜGGELBERGEN**, denn die Amerikaner lauschten in Richtung Osten. Mit der Wiedervereinigung der Stadt und dem Abzug der **ALLIIERTEN** verlor die Station ihren Sinn. Die drei markanten weißen Kuppeln stehen immer noch und können besucht werden. In der einstigen Abhörstation gibts tolle Führungen zur Geschichte der Abhörstation und die größte Streetart-Galerie der Welt. Manche Bilder hier sind 270 Quadratmeter groß.
www.teufelsberg-berlin.de

THERMOSKANNE

Auch, als es in Berlin noch nicht an jeder Ecke einen Coffee to Go gab, tranken die **BERLINER** und Berlinerinnen gerne heißen Kaffee. Oder Tee. Oder Suppe, je nachdem. Dabei half ihnen eine Erfindung, die Reinhold Burger (1866–1954) im Jahr 1903 zum Patent anmeldete: doppelwandige, innen versilberte Flaschen, die ermöglichten, dass heiße Flüssigkeiten länger warm blieben und kalte Flüssigkeiten nicht so schnell warm wurden. Er nannte sie Thermoskannen (Thermos ist das griechische Wort für Wärme und Hitze) und fand unter den Berlinern und Berlinerinnen schnell viele begeisterte Nutzer. Burger war nicht der einzige, der dieses Prinzip erfand. Ein paar Jahre vor ihm hatte der

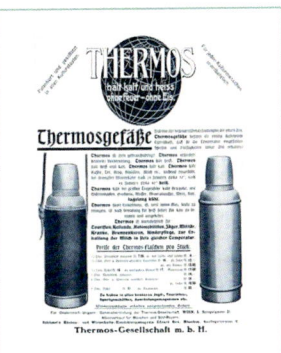

Schotte Sir James Dewar bereits ein ähnliches Prinzip entwickelt, das aber eher in der Industrie Verwendung fand. Erst Burger brachte es in den Alltag der Menschen, indem er stabile und preiswerte Gefäße mit Korken und Trinkbecher entwickelte. Für die Thermoskanne und seine andere große Erfindung, die Röntgenröhre, erhielt er viele Preise und Medaillen. Und er verkaufte das Patent in viele Länder.

TIERGARTEN

Den Tiergarten gibt es in Berlin gleich zweimal. Zum einen heißt so ein ehemaliger Stadtbezirk, der 2001 mit den Stadtteilen Wedding und Mitte zusammengelegt wurde. Seitdem heißt er offiziell Stadtbezirk Mitte von Berlin, bei seinen Bewohnern aber immer noch Tiergarten. Der zweite Tiergarten liegt auch mitten in der Stadt. Der ist allerdings weder **ZOO** noch **TIERPARK**, sondern ein Stadtpark, der so groß ist wie ein Wald. Und das sollte er auch sein, als Kurfürst Joachim I. im 16. Jahrhundert hinter den damaligen Stadtgrenzen **CÖLLNS** Land erwarb. Er ließ dort Wildtiere aussetzen und schuf sich so ein eigenes, umzäuntes Jagdgebiet: den Tiergarten. Friedrich I. (der Erste) ließ dann eine Straße hindurch bauen (sie heißt heute »Straße des **17. JUNI**«). Sie diente als Verbindungsweg zwischen dem Stadtschloss und **SCHLOSS** Charlottenburg – was die Jagd im Tiergarten schon etwas einschränkte. Ganz eingestellt wurde sie unter **FRIEDRICH II.** Der ließ die Zäune abbauen und den Tiergarten in einen Lustpark für die Bevölkerung »

umgestalten. Dafür ließ er geometrisch geformte Blumenbeete, Rabatten und Spaliere anpflanzen, Wasserbecken und Zierteiche anlegen und Skulpturen errichten. Und überall im Park wurden Bänke aufgestellt, damit die Spaziergänger ausruhen konnten. Die breiten Wege, die großen Wiesen, Inseln und Brücken ließ der berühmte Gartenbaudirektor Peter Joseph Lenné um 1840 anlegen. Bald gab es überall im Park kleine Restaurants und Pavillons für Speisen und Erfrischungen. Die Nationalsozialisten bezogen den Park in ihre Planungen der »großen Reichshauptstadt Germania« ein (siehe **HAUPTSTADT**). Dafür wurden Häuser abgerissen, Bäume gefällt und eine breite Schneise, die so genannte Nord-Süd-Achse, angelegt. Weiter kamen sie mit ihren Plänen zum Glück nicht. Aber der Park litt sehr unter dem Zweiten Weltkrieg. Vor allem im Jahr 1945, bei den letzten Kämpfen der **ALLIIERTEN** gegen den Hitlerfaschismus, fielen in Berlin Bomben und tobten Kämpfe.

Auch der Tiergarten war einer der Schauplätze. Nach Kriegsende fiel der Park der Not zum Opfer: Die frierenden **BERLINER** holzten fast alle Bäume ab (von 200 000 überlebten nur 700) und bauten auf den gerodeten Flächen Kartoffeln und Gemüse an. Dieses Schicksal ereilte damals viele Berliner **VOLKSPARKS**.
Nach der Teilung Berlins lag der Tiergarten nahe an der **MAUER** in **WEST-BERLIN** und wurde (nachdem er mit Hilfe von Baumspenden aus der gesamten Bundesrepublik wieder aufgeforstet worden war) zu einem wichtigen Erholungsgebiet. Seit der Wiedervereinigung der Stadt 1990 wird rund um den Tiergarten gebaut und renoviert, im alten **BOTSCHAFT**sviertel zum Beispiel. Im Nordosten entstanden das neue **BUNDESKANZLER**amt und das Parlamentsviertel.

TIERPARK

Im Gegensatz zum dicht bebauten **ZOO**, in dem an jeder Ecke eine neue Attraktion wartet, ist der Tierpark in Friedrichsfelde ein weitläufiger Landschaftspark, in dem man an großen Wiesen und Weideflächen entlang spaziert. Das ist aber gar nicht so langweilig wie es sich anhört, sondern ähnelt eher einer Safari, auf der man Tieren aus aller Welt begegnet. Denn viele Bewohner des Parks (Dromedare, Zebras, Trampeltiere, Somali-Wildesel, Rot- und Kaffernbüffel) leben die meiste Zeit des Jahres in ziemlich großen Herden draußen auf Wiesenflächen, die mit Wassergräben voneinander abgetrennt sind. Andere (Löwen, Tiger, Affen, Giraffen etc.) wohnen in tollen Gehegen und Häusern, die so angelegt sind, als ob man mitten in den Tropen, der Savanne oder der afrikanischen Wüste sei. 2020 ist das Regenwaldhaus mit Tigern, Schlangen und paradiesischen Vögeln neu eröffnet worden. Die meisten Besucher kommen aber wegen der kleinen Elefantenherde. Für sie wird zurzeit eine neue Anlage mit viel mehr Platz gebaut. Bis ihr neues Zuhause fertig ist, müssen die Berliner Elefanten in andere Zoos umziehen.
Die Zählung des Jahres 2020 ergab, dass im Tierpark 10 994 Tiere leben.
www.tierpark-berlin.de

TRÄNENPALAST Einer der verrücktesten Namen für ein Gebäude in Berlin ist der »Tränenpalast« in der Friedrichstraße an der **SPREE**. Das ist natürlich ein Spitzname, von dem allerdings keiner mehr sagen kann, wer ihn erfunden hat. Aber den Grund kennt man noch: Der Tränenpalast war einst die Eingangshalle des Grenzübergangs zwischen **OST-** und **WEST-BERLIN** im Bahnhof Friedrichstraße. Das Häuschen lag noch in Ost-Berlin, durfte aber nur von Menschen betreten werden, die ein Visum hatten, mit dem sie nach West-Berlin ausreisen durften. Das waren vor allem West-Berliner, Westdeutsche, Touristen aus dem westlichen Europa und Amerika und einige wenige Rentner aus der DDR. Deshalb war dieses Gebäude ein Ort der Tränen: Für die einen, weil sie ihre Lieben verlassen mussten, für die anderen, weil sie sie nicht begleiten durften. Im »Tränenpalast« fanden die Kontrollen der Reisenden durch die Grenzpolizei der DDR statt. Wer die überstand, durfte den Bahnhof betreten – allerdings einen besonderen Abschnitt, der für Ost-Berliner gesperrt war. Heute ist der Tränenpalast ein Museum, in dem man viel aus den Zeiten des geteilten Berlins erfahren kann. www.hdg.de/traenenpalast

TRÜMMERFRAUEN Wenn von alten Museen oder Regierungsgebäuden, von Kirchen, Plätzen, Straßen oder Parks die Rede ist, hört man oft, dass sie am Ende des Zweiten Weltkriegs ganz oder teilweise zerstört wurden. Der Bombenhagel, mit dem die **ALLIIERTEN** Hitlers Armee besiegten, die Gewehrkugeln der Häuserkämpfe, zahllose Brände und Sprengsätze machten Berlin zu einer Trümmerlandschaft, die man sich heute kaum vorstellen kann. Oft wird dabei vergessen zu erzählen, wer diese Trümmer nach dem Krieg wegräumte. Das waren vor allem die »Trümmerfrauen«, denn die meisten Männer waren verwundet, in Kriegsgefangenschaft, vermisst oder gefallen. Die Trümmerfrauen klopften Steine, räumten Schutt beiseite, beluden Wagen und zogen sie selbst (weil keine Pferde mehr da waren) zu den Schutthalden. Sie räumten die Straßen frei, damit der Verkehr wieder rollte, rissen baufällige Häuser ab, schleppten Granitbrocken und abgerissene Stahlträger beiseite. Dabei hatten sie fast kein Werkzeug zur Hilfe, denn es war ja alles kaputtgegangen, und sie arbeiteten bei jedem Wetter, egal ob es regnete, schneite oder die Sonne brannte.

Trümmerfrauen gab es in allen großen Städten Deutschlands. Allein in Berlin waren es 60000. Viele übernahmen diese schwere Arbeit freiwillig, weil sie dafür Lohn und höhere Lebensmittelrationen bekamen. Für viele war das die einzige Möglichkeit, ihre Kinder zu ernähren. Andere wurden dazu gezwungen, weil ihre Männer in Hitlers Organisationen gedient hatten. Einige Denkmale erinnern in Berlin an die unglaublich schwere Arbeit dieser Frauen. Eines von ihnen steht in der **HASENHEIDE**, ein anderes vor dem **ROTEN RATHAUS**.

TXL war der Flughafencode für den **FLUGHAFEN** Tegel, der eigentlich nach Otto Lilienthal benannt war. Alle kannten die drei Buchstaben, sie standen als Endhaltestelle auf Busanzeigen oder gaben einer ganzen Buslinie ihren Namen (»Das ist der TXL-Bus...«). Der letzte Flieger startete am 8. November 2020, der Flughafen ist inzwischen stillgelegt. Die drei Buchstaben aber werden beibehalten. Der alte Flughafen soll jetzt zum Standort für einen Forschungs- und Industriepark werden, der auch »Berlin TXL« heißt.

Stillgestanden zum Sport: Berliner Turner 1906 in der Hasenheide vor dem Denkmal für Turnvater Jahn

TURNVATER JAHN

Es gibt Dinge, die sind so seltsam, dass man sie sich gar nicht ausdenken könnte. Zum Beispiel, dass das Turnen erfunden (!) wurde und noch dazu von einem recht bärtigen Mann, der als Student wegen Prügeleien von der Uni flog. Die Rede ist von Friedrich Ludwig Jahn, der für Wunderbares wie auch für eher Grausliges berühmt wurde. Er lebte von 1778–1852, die vielleicht wichtigsten Jahre (1809–1820) in Berlin. Hier begann er in der **HASENHEIDE** mit öffentlichen Turnübungen, zu denen Hunderte **BERLINER** kamen, um im Takt zu hüpfen und zu federn, die Arme zu werfen und die Beine zu kreisen, kurz, sich so zu strecken und zu verrenken, dass die königlichen Oberaufpasser ihr Volk mit wild gewordenen Eseln, Ochsen und Schweinen verglichen. Tatsächlich galt es bis ins 19. Jahrhundert als äußerst unschicklich, ungesund, unsittlich und aufrührerisch, sich heftig zu bewegen. »Sport« war ein unbekanntes Wort, und nach höfischer Auffassung waren schnelle Bewegungen höchstens etwas für dressierte Tiere. (Könnten die preußischen Könige einen Blick in unsere Fitnessstudios werfen, würden sie ganz sicher glauben, dass der Teufel höchstpersönlich in die Berliner gefahren sei.)

Turnvater Jahn kümmerte das überhaupt nicht. Er machte es sich zu seiner Lebensaufgabe, die Menschen vom Turnen zu überzeugen. Dafür fuhr er durch die Lande, turnte was das Zeug hielt und hielt flammende Reden – die allerdings nicht nur vom Turnen handelten, sondern auch von seinen Vorstellungen eines schönen, reinen, guten Deutschlands. Denn das war sein eigentliches Ziel: durch das Turnen junge Leute auf den Befreiungskrieg gegen **NAPOLEON** vorzubereiten. Jahn hasste die Franzosen und verkündete dies, wann und wo er konnte. Im Oktober 1817 lud er alle Vereine der neuen Turnerbewegung zu einem Fest auf der Wartburg ein. Schrecklicherweise nutzte er die Gelegenheit für eine öffentliche **BÜCHERVERBRENNUNG**. Die staatlichen Behörden hingegen nutzten den Anlass, um gegen Jahn vorzugehen. Sie verboten das öffentliche Turnen in der Hasenheide und verhängten für **PREUSSEN** eine allgemeine Turnsperre. Im Juli 1820 wurde Jahn verhaftet und verbrachte einige Jahre im Gefängnis. Später lebte er viele Jahre unter Polizeiaufsicht in Freyburg an der Unstrut, wo auch die erste Turnhalle Deutschlands entstand. Später wurde Jahn rehabilitiert (heißt so viel wie: sein Ruf wurde wieder hergestellt) und Turnen wurde in ganz Preußen zum Schulfach. Heute erinnert man sich nur noch an die guten Seiten des Turnvaters – darf man zumindest annehmen, denn immerhin wurde einer der größten Sportparks Berlins nach ihm benannt.

U-BAHN Die Berliner U-Bahn wurde 1902 mit der Strecke zwischen Warschauer Straße und Zoologischem Garten (**BAHNHOF ZOO**) eröffnet. Das war die **LINIE 1**. Trotz des Namens »U-Bahn« (was eine Abkürzung für Untergundbahn ist), verlief ein großer Teil der Strecke oberirdisch. Heute gibt es 175 Bahnhöfe und neun Strecken, die die Stadt auf 148,8 Kilometern wie ein unterirdisches Spinnennetz durchziehen. Da die Bahnen fast rund um die Uhr fahren, legen alle elf Linien zusammen täglich 400 000 Kilometer zurück. Das ist zehnmal so viel wie der Umfang der Erde.

Die U-Bahn-Züge durchqueren die ganze Stadt von Ost nach West und von Nord nach Süd. Und andersherum. Das ist aber erst seit dem Mauerfall so, denn der Mauerbau hatte auch die Berliner U-Bahn-Linien getrennt. Die U2 zum Beispiel bestand aus einem Ost- und einem Westteil. In **OST-BERLIN** wurden viele Bahnhöfe in der Nähe der **MAUER** geschlossen. Das waren die so genannten Geisterbahnhöfe, in denen alles im Dämmerlicht lag. Die West-Berliner Bahnen fuhren ohne anzuhalten durch, und man sah verlassene, öde Bahnsteige. Oben auf dem Bürgersteig, wo die warme Abluft aus den unterirdischen Schächten kam, spürte man manchmal den Fahrtwind der unterirdischen Bahnen. Wie Geister eben.
Nach dem Fall der Mauer wurden die U-Bahn-Netze zusammengelegt und die Geisterbahnhöfe wiedereröffnet. Einige Linien wurden verlängert, andere etwas umgelegt. Und immer noch wird am Streckennetz gebaut. Gerade erst fertiggestellt ist die Strecke zwischen Kanzleramt und **ALEXANDERPLATZ**, die zur U5 hinzukam.

UMLAUFTANK (UT2) In Berlin gibt es viele verrückte Gebäude, aber kaum eines ist so besonders wie die »Rosa Röhre« im **TIERGARTEN**, bei der man nicht weiß, ob es sich um ein Haus, eine Maschine oder um ein überdimensionales wissenschaftliches Gerät handelt. Um es gleich zu sagen: Sie ist von allem etwas und heißt in Wirklichkeit Umlauftank. Der wird von den Forschern der Technischen **UNIVERSITÄT** für nautische (Nautik = Wissenschaft der Seefahrt) Versuche genutzt, weil man in seinem Inneren Wasserströmungen herstellen kann wie auf den Flüssen und Meeren der Welt. Wurden neue Schiffsmodelle oder neue Materialien für den Schiffsbau entwickelt, werden sie hier getestet – was den Vorteil hat, dass man weder Menschen noch Material gefährden muss, um Neuerungen auf hoher See auszuprobieren. Auch die Fortbewegung von Pinguinen sollen Wissenschaftler hier schon studiert haben (Auch wenn man nicht erfährt, ob sie dafür die Tiere aus dem nahe gelegenen **ZOO** ausgeliehen haben, leider!). Der UT2 ist der weltweit größte seiner Art. Viele Wissenschaftler aus aller Welt kommen nur nach Berlin, um hier Experimente durchzuführen. Die Zahl 2 trägt er, weil Berlin schon zu Kaiserzeiten einen Umlauftank besaß. Nummer 2 wurde 1974 in Betrieb genommen. Sein Architekt Ludwig Leo konzipierte ihn so, dass man auch von außen erahnen kann, was innen vor sich geht: die 120 Meter lange rosa Röhre bildet den Wasserkreislauf, in dem riesige Wassermassen von Turbinen in Bewegung gesetzt werden. Hier werden die Schiffsmodelle getestet. Die Röhre führt durch ein eckiges blaues Gebäude hindurch. In dem befinden sich Labore und Prüfstände der Forscher, die über alles, was in der Röhre passiert, genaue Protokolle anfertigen.

UNION Der 1. FC Union, der seit einigen Jahren in der 1. Bundesliga spielt, gilt auch heute noch als Ost-Berliner Fußballclub. Gegründet wurde der Verein 1966 in **OST-BERLIN** aus dem »Sport Club Union Oberschöneweide«, der schon viel älter ist und eine große Erfolgsgeschichte vorweisen konnte: 1917 war der Club erstmals Vizemeister von Berlin-Brandenburg, 1920 und 1923 war er Berliner Meister und damit Teilnehmer an der Endrunde der Deutschen Fußballmeisterschaft. Nach der Teilung Deutschlands teilte sich auch der Verein. Ein Teil der Mannschaft floh 1950 nach **WEST-BERLIN** und gründete dort den »SC Union 06 Berlin«. Die in Ost-Berlin gebliebenen Mitglieder spielten weiter, seit 1966 unter dem Namen »1. FC Union Berlin«. Da es in Ost-Berlin auch den »BFC Dynamo« gab, der von der Staatssicherheit unterstützt wurde, spielte »Union« kaum eine Rolle. Es heißt, dass die guten Spieler meist zum BFC abgezogen wurden – was dazu führte, dass sich beide Vereine spinnefeind waren. Noch heute gibt es heftige Prügeleien, wenn die Fanblocks aufeinanderstoßen.

Die Union-Fans nennen ihren Verein »Eisern Union«, weil die Fußballer in der blauen Spielkleidung, die sie in den ersten Jahren trugen, wie »Schlosserjungs« ausgesehen haben sollen und weil die Fans außerdem fest wie Eisen zu ihrem Club stehen. Der Fanclub hat mehr als 36 000 Mitglieder und gehört damit zu den größten Sportvereinen Deutschlands. Sie halfen bei der Modernisierung des Heimstadions Alte Försterei und treffen sich jedes Jahr zum Weihnachtsliedersingen im Stadion. Ein echter Knaller ist, dass der Schlachtruf »Eisern Union« von Nina Hagen zu einer Mannschaftshymne gemacht wurde, die bei jedem Spiel angestimmt wird.

UNIVERSITÄT Würde man all die Erfindungen und Entdeckungen beschreiben, die in Berlin gemacht, oft mit einem Preis bedacht wurden und von hier aus die Welt veränderten, könnte man viele Bücher füllen. **ALBERT EINSTEIN** etwa erhielt 1921 den Nobelpreis für Physik für die Deutung des lichtelektrischen Effektes durch die Lichtquantenhypothese (nähere Erläuterung siehe Physikbuch). Der Mediziner **ROBERT KOCH** wurde 1905 für seine Entdeckung der Erreger von Infektionskrankheiten mit dem Nobelpreis für Medizin belohnt, Otto Hahn 1944 mit dem Nobelpreis für Chemie für die Entdeckung der Kernspaltung des Urans. Die Forschungsarbeit hatte er übrigens gemeinsam mit Lise Meitner geleistet. Alle vier waren Professoren an der Humboldt-Universität zu Berlin – und Lise Meitner war eine der ersten Frauen, die hier zur Professorin ernannt wurden. Ihre Entdeckungen sind nur drei von sehr vielen großartigen Forschungsarbeiten, die an Berliner Unis gemacht wurden. In Berlin gibt es vier große Universitäten: die Humboldt-Universität **UNTER DEN LINDEN**, die Technische Universität am Ernst-Reuter-Platz, die Freie Universität in Dahlem und die Universität der Künste am Hardenbergplatz.

Die älteste von ihnen ist die Humboldt-Uni. Sie wurde 1809 von König Friedrich Wilhelm III. als »Alma Mater Berolinensis« gegründet, nachdem der Gelehrte Wilhelm von **HUMBOLDT** ihn für die Idee begeistert hatte. Der Studienbetrieb begann 1810 mit kaum mehr als 250 Studenten und 50 Professoren, die in einer der vier Fakultäten für Jura, Medizin, Philosophie oder Theologie lernten bzw. lehrten. Heute sind es knapp 40 000 Studenten und 171 Studiengänge. Die Humboldt-Uni lag zu Mauerzeiten in **OST-BERLIN** und galt als die beste der DDR. Direkt nach dem Zweiten Weltkrieg fiel sie aber erst einmal dem beginnenden **KALTEN KRIEG** der **ALLIIERTEN** zum Opfer. Die sowjetische Besatzungsmacht wollte sie in eine kommunistische Universität verwandeln und machte den Lehrkräften und Studenten, die sich dagegen wehrten, 1947 kurzen Prozess. Viele wurden verhaftet und zu Zwangsarbeit verurteilt, andere verschwanden und wurden sogar ermordet.

Einige Studenten und Lehrkräfte, die den Verhaftungen entgangen waren, gründeten im Dezember 1948 im **WEST-BERLINER SEKTOR** die Freie Universität Berlin. Man bezog die Gebäude der ehemaligen Kaiser-Wilhelm-Gesellschaft und einige Villen in Dahlem und stellte die junge Uni unter den lateinischen Wahlspruch »Veritas – Iustitia – Libertas« (Wahrheit, Gerechtigkeit, Freiheit). Bereits im allerersten Semester studierten mehr als 2 000 Studenten in Dahlem. Heute hat die FU etwa 38 000 Studierende.

Die Technische Universität wurde erst 1946 gegründet, bestand aber schon lange vor dem Zweiten Weltkrieg als Königlich Technische Hochschule zu Berlin. Zu ihr gehörten die Bergakademie (1770 von **FRIEDRICH II.** gegründet), die Bauakademie (1799 gegründet) und die Gewerbeakademie (1821 gegründet). Seitdem werden an der TU überwiegend technische und naturwissenschaftliche Studiengänge gelehrt, aber auch Lehrer und Mathematiker ausgebildet. Und weil hier auch immer geforscht wurde, stammen einige wichtige Erfindungen aus den Labors und Werkstätten der TU: Adolf Miethe entwickelte die Drei-Farben-Fotografie und das Blitzlicht, Hans Geiger baute den ersten »Geiger-Zähler«, der noch heute zur Messung von Radioaktivität benutzt wird, Ernst Ruska erfand das Elektronenmikroskop und erhielt dafür 1986 den Physik-Nobelpreis.

Die jüngste unter den Berliner Universitäten ist die Universität der Künste. Bis November 2001 hieß sie Hochschule der Künste. Ihre Lehrgebäude, Werkstätten, Proberäume und Ateliers befinden sich in Charlottenburg, Wilmersdorf und Schöneberg. In der UdK werden Künstler ausgebildet. Und wie es sich gehört, hat einer der alten preußischen Könige 1696 den Vorgänger dieser Uni gegründet: Kurfürst Friedrich III., der die Gründung einer **AKADEMIE** der Künste in Auftrag gab.

UNTER DEN LINDEN Viel älter, aber mindestens genauso bekannt wie der **KU'DAMM** ist die Straße »Unter den Linden«. Ihren Namen erhielt sie durch die Bäume, die Kurfürst Friedrich Wilhelm 1647 anpflanzen ließ. Vorher war sie einfach der Reitweg, der vom Stadtschloss (siehe **SCHLOSS**) in den **TIERGARTEN** führte. Unter **FRIEDRICH II.** wurde die Lindenallee in eine echte Pracht- und Flanierstraße verwandelt. Das war in Europa gerade große Mode, denn mit solchen Bauprojekten konnte man allen Reichtum und alle Herrlichkeit des Königshauses zeigen. Ab 1740 ließ Friedrich das »Forum Fridericianum« erbauen. Zu ihm gehörten die Staats**OPER**, die katholische St.-Hedwigs-Kirche, die Königliche Bibliothek (heute die »Kommode« am Bebelplatz) und ein großes Palais für seinen Bruder, nach ihm Prinz-Heinrich-Palais genannt. Das wurde später Sitz der **HUMBOLDT-UNIVERSITÄT**. Alle Gebäude zeigen, wie wichtig dem preußischen König die Künste, die Wissenschaften und die Religion waren. Zu seinen Ehren wurde deshalb Ende des 19. Jahrhunderts das Reiterstandbild von Friedrich dem Großen just an der Stelle aufgestellt, wo damals die »Linden« begannen. Ausgehend vom »Forum Fridericianum« wuchs die Straße bis zum Pariser Platz, an dem später das **BRANDENBURGER TOR** errichtet wurde. Jeder König ließ seine Baumeister (natürlich auch **SCHINKEL**) hier prächtige Gebäude errichten. Selbst die großen Banken und Hotels, die im 19. Jahrhundert entstanden, wollten aussehen wie Paläste. Die meisten Gebäude wurden während des Zweiten Weltkriegs zerstört. Danach lag die Straße in **OST-BERLIN**, wo viele der alten Gebäude wieder aufgebaut wurden, nur das Stadtschloss nicht. An dessen Stelle baute man später den **PALAST DER REPUBLIK**, der 2006 abgerissen wurde. Heute steht hier das rekonstruierte Schloss …

Im Advent leuchten die Linden

URANIA ist der Name der griechischen Halbgöttin der Astronomie. Er bedeutet: die Himmlische und wird deshalb oft für Sternwarten benutzt. In Berlin ist das ein bisschen anders. Hier heißt ein Bildungsverein so, in dem man Wissenschaftlern, Schriftstellern, Regisseuren, Abenteuerreisenden bei Vorträgen lauschen kann, oder Theaterstücke und Filme ansehen, mit Politikern diskutieren und Ausstellungen besuchen. Gegründet wurde die Urania 1888 von dem Industriellen Werner von Siemens und dem Astronomen Max Wilhelm Meyer. Beide verband die Idee, dass sich jedermann, ganz unabhängig von seiner Schulbildung, in Wissenschaft, Kunst und Politik weiterbilden soll. Also ein bisschen wie Volkshochschule, nur ohne öffentliches Geld. Die Urania stieß bei den **BERLINERN** von Anfang an auf großes Interesse. So ist es bis heute. Jährlich kommen ca. 140 000 Gäste. Für Kinder und Jugendliche gibt es spezielle Veranstaltungen mit Mitmachexperimenten oder Thementage zu den großen Geheimnissen der Welt. www.urania.de

URVOGEL Im Museum für Naturkunde gibt es zwei in aller Welt berühmte Ausstellungsstücke: den riesigen Brachiosaurier (das größte aufgestellte Saurierskelett überhaupt) und den »Archaeopteryx«, zu Deutsch »Urvogel«. Der ist so berühmt, dass viele Naturforscher nach Berlin kommen, nur um ihn zu sehen – was ihm den etwas merkwürdigen Vergleich mit dem berühmten Porträt der »Mona Lisa« einbrachte. So schön ist der Archaeopteryx nun wirklich nicht, vielleicht ist er aber ein bisschen so geheimnisvoll.

Das Besondere an Urvögeln ist jedenfalls, dass sie ein »Zwischenglied« in der Evolution darstellen. Urvögel waren nämlich sowohl Saurier als auch Vögel, denn sie hatten bereits ein Federkleid (wie die heutigen Vögel) und noch einen langen knöchernen Schwanz (wie Saurier). Außerdem trugen sie keinen Hornschnabel, sondern einen knöchernen Kiefer mit Zähnen.

Der Berliner Urvogel ist einer von zehn weltweit. Sein Skelett wurde 1877 im Steinbruch von Solnhofen gefunden, und weil man daran Federn und Schädel so gut erkennen kann, gilt er als der schönste (Mona Lisa!) und wertvollste von allen. Das wusste der Finder damals wohl noch nicht, denn er tauschte den Stein mit den Knochen gegen eine Kuh ein. So liest man es jedenfalls hie und da. Nur drei Jahre später kam der Urvogel für 20 000 Goldmark (den hundertfachen Kaufpreis einer Kuh) ins Museum für Naturkunde der **HUMBOLDT-UNIVERSITÄT**, das jedes Berliner Kind kennen sollte. Und wenn der Urvogel noch kein Grund ist, gleich hinzufahren, dann sind es bestimmt die vielen Führungen und Veranstaltungen für Kinder. Und die Möglichkeit, den eigenen Kindergeburtstag zwischen Saurierskeletten und ausgestopften Erdferkeln zu feiern.
www.museumfuernaturkunde.berlin/de

VELODROM Als sich Berlin dafür bewarb, Austragungsort der Olympischen Sommerspiele 2000 zu werden, wurde in Pankow das Velodrom gebaut. Velodrom heißt nichts anderes als Rennbahn für Fahrräder – aber solche Anlagen sind technisch aufwendig und teuer, deshalb gibt es auch nicht viele Velodrome auf der Welt. Berlins Velodrom hat eine 250 Meter lange Radrennbahn. Sie entstand – obwohl sich das etwas komisch anhört – in Handarbeit, wurde aus original sibirischer Fichte gefertigt und gilt als eine der schnellsten Bahnen der Welt. Spektakulär ist auch die Dachkonstruktion des kreisförmigen Gebäudes. Der Durchmesser beträgt 142 Meter und macht das Velodrom damit zur größten freitragenden Stahldachkonstruktion Europas.

RUDOLF VIRCHOW

Einer der größten Gelehrten Berlins war Rudolf Virchow (1821–1902). Er war Arzt (er behandelte Krankheiten und forschte nach deren Erregern), Pathologe (er untersuchte die Körper der Verstorbenen nach der Todesursache), Ethnologe (er beschäftige sich mit fremden Völkern) und Politiker (er war Abgeordneter und Gegner von **BISMARCK**) – ein Universalgelehrter also, der in vielen Bereichen Experte war und Weltruhm erlangte. Einen großen Teil dieses Ruhms erlangte er in Berlin, wo er erst studierte und dann 46 Jahre lang das Institut für Pathologie an der **CHARITÉ** leitete. Virchows Vorlesungen waren so populär wie seine politischen Reden. Jeder Medizinstudent wollte bei ihm studieren, jeder las seine wegweisenden Forschungsergebnisse, die Meilensteine der Medizin darstellten: Er forschte und schrieb über die Zelle als kleinste Einheit allen Lebens, über Geschwülste, über Krankheiten des Blutes wie die bis dahin unbekannte Leukämie und vieles andere mehr. Virchow war von seinem Fach besessen und vielleicht ähnlich genial wie **EINSTEIN**, nur auf anderem Gebiet.

Politik verstand er als »Medizin im Großen«. Ein Staat funktionierte nach seiner Vorstellung ähnlich einem lebenden Organismus: Der Mensch war die kleinste Zelle des großen Gefüges, und damit der Staat funktioniert, müssen diese Zellen zusammenarbeiten, sich spezialisieren und schließlich im Gleichgewicht miteinander funktionieren. Darüberhinaus wusste Virchow durch seine Forschungen besser als andere, wie wichtig die Wohn- und Lebensbedingungen der Menschen für ihre

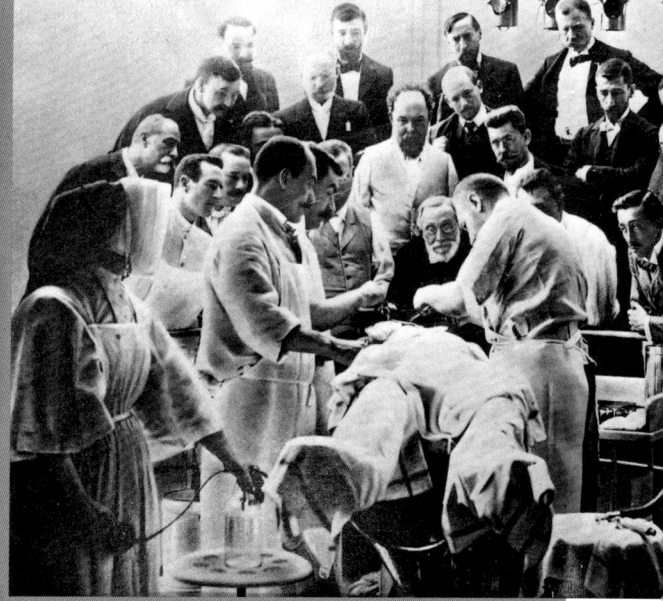

Gesundheit waren. Als Stadtverordneter setzte er sich deshalb für die Errichtung öffentlicher Krankenhäuser, für den Bau einer Stadtkanalisation und von **RIESELFELDERN** (siehe **HOBRECHT**) oder auch dafür ein, dass in den Schlachthöfen Berlins mehr Sauberkeit herrschte und das Fleisch kontrolliert wurde (man nennt das Fleischbeschau, ist bis heute Pflicht), bevor es auf den Markt kam. Und er wusste, dass frische Luft und Bewegung wichtig für die Gesundheit waren – Virchow forderte deshalb den Bau von Kinderspielplätzen. Virchow starb 81-jährig, nachdem er sich bei einem Sprung aus der Straßenbahn das Bein (den Oberschenkelhalsknochen, sehr gemein) gebrochen hatte. Er war damals so berühmt, dass sogar die Berliner Zeitungen darüber berichteten und nach einigen Wochen vermelden mussten, dass er sich leider nicht vom Sturz erholen konnte. Sein Grab ist ein Ehrengrab der Stadt Berlin auf dem St.-Matthäus-Friedhof in Schöneberg.

Begonnen wurde der Bau im Juni 1993. Ein Vierteljahr später entschied sich das Olympische Komitee jedoch für Sydney als Austragungsort der olympischen Spiele – was dazu führte, dass das Velodrom auch zum Veranstaltungsort für Konzerte und Bühnenshows wurde, damit der Bau ausreichend genutzt wird. Die Eröffnung fand 1997 mit dem 86. Berliner 6-Tage-Rennen statt.

VOLKSBAD Vor nicht allzu langer Zeit gab es in Mietshäusern nur kleine Außentoiletten und noch kleinere Waschbecken. Badewannen und Duschen galten als Luxus, den sich nur wenige leisten konnten, erst recht mit fließendem Warmwasser. Die **BERLINER** und Berlinerinnen gingen deshalb regelmäßig in eines der Volksbäder. Die meisten entstanden zwischen 1900 und 1930. Sie enthielten oft ein kleines »

Schwimmbecken, vor allem aber kleine Bäder mit Badewannen, die man sich für wenige Groschen (heute würde man Cent sagen) mieten konnte. Meistens waren die Bäderbereiche streng nach Männern und Frauen getrennt. Volksbäder waren also öffentliche Badeanstalten. Ihre Fassade war meistens besonders schön gestaltet, und auch im Inneren wurden Marmortreppen und bunte Fenstergläser verwendet. In Berlin wurden sie vor allem in jenen **BEZIRKEN** gebaut, in denen besonders viele Arbeiter lebten. Die meisten sind auch heute noch erhalten. In Mitte, Lichtenberg, Neukölln, Kreuzberg, Prenzlauer Berg, Steglitz und Wedding gibt es noch Volksbäder. Manche sind zu Freizeitbädern umgebaut, andere werden als Ausstellungs- und Veranstaltungsorte genutzt und wieder andere warten auf ihre Renovierung.

VOLKSPARK

Jeder Berliner Stadtteil hat mindestens einen. Friedrichshain den Friedrichshain, Wedding den Humboldthain und die Rehberge, Neukölln die **HASENHEIDE**, Charlottenburg die Jungfernheide usw. Die Rede ist von den Berliner Volksparks, die neben den Kleingärten und den Friedhöfen für Berlins Ruf als grüne Stadt sorgen. Volksparks sind große Parks, in denen Berliner bei jedem lauen Lüftchen grillen, Ball spielen, joggen, auf Wiesen herumliegen, spazieren gehen, Rad fahren, picknicken, in die Luft gucken, Eichhörnchen füttern. Das war auch so gedacht, als die ersten »Volksgärten« in Berlin angelegt wurden: Volksparks gibt es seit dem 19. Jahrhundert, als Berlin rasend schnell wuchs und die **MIETSKASERNEN** mit dunklen Hinterhöfen entstanden. Noch 1871 hatten die Berliner nur den **TIERGARTEN**, die große Promenade **UNTER DEN LINDEN** und den Friedrichshain, um sich von der Arbeit in den Fabriken erholen zu können. Spielplätze für Kinder gab es damals so gut wie gar nicht. Innerhalb weniger Jahrzehnte wurde viel Geld ausgegeben, um die Stadt grüner zu machen. So entstanden zum Beispiel der Treptower Park und der Viktoriapark. Nach dem Ersten Weltkrieg entstanden weitere, unter anderem die Jungfernheide in Charlottenburg, die Wuhlheide und der Plänterwald in Treptow, der Volkspark Mariendorf und der Volkspark Tempelhofer Feld. Oft entstanden sie auf Waldflächen, die vorher als Jagd- und Forstgebiet genutzt worden waren.
Häufig wurden an den Grenzen der Parks Kleingartenkolonien gebaut, in denen die **LAUBENPIEPER** Obst und Gemüse anbauen.

WANNSEE

Obwohl bei weitem nicht der einzige, ist kein Berliner See so bekannt wie der Wannsee. Das kommt wohl vor allem durch das Lied: »Pack die Badehose ein, nimm dein kleines Schwesterlein, und dann geht es raus zum Wannsee ...« Conny Froboess sang es

Schon vor 100 Jahren war der Wannsee Ort des größten Vergnügens!

1951 zum ersten Mal und landete damit einen Ohrwurm (heute würde man sagen, einen Hit), den auch außerhalb Berlins jeder kannte. Gemeint ist der Große Wannsee im **BEZIRK** Steglitz-Zehlendorf, der zu Zeiten des Liedes **WEST-BERLIN** gehörte. 1951 war das zwar noch nicht von der **MAUER** umgeben, aber durch die Zonengrenze vom Umland abgetrennt. Das Strandbad Wannsee war deshalb eines der liebsten Ausflugsziele der West-Berliner. 1907 angelegt und in den 1920er-Jahren ausgebaut, war das Strandbad allerdings schon vorher beliebtes Wochenendziel vieler Berliner Familien. Der Strand ist immerhin mehr als 1200 Meter lang und 80 Meter breit.

Der Vollständigkeit halber muss man sagen, dass es auch einen kleinen Wannsee gibt und dass die Villenkolonie an den Ufern beider Seen auch Wannsee, in diesem Fall als Stadtteil, heißt.

WASSERPUMPE

Überall auf Berlins Straßen und in vielen Parks stehen alte, grüne Wasserpumpen, die aus einem aus dem Boden ragenden Rohr mit einem Schwengel bestehen. Die Wasserpumpen sind Straßenbrunnen, aus denen frisches Wasser gepumpt werden kann. In Berlin heißen sie »Berliner Plumpen«. Viele von ihnen sind mit herrlichen Drachen, Blumen oder Mustern verziert, manche sind klein und rund wie Feuerwehrhydranten, andere sind einfache Rohre mit einer kleinen Biegung oben dran. Lange waren sie ein fester Bestandteil des Lebens in der Stadt: An den Straßenpumpen wurden die Pferde der Droschken und **KREMSER** getränkt, an den Hinterhofpumpen holten sich die **BERLINER** und Berlinerinnen frisches Wasser (in den Wohnungen der Hinterhäuser gab es bis ins 20. Jahrhundert meist keins), um damit zu kochen, darin zu baden oder Wäsche zu waschen, und die Feuerwehren holten sich hier das Wasser zum Löschen von Bränden. Im Zweiten Weltkrieg und danach waren sie für viele Berliner die einzige Möglichkeit, überhaupt an Trinkwasser zu kommen.

Die ersten Straßenbrunnen soll es schon 1390 in Berlin gegeben haben. Damals wurde das Wasser über ausgehöhlte Baumstämme nach oben geleitet. Da viele dieser Brunnen bald wieder verfielen oder in Kriegen zerstört wurden, gab es bis ins 18. Jahrhundert hinein vor allem offene Brunnenschächte (so genannte Ziehbrunnen), aus denen man sich mit Eimern Wasser schöpfen konnte. Nachdem 1856 die zentrale Berliner Wasserleitung in Betrieb genommen wurde, nahmen auch die Brunnen ihre heutige Gestalt an. Um Verschmutzungen des Wasser zu vermeiden, wurden die Brunnen geschlossen, und das Wasser wurde nun mit Schwengeln durch Rohre nach oben gepumpt. Obwohl es heute in jeder Wohnung fließend Wasser gibt, hat Berlin noch immer 2070 dieser schönen alten Geräte, zehn von ihnen stehen sogar unter Denkmalschutz.

WASSERTURM

In fast allen Stadtteilen Berlins findet sich auf einem kleinen Hügel ein hoher, runder Turm, meist aus roten Ziegelsteinen gebaut, mit einer Metallkappe als Dach. Das sind Berlins Wassertürme, die zur Trinkwasserversorgung errichtet wurden. Ihre Funktion besteht darin, Wasser in großen Behältern zu speichern und wieder abzugeben, wenn es gebraucht wird. Auf diese Weise bleibt der Druck im Wassernetz der Stadt immer gleich. Bedingung ist nur, dass der Speicher des Wasserturms höher liegt als die Gebäude, die an das System angeschlossen sind, da nur so der Druckausgleich funktioniert. Ist etwas komplizierte Physik – fragt eure Lehrer doch mal nach dem hydrostatischen Paradoxon.

Wassertürme wurden seit dem Ende des 19. Jahrhunderts in allen deutschen Großstädten gebaut, weil die **GRÜNDERZEIT** zu Engpässen in der Wasserversorgung »

Das ist der Dicke Hermann im Prenzlauer Berg.

WELTZEITUHR Einer der berühmtesten Treffpunkte Berlins ist die Weltzeituhr am **ALEXANDERPLATZ**. Seit 1969 zeigt sie auf einem großen, sich um die eigene Achse drehenden Zylinder 24 Zeitzonen der Erde. Jede Zone hat ein eigenes Feld, in dem Städtenamen zu lesen sind, die in diesen Zeitzonen liegen. Damals waren das noch etwas andere, vor allem aber weniger Städtenamen als heute, denn die Uhr stand mitten in **OST-BERLIN**, also in der **HAUPTSTADT** der DDR, wo die Menschen gar nicht in die große weite Welt reisen konnten. Trotzdem oder vielleicht gerade deshalb stand die Weltzeituhr für Weltoffenheit und sogar für Freiheit – und war schon damals eine Sensation, die viele Neugierige anzog. Entworfen hatte das überdimensionale technische Gerät der Ost-Berliner Designer Erich John. Ausgangspunkt seiner Überlegungen war die an diesem Ort gefundene **URANIA**-Säule (Urania-Säulen gab es bis zum Zweiten Weltkrieg überall in der Stadt. Sie waren öffentliche Wettersäulen, die ein Thermometer, ein Barometer und eine Uhr enthielten). Die Säulenform wurde nun zum Schaft, auf dem sich ein großer, in 24 Felder unterteilter Zylinder im Laufe eines Tages (24 Stunden, wie die Erde selbst also) einmal um die eigene Achse dreht. Obenauf setzte er ein Modell des Sonnensystems.

führte. Schlechte hygienische Lebensumstände führten zudem dazu, dass das vorhandene Wasser schnell verschmutzte und Krankheiten zu Epidemien wurden. Heute braucht man die Wassertürme kaum noch. Trotzdem wird kaum einer der schönen Riesen abgerissen. Der Hohenschönhausener Wasserturm zum Beispiel wurde einst von der Löwen-**BRAUEREI** AG errichtet, weil man für die Bierherstellung Unmassen von Wasser benötigte. Heute ist dort eine Bar untergebracht. Der Steglitzer Wasserturm war nie in Betrieb, weil er zu einer Zeit fertig gestellt wurde, wo man schon über modernere Systeme verfügte. Aber er steht unter Denkmalschutz und wird von einigen Firmen als Büro genutzt. Steglitz wurde viele Jahre von dem 40 Meter hohen Wasserturm auf dem Fichtenberg mit Wasser versorgt. Als dieser ausgedient hatte, baute das Meteorologische Institut der Freien **UNIVERSITÄT** 1966 dort eine Empfangsstation. In Prenzlauer Berg wird der dicke Turm (Spitzname »Dicker Hermann«) an der Rykestraße inzwischen als Wohnhaus und Kita benutzt. Ohne ihn kann man sich den **KIEZ** gar nicht vorstellen.

Die Bauarbeiten an der Uhr dauerten neun Monate und es arbeiteten mehr als 120 Techniker, Handwerker und andere Fachleute daran mit. 1997, also fast zwanzig Jahre nach dem Fall der **MAUER** und dem Ende des **KALTEN KRIEGS** wurden zwanzig weitere Städtenamen hinzugefügt. Unter den 147 Städtenamen sind nun auch Tel Aviv, Athen und Istanbul. Ganz in der Nähe stand übrigens bis 1944 die **BEROLINA**.

WEST-BERLIN

Den amerikanischen, den britischen und den französischen **SEKTOR** Berlins bezeichnete man zu Zeiten der Teilung Deutschlands zusammen als West-Berlin oder, DDR-offiziell, »Berlin (West)«. Damit unterschied man sich von **OST-BERLIN**, dem sowjetisch besetzten Sektor, der ab 1949 zur **HAUPTSTADT** der DDR wurde. West-Berlin wurde von der Bundesrepublik zwar als eigenes Bundesland betrachtet, doch hatte die Regierung (die in der westdeutschen Hauptstadt Bonn saß) hier nur eingeschränkte Befugnisse. Das oberste Gremium West-Berlins war das Berliner **ABGEORDNETENHAUS**. Das arbeitete in enger Abstimmung mit Bonn, war jedoch eigenständig. In vielen Fragen behielten sich die **ALLIIERTEN** die letzte Entscheidung vor. Der Sonderstatus West-Berlins wird auch daran deutlich, dass Männer hier keinen Wehrdienst ableisten mussten. Viele kamen deshalb zum Studieren oder Arbeiten hierher und umgingen damit den Dienst beim Bund. Zu West-Berlin gehörten die **BEZIRKE** Kreuzberg, Neukölln, Tempelhof, Schöneberg, Steglitz, Zehlendorf (im amerikanischen Sektor), **TIERGARTEN**, Charlottenburg, Wilmersdorf und Spandau (im britischen Sektor) sowie Reinickendorf und Wedding (im französischen Sektor). Das Zentrum waren der **KU'DAMM** und der **ZOO**.

Außerdem gehörten bis Ende der 1980er Jahre mehrere kleine Flächen innerhalb der DDR dazu. Solche Gebiete heißen Exklaven. Sie wurden im Laufe der Jahre durch Tausch mit der DDR an West-Berlin angegliedert. Der bekannteste Fall war die Exklave Steinstücken, ein Zehlendorfer Ortsteil von nicht mal dreizehn Hektar Größe. Er war durch die von Ost-Berlin errichtete Zonengrenze (der Vorgänger der **MAUER**) vom Westen abgetrennt und konnte, bis eine Verbindungsstraße gebaut war, nur mit Hubschraubern der US-Armee versorgt werden. Um diese Straße bauen zu können, musste jedoch zuerst ein Tausch stattfinden, der das dafür benötigte Land zu West-Berliner Stadtgebiet machte.

WINDMÜHLE

Als Berlin noch so klein war, dass man zu Fuß gemütlich vom nördlichen zum südlichen und vom westlichen zum östlichen Ende laufen konnte, wurden Einrichtungen, die man für die Stadt brauchte, oft nicht innerhalb, sondern außerhalb errichtet. Scheunen zum Beispiel, in denen Getreide, Holz und Stroh gelagert wurde, auch Waffenmanufakturen und Schnapsbrennereien. Oder Mühlen, in denen das Getreide gemahlen wurde, das die Bäcker der Stadt zu Brot und Kuchen verarbeiteten. Schon im Mittelalter gab es an der **PANKE** eine Wassermühle, und in den Dörfern Zehlendorf, Buckow und Rudow existierten Windmühlen. »

An windigen Tagen können Besucher die alte Britzer Mühle in Aktion sehen.

Um 1860 sollen es 150 Windmühlen gewesen sein, die in Berlin und im Umland mahlten. Besonders viele gab es in Prenzlauer Berg, das damals also aus gutem Grund Windmühlenberg hieß und noch heute vier Windmühlenflügel im Wappen trägt. Aber auch im Wedding rund um die Müllerstraße, in Schöneberg und in Rixdorf wurden Windmühlen zu den verschiedensten Zwecken betrieben. Einige dieser alten Mühlenstandorte erkennt man heute noch an Straßennamen wie Mühlenstraße, Mühlenweg, Mühlbergstraße oder Mühlsteinweg. Leider überstanden die meisten die Industrialisierung nicht. Elektrisch betriebene Mahlanlagen führten überall zum großen »Mühlensterben«. Zuletzt blieb nur noch die Jungfernmühle in Buckow übrig. Sie gab erst 1980 den Betrieb auf. Da die Windmühlen zu Berlins Geschichte gehören wie die Könige und die Fischer, tröstet es ein bisschen, dass man heute wieder ein paar Mühlen beim Flügeln zusehen kann. Genau gesagt sind es acht Windmühlen, zwei davon (Britz und Marzahn) voll funktionstüchtig. In der Britzer Mühle kann man sich sogar zum Müller ausbilden lassen. Und dabei lernen, was der Unterschied zwischen Bockwindmühlen und Holländermühlen ist, wie das Nachrichtenalphabet der Müller ging und wie schwer ein Mühlstein ist.

WUHLHEIDE An den Stadträndern Berlins gab es schon immer Wälder und Seen, in denen die Bevölkerung Erholung suchte. Dazu gehört auch die Wuhlheide, die vielen durch das FEZ (Freizeit- und Erholungszentrum), Europas größtes Kinder-, Jugend- und Familienzentrum, bekannt ist. Und obwohl das schon ein riesiges Gebiet umfasst, auf dem gespielt, geforscht, Sport getrieben, getanzt und allerlei ausprobiert werden kann, ist die Wuhlheide mehr als nur der Freizeitpark. Sie ist auch **VOLKSPARK** und Waldgarten und das schon seit mehr als 70 Jahren: Im Zweiten Weltkrieg diente der Park den Verteidigungsstellungen der Nationalsozialisten, die hier Flugabwehrkanonen aufstellten und Bunker anlegten. Außerdem richteten sie ein Lager für Zwangsarbeiter ein. Friedlich ging es hier erst wieder zu, nachdem im Park anlässlich der »Weltfestspiele der Jugend« 1951 in **OST-BERLIN** der Vorläufer des heutigen FEZ gebaut wurde. Das hieß damals ganz ordentlich sozialistisch »Pionierpark Ernst Thälmann«. In dem gab es eine »Pioniereisenbahn« (heute Parkeisenbahn), bei der Kinder und Jugendliche die Aufgaben von Schaffnern, Lokführern etc. übernehmen, ein Stadion, später einen Pionierpalast und ein »Kosmonautentrainingszentrum«. www.wuhlheide.de

Hier sieht man erstens die Parkeisenbahn in der Wuhlheide und zweitens, dass es in Berlin sogar manchmal Schnee gibt.

X-BERG ist die Abkürzung für Kreuzberg. In Zeiten der **MAUER** war das der **WEST-BERLINER BEZIRK**, in den junge Leute, vor allem »Andersdenke« zogen und gegen das in ihren Augen langweilige, spießige Leben rebellierten. Kreuzberg tickte in einem anderen Lebensgefühl als der Rest der Stadt, und die freche Abkürzung X-Berg drückte das aus. Hier war es nicht schick, möglichst schnell die Karriereleiter hochzuklettern und Auto oder Wohnung zu kaufen. Vielmehr probierte man aus, ob es sich in Kommunen besser lebt, ob Tauschringe (jeder tauscht, was er hat, gegen etwas, das er braucht) den Supermarkt ersetzen können. Zentrum dieser Bewegung war **SO 36**, wo es die meisten Clubs, besetzte Häuser, Kneipen und Wohnprojekte gab. Noch heute steht X-Berg für Anderssein. Da sich die Zeiten änderten und alternatives Leben nicht mehr unbedingt im Gegensatz zum Rest der Welt stattfinden muss, sind es vor allem Autonome, die mit dem Begriff zeigen, dass sie die Dinge anders sehen als andere. Kreuzberg ist auch ein Zentrum des türkischen Berlins mit Gemüsehändlern, Bäckereien, Reisebüros, Banken und und und.

Legendär ist das Myfest (am 1. Mai) in X-Berg mit Straßenmusik, Aktion und auch mal Prügeleien mit der Polizei

YORCK Ypsilon ist ein viel zu schöner Buchstabe, als dass man ihn auslassen könnte – auch wenn nicht gerade viele wichtige Begriffe mit Y beginnen. Nun ja, wir sehen darüber hinweg, denn immerhin hatte Berlin den Grafen Hans David Ludwig Yorck von Wartenburg. Das war ein Generalfeldmarschall, der der preußischen Armee viel militärische Taktik beigebracht haben soll. Er lebte von 1759 bis 1830 und sorgte dafür, dass sich die **BERLINER** 1813 gegen **NAPOLEON** erhoben. Dafür wurde er nicht nur von der Berliner Bevölkerung ordentlich bejubelt, er erhielt auch das Eiserne Kreuz erster Klasse. Der Bildhauer Christian Daniel Rauch schuf von ihm ein Standbild, das (nicht im Original, aber nachgegossen) noch heute **UNTER DEN LINDEN** steht. Und kein Geringerer als Ludwig van Beethoven komponierte den Yorck'schen Marsch. Übrig geblieben sind das Yorck-Denkmal in Mitte, die nach ihm benannte Yorckstraße in Kreuzberg (in der es bis 2005 das »yorck59«, eines der berühmtesten besetzten Häuser Berlins gab) und die Yorck-Brücken, das sind heute stillgelegte Eisenbahnbrücken. Die Brücken wurden inzwischen saniert und sind Teil eines grünen, für Fußgänger und Radfahrer angelegten Wegesystems durch die Stadt, das vom **TIERGARTEN** bis nach Schöneberg führt.

ZEISS-GROSSPLANETARIUM Carl Zeiss war ein berühmter Mechaniker, der vor allem mit der Entwicklung von feinsten Mikroskopen berühmt wurde. Er lebte von 1816 bis 1888 in Thüringen – erst in Weimar, dann in Jena, wo er an der **UNIVERSITÄT** seine »feinmechanisch-optische Werkstätte« gründete. In Berlin gibt es ein nach Zeiss benanntes Großplanetarium, das wie die Mikroskope gern mit lobenden Adjektiven geschmückt wird. Zum Beispiel gilt es als eines der modernsten und interessantesten Sternentheater in Deutschland, obwohl es schon fast vierzig Jahre alt ist – was in der modernen Technikgeschichte normalerweise »uralt« bedeutet. Das Besondere am Berliner Großplanetarium ist, dass man hier nicht wie in einer Sternwarte die echten Sterne beobachtet, sondern Projektionen des Sternenhimmels. Am besten kann man das mit einem Kino vergleichen, nur dass nicht Schauspieler, sondern Sterne, Sonnen, Monde, Trabanten und andere Himmelsgestirne die Hauptrolle spielen. Die Besucher sitzen dabei in einem ganz normalen Zuschauerraum. Nur wenn das Licht ausgeht, dann ist es, als ob man auf seinem Stuhl mitten durch den schwarzen Weltraum schwebt und plötzlich von funkelnden Sternbildern, feurigen Kometen, schwarzen Löchern, verlöschenden Sonnen oder glitzernden Sternen umgeben ist. Die Programme des Großplanetariums sind vor allem für Kinderaugen und -ohren gemacht und so toll, dass man mindestens einmal da gewesen sein sollte. Man erkennt das Planetarium auch schon von Weitem, denn das Gebäude ist rund und glänzt (wenn die Sonne scheint) silbrig-weiß.

www.planetarium.berlin

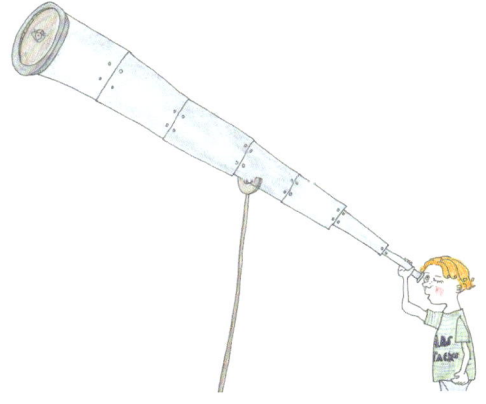

Beam me up! 139

ZENNER Eines der ältesten Kaffeehäuser der Stadt ist das Gasthaus Zenner an der **SPREE** im Treptower Park. Benannt wurde es nach dem Gastwirt Rudolf Zenner, der am Silvesterabend des Jahres 1847 in Danzig (das damals noch zu **PREUSSEN** gehörte) geboren wurde und im kalten Februar des Jahres 1901 in Treptow verstarb. Die Geschichte des Kaffeehauses beginnt im 18. Jahrhundert, als die **BERLINER** kamen, um sich im Grünen zu erholen. Damals gab es hier ein so genanntes Vorwerk, zu dem ein Backhaus, ein Brauhaus und ein paar Mühlen gehörten. Zuerst hieß das Gasthaus »Spreebudike« (o yeah!), dann »Magistrats-Kaffeehaus Treptow« und dann kam Herr Zenner. Das heutige Gasthaus ist zwar nicht mehr das alte (es wurde 1945 zerstört), aber es ist noch da, und soll wieder ein beliebtes Ausflugsziel werden. Es wird restauriert und bekommt auch einen Bootsanleger.

ZEUGHAUS So heißt das älteste Gebäude auf der Prachtstraße **UNTER DEN LINDEN** und wurde auf Wunsch von König Friedrich I. als Waffenkammer erbaut. Im so genannten Zeughaus bewahrte man Kriegsgerät, Beutestücke und Trophäen des preußischen Militärs auf. Ab 1828 gab es hier sogar eine »Königliche Waffen- und Modellsammlung«, die die **BERLINER** wie in einem Museum bestaunen konnten. Nur, dass Museumsstücke im Gegensatz zu diesen Ausstellungsstücken nicht mehr benutzt werden.
Auf Wunsch Kaiser Wilhelms I. wurde aus dem Zeughaus die »Ruhmeshalle der brandenburgisch-preußischen Armee« und damit ein richtiges Museum. Das war 1880.

Nach dem Ende des Ersten Weltkriegs 1918 ging es vom Kriegsministerium, dem es bisher unterstanden hatte, an die »Preußischen Kunstsammlungen« über – was das Zeughaus jedoch nicht davor bewahrte, dass die Nationalsozialisten hier fürchterliche Feiern abhielten und den Lichthof des Gebäudes zur Kriegspropaganda missbrauchten.
1944 und 1945 beschädigten Bomben- und Granateinschläge das Zeughaus schwer. Nach dem Sieg der **ALLIIERTEN** wurde das »Kriegsmuseum« aufgelöst. Ab 1952 baute die DDR das »Museum für Deutsche Geschichte« auf. Wie man sich anhand der Jahreszahl schon denken kann, war das Museum sehr vom **KALTEN KRIEG** beeinflusst. Logisch, dass in diesem Fall im Osten die Guten und im Westen die Bösen wohnten – genauso logisch war auch, dass das Museum im vereinigten Deutschland so nicht weiter bestehen konnte. Im September 1990 wurde es von der letzten Regierung der DDR aufgelöst. Heute befindet sich das »Deutsche Historische Museum« im alten Zeughaus. Klingt so ähnlich wie der Vorgänger, ist aber ohne Kalten Krieg entstanden und erzählt deutsche Geschichte ganz anders. Vor allem begegnet man hier so vielen schönen, seltenen, merkwürdigen, zum Teil hundealten Bildern, Rüstungen, Kostümen, Möbeln und anderen Gegenständen aus der langen Geschichte des deutschen Volkes, dass man Tage damit verbringen könnte, sie alle zu bestaunen.
Deutsches Historisches Museum: **www.dhm.de**

HEINRICH ZILLE

Hier ist er nun, fast am Ende des Lexikons: Der berlinerischste aller Berliner, in dessen Bildern man das alte Berlin besser zu erkennen glaubt als in noch so scharfen Fotografien. Und dabei war Heinrich Zille gar kein echter **BERLINER**, sondern »nur« ein Zugezogener aus Radeburg bei Dresden. Dort wurde er am 10. Januar 1858 geboren als Sohn des Uhrmachers Johann Zill(e) und seiner Frau Ernestine Louise. Nach Berlin kam die ganze Familie, als Heinrich neun Jahre alt war, und hier blieb er auch bis zu seinem Tod 1929. Berühmt wurde Zille durch seine kleinen Zeichnungen und Grafiken der armen Leute Berlins. Er nannte sie »sein Milljöh«, weil auch er aus einer armen Arbeiterfamilie stammte und gut verstand, wie sie lebten und sprachen, welche Ängste und Sorgen sie hatten. Auf Zilles Werken sieht man kleine Mädchen (die Berliner **GÖREN**) mit zerrupftem Spielzeug, alte zahnlose Weiber, arme Schlucker, kräftige Möchtegerns, traurige Arbeitslose. Oft fügte er den Zeichnungen Sprüche in bestem **BERLINERISCH** hinzu, doch bleibt einem das Lachen trotz der Schnoddrigkeit oft im Halse stecken, weil das, was er auf dem Papier festhielt, traurig und elend war. »Raffael der Hinterhöfe« soll Zille genannt worden sein. Und der Vergleich stimmt, weil Zille in der zweiten Hälfte seines Lebens in Berlin so berühmt war wie einst der Maler Raffael in Rom. So wurde aus dem Uhrmachersohn ein Mitglied der ehrwürdigen **AKADEMIE** der Künste und ein wohlhabender Professor, der sich eine Wohnung in Charlottenburg leisten konnte. Geändert hat er sich wohl trotzdem nicht. Kurt Tucholsky hat ihm zu Ehren folgendes Lied geschrieben:

> Zweeter Uffjang, vierta Hof
> wohnen deine Leute;
> Kinder quieken: «Na, so doof!»
> jestern, morjn, heute.
> Liebe, Krach, Jeburt und Schiß . . .
> Du hast jesacht, wies is.
>
> Malen kannste,
> zeichnen kannste,
> Witze machen sollste.
> Aba ernst machen dürfste nich.
> Du kennst den janzen Kleista –
> den ihr Schicksal: Stirb oda friß!
> Du wahst ein jroßa Meista.
> Du hast jesacht, wies is

ZITADELLE Berlin ist voller Geschichte. Achthundert Jahre voller Könige, Kurfürsten und Markgrafen haben die Stadt genauso geprägt wie Forscher, Industrielle und Künstler. An sie erinnern Schlösser und Museen, Theater, Bibliotheken und Fabrikhallen, von denen es in der Stadt unzählige und auch sagenhaft prächtige gibt. Nur einmal gibt es allerdings die Zitadelle – eine große Burganlage in Spandau, die schon im 16. Jahrhundert von brandenburgischen Kurfürsten gebaut wurde, um vor den Toren der nahegelegenen **RESIDENZSTADT** Berlin allen Feinden zu trotzen. Wie alle Bauten, die damals in königlichem Auftrag entstanden, wurde nicht irgendwas irgendwie gebaut, sondern in die Hände von Architekten und Bauherren gelegt, die etwas von ihrem Handwerk verstanden. In diesem Fall waren es zwei italienische Architekten, die eine wunderschön symmetrische Anlage entwarfen, an deren Ecken vier Bastionen (= ein etwas vorstehendes Bollwerk, » von dem aus die Soldaten die feindlichen Truppen besser erreichen konnten also vom Wall aus) sitzen. Das kann man aber eigentlich nur aus der Vogelperspektive gut erkennen. Und sie legten ein großes Torhaus an, das den Einlass in die Zitadelle über eine riesige Zugbrücke regelte. Im Jahr 1594 wurde der Festungsbau nach fast dreißig Jahren Bauzeit vollendet, nochmal 20 Jahre später war zur Festung auch ein Burgwall hinzugekommen, der die ganze Stadt Spandau umschloss. Fertig war die Zitadelle.

Die Spandauer Zitadelle war in einigen Kriegen unbesiegbar. In anderen, wie dem deutsch-französischen, in dem Preußen gegen Napoleons Armeen kämpfte, erlagen die Truppen sogar ganz ohne Kampf den Angreifern. **NAPOLEON** soll die Festungsanlage nach der Kapitulation der deutschen Truppen mit Genugtuung besichtigt haben.

ZONE **WEST-BERLIN** und die Bundesrepublik nannten die DDR lange Zeit »Zone«. Konrad Adenauer fing damit an, als er die »Sowjetische Besatzungszone« als »Sowjetzone« bezeichnete. Gemeint war natürlich das von der sowjetischen Militär-Administration verwaltete Gebiet Deutschlands, auf dem 1949 die DDR gegründet wurde. Dass man nicht »DDR« sagte, sondern eben »Zone«, »Sowjetzone«, »Ostzone« oder »so genannte DDR«, sollte signalisieren, dass die Bundesrepublik der DDR die Anerkennung verweigerte und weiterhin an die Einheit Deutschlands glaubte. In der **SPRINGER**-Presse wurde anstelle der Abkürzung »SBZ« (Abkürzung für sowjetisch besetzte Zone) sogar meist die selbst erdachte Abkürzung »SWBZ« gebraucht – was für »sowjetisch widerrechtlich besetzte Zone« stand. Erst die von **WILLY BRANDT** geführte Regierung der Bundesrepublik erkannte die DDR im Rahmen der Entspannungspolitik an und vermied offiziell auch die Bezeichnung »Zone«.

Heute ist die Zitadelle ein Museum und Veranstaltungsort und in jedem Fall mindestens einen Besuch wert. Unter anderem kann man dort die großen, nach dem Fall der **MAUER** abgebauten Denkmäler aus **OST-BERLIN** und die Standbilder der Siegesallee besichtigen, die Kaiser Wilhelm II. in Auftrag gegeben hatte und Standbilder von 32 Königen Preußens und Kurfürsten Brandenburgs umfasst. Viel Geschichte auf einmal also.

ZOO Einer der absolut schönsten Plätze Berlins ist der Zoo, der zu den ältesten Zoos Deutschlands gehört. Die ersten Tiere waren Pfauen, Wasservögel, Lamas, Hirsche und Wasserbüffel, die König Friedrich Wilhelm III. einst auf der **PFAUENINSEL** zu seinem Vergnügen hielt. Sein Nachfolger, König Friedrich Wilhelm IV. war kein so begeisterter Tierfreund und folgte deshalb wohl gern den Vorschlägen seines Gartenbaudirektors Peter Joseph Lenné und des Weltreisenden Alexander von **HUMBOLDT**, den **BERLINERN** einen Zoologischen Garten zu schenken, wie er in anderen europäischen Städten schon längst existierte. So wurde er die Viecher wenigstens im eigenen Schlossgarten los. In den ersten Jahrzehnten nach seiner Eröffnung am 1. August 1844 war der Zoo ganz gut besucht. Zum allerliebsten Stück der Berliner wurde er aber erst, als ein neuer Zoodirektor die Tiere von fremden Erdteilen in exotischen Bauten unterbrachte.

Das erste war ein prachtvolles Antilopenhaus mit vier Minaretten. Es wurde 1871 eröffnet und binnen weniger Monate zu einer Hauptsehenswürdigkeit Berlins. Nach dem Antilopenhaus folgten herrliche Behausungen für Elefanten, Strauße, Stelzvögel, Einhufer. Niemand wäre auf die Idee gekommen, sie Ställe zu nennen. Und man investierte nicht nur in Gebäude, sondern auch in Tiere, die aus allen Ländern der Welt nach Berlin geholt wurden. Der Höhepunkt dieser ungeheuerlichen Entwicklung war die Eröffnung des **AQUARIUMS** 1913. Vor Ausbruch des Zweiten Weltkriegs lebten im Zoo knapp 3700 Tiere, nach dem Krieg nur noch 91, die anderen hatten die Bombenangriffe nicht überlebt. Es dauerte lange, ehe die Anlage wieder aufgebaut war, und noch länger, ehe der Zoo zu dem wurde, was er heute ist, nämlich der artenreichste Zoo der Welt mit etwa 20 000 Tieren, die zu 1200 Arten gehören. www.zoo-berlin.de

ZUCKERBÄCKERSTIL ist die nicht ganz ernst gemeinte Bezeichnung für einen Baustil, der zwischen 1930 und 1953 in der Sowjetunion vorherrschte. Gemeint ist damit, dass die Gebäude aussehen wie Zuckerbackwerk. Also reich verziert, mit Schnörkeln und vielerlei Schmuckelementen. Der berühmteste Bau im Zuckerbäckerstil war der »Palast der Sowjets« in Moskau, der aussah wie eine riesige Hochzeitstorte aus Stein. Nur, dass obenauf kein Brautpaar, sondern Lenin stehen sollte. Der Palast wurde zwar nie gebaut, der Entwurf wird aber bis heute in vielen Büchern abgebildet. In Berlin trifft man nur im Ostteil der Stadt auf den »Zuckerbäckerstil«: in der Karl-Marx-Allee, die einst Stalinallee hieß und das Vorzeigebauprojekt der gerade gegründeten DDR war, und bei der russischen Botschaft **UNTER DEN LINDEN**. Beide Bauensembles wurden Anfang der 1950er Jahre gebaut.

Wie die sowjetischen Vorbilder tragen auch sie viele Verzierungen. Die Fassaden sind mit Säulen, Lampen, Laternen, Türmen und Balkonen, mit Figuren und Blumenornamenten geschmückt. Innen befinden sich große Wohnungen mit großzügigen Treppenaufgängen. Alles war so gestaltet, wie man sich einen modernen Palast vorstellte – nur, dass es eben keine Paläste für einen König, sondern für Tausende Arbeiter sein sollten. Dieser Gedanke beschäftigte nach dem Zweiten Weltkrieg viele Architekten.

Trotz aller Pracht oder gerade wegen ihr ging der Aufstand vom **17. JUNI** 1953 von den Arbeitern der Stalinallee aus. Heute stehen die Bauten unter Denkmalschutz, und die Wohnungen sind nach wie vor sehr begehrt.

BILDNACHWEIS

Alle Illustrationen stammen von Kristina Volke.
Die nachfolgenden Bilder wurden uns freundlicherweise von den genannten Institutionen zur Verfügung gestellt oder stammen aus dem Archiv des Verlags.

5 Berliner Wahlkreise, www.berlin.de **6** Hotel Adlon, histor. Postkarte; Deutsche Edison Gesellschaft, histor. Anzeige **9** Alexanderplatz, 1928, Foto: Bundesarchiv/Scherl **10** Die vier Sektoren Berlins; Anton Graff, »Friedrich der Große« (Ausschnitt), 1781, Stiftung Preußische Schlösser und Gärten Berlin-Brandenburg **11** Amerika-Gedenkbibliothek, Foto: picture alliance / zb | Manfred Krause; Verkehrsturm auf dem Potsdamer Platz, 1925, Foto: Bundesarchiv/Georg Pahl **12** Ost-Ampelmännchen, Ampelmann GmbH **13** Kleinwagenrennen auf der AVUS, um 1922, Foto: akg-images **14** Gepäckträger vom Berliner Bahnhof Zoo, 1940, Foto: Bundesarchiv **16** Werbeplakat für den deutschen Klavierhersteller C. Bechstein, um 1920 **17** Die Fliegerin Elly Beinhorn, 1933, Foto: Bundesarchiv/Georg Pahl **18** Heinz Berggruen im Museum Berggruen, 2006, picture-alliance / SCHROEWIG/Eva Oertwig; Marionette von George Grosz, Foto: Rolf Dietrich Brecher **19** Eingang des Berliner Clubs Berghain, 2017, Foto: Michael Mayer; Berlinale Palast 2008, Foto: unbekannter Fotograf **20** John F. Kennedy vor dem Schöneberger Rathaus, 26. Juni 1963, Foto: John F. Kennedy Presidential Library and Museum **22** Bauhaus-Archiv im Walter-Gropius-Bau, 1988, Foto: Bundesarchiv **24** Die Berolina von dem Bildhauer Emil Hundrieser auf dem Alexanderplatz, um 1900, Foto: Bundesarchiv **25** Außenansicht Bethanien, Foto: Künstlerhaus Bethanien; Berliner Bezirke **26** Bismarck-Denkmal am Großen Stern, 2005, picture-alliance/dpa **27** 5-DM-Geldschein mit Berlin-Stempel und 5 Rentenmark mit Klebemarke der SBZ, 1948 **28** Milchwagen der Meierei Bolle, 1927, Foto: Bundesarchiv/Scherl **29** Borsigturm, Foto: mapio.net **31** Ansprache des Regierenden Bürgermeisters Willy Brandt auf dem Platz der Republik, 1. Mai 1960, Foto: picture-alliance/ Konrad Giehr **32** Ausflugslokal Spandauer Bock, 1909, Postkarte: Zenodot Verlagsgesellschaft mbH / O. Wandl **38** Café Achteck, Foto: unbekannter Fotograf; Kuppel der Neuen Synagoge, Foto: Ansgar Koreng **39** Krankensaal im Institut für Infektionskrankheiten der Charité, 1892, Foto: Hermann Rückwardt, Architekturmuseum der TU Berlin **40** Amerikanische und sowjetische Soldaten stehen sich am Checkpoint Charlie gegenüber, Oktober 1961, Foto: U.S. Army photo, USAMHI; Comedian Harmonists, 1943, Foto: unbekannter Fotograf **43** Marlene Dietrich 1933 in Paris, Foto: Bundesarchiv **45** Berliner Dom, 1901, Foto: Schwedisches Nationalmuseum für Wissenschaft und Technik **46** Dönerimbiss in Neukölln, 2016, Foto: onnola **47** Dreigroschenoper, Verlagsverband des Neudruckes von 1928 **48** Base Side Gallery, 1991, Foto: Johannes Fecht **49** Albert Einstein und seine Frau Mileva, 1912, Foto: ETH-Bibliothek Zürich **50** Relief von Johannes Boese, 1885: Die Ankunft der Hugenotten in Berlin **51** Logo Eisbären, EHC Eisbären Management GmbH **52** Buchcover »Emil und die Detektive«, Dressler Verlag, ARTRIUM VERLAG AG **54** Peter Fechter, um 1961 **55** Luftschiff »Graf Zeppelin« auf dem Flughafen Berlin-Tempelhof, 1931, Foto: Bundesarchiv/Georg Pahl **56** Theodor Fontane, Briefmarkenserie Männer aus der Geschichte Berlins **58** Funkturm und Messehallen, Foto: Messe Berlin GmbH **59** Kaiser-Wilhelm-Gedächtniskirche, um 1900, Foto: unbekannter Fotograf **60** Gendarmenmarkt, Blick auf den Deutschen Dom, Foto: unbekannter Fotograf **62** Agentenaustausch auf der Glienicker Brücke, 1986, Foto: Bundesarchiv/Klaus Lehnartz **63** Graffiti, unbekannter Künstler **64** Fassadenschmuck am Grauen Kloster, Bildhauer Hans Latt; Borsigs Maschinenbau-Anstalt zu Berlin in der Chausseestraße, Gemälde von Karl Eduard Biermann, 1847, Stadtmuseum Berlin **65** Hackescher Markt, um 1910, historische Postkarte **66** Denkmal für den Hauptmann von Köpenick, Foto: Ferdinand Bitz **67** »Hauptstadt der DDR« auf der 5-Mark-Münze, 1982 **68** Hertha-Fans, 2017, Foto: Dirk Ingo Franke **69** Die sogenannte Hobrecht-Plan, 1856, Verlag von Simon Schropp & Comp. **70** Ruprecht von der Pfalz und Elisabeth von Hohenzollern-Nürnberg, Alte Pinakothek; Holocaust-Mahnmal, 2015, Foto: Bundesregierung/Andrea Bienert **71** Hufeisensiedlung, Foto: dpa **73** Der große Kurfürst empfängt Abgesandte der Refugies (Hugenotten) 1686, Gemälde von Hugo Vogel, erschienen in: Die Gartenlaube, 1895; ICC, Foto: Avantique **74** Entwurfsskizze Walter Andraes für die Rekonstruktion des Ischtar-Tores von Babylon im Vorderasiatischen Museum in Berlin (Ausschnitt), 1927, Foto: Staatsbibliothek zu Berlin – Preußischer Kulturbesitz; Handschriftenabteilung, Nachlass Andrae 238,1; Der Türkenkirchhof in Berlin, Holzstich 1868 **75** Sowjetische Panzer schlagen den Aufstand vom 17. Juni nieder, Foto: Bundesarchiv **76** Teeraum im KaDeWe, 1907, Archiv Kaufhaus des Westens **77** Eisbär Knut, 2007, Foto: Jens Koßmagk **78** Robert Koch, um 1912 **79** Käthe Kollwitz, Selbstporträt im Profil, Lithographie, 1938 **80** Historischer Kremser, Foto: Büro des Berliner Kremsers, Sander & Borgen; Haupteingang zum Kulturforum, Foto: Ralf Roletschek **82** Leierkastenmann, 1925, Foto: bpk/Kunstbibliothek, SMB, Phototek Willy Römer/Willy Römer **83** Max Liebermann, »Selbstbildnis im Malkittel mit Hut, Pinsel und Palette«, 1934, Tate Gallery, London **84** Ein US-amerikanisches Flugzeug im Anflug auf Tempelhof während der Blockade Berlins, 1948, Foto: bpk / Deutsches Historisches Museum **85** Schloss und Lustgarten mit großer Schale, um 1930, hist. Ansichtskarte **87** Sicherung der Staatsgrenze am 13.8.1961, Foto: Bundesarchiv/Heinz Junge **88** Mauerspechte, 1989, Foto: Aad van der Drift **89** Adolph von Menzel, Das Eisenwalzwerk, 1872–1875, Alte Nationalgalerie **90** Molecule Man, 2014, unbekannter Fotograf **91** Schloss Monbijou, 1903, Berlin in alten Ansichten; Funktürme auf den Berliner Müggelbergen, unbekannter Fotograf **92** Museumsinsel, Foto: Diego Dielso; Karikatur auf die Niederlage Napoleons und die Rückführung der Quadriga nach Berlin, 1814 **93** »Nesthäkchen«, Umschlag der Erstausgaben **94** Neue Wache, Foto: Ansgar Koreng **96** Olympiastadion, Foto: unbekannter Fotograf **98** Szenenbild aus »Das Schlaue Füchslein« von Leoš Janáček, Inszenierung von Katharina Thalbach an der Deutschen Oper Berlin, Foto: Bernd Uhlig **99** Titelblatt zum Notenheft der Operette »Frau Luna« von Paul Lincke, 1899 **100** Palast der Republik, 1977: Foto: Istvan **101** Berliner Philharmonie, Foto: unbekannter Widerstand; Potsdamer Platz, 2016, Foto: Ansgar Koreng **104** Das brandenburgische Kurfürstenpaar (Friedrich Wilhelm (Brandenburg) und Luise Henriette von Oranien) bei der Kartoffelernte 1659 in Oranienburg, unbekannter Maler **105** Doppelstandbild der Prinzessinnen Luise und Friederike von Preußen von J.G. Schadow, 1795–97, Staatliche Museen zu Berlin – Alte Nationalgalerie, Foto: bpk-Bildagentur **106** Transport der Siegesgöttin der Quadriga zum Brandenburger Tor, 1. August 1958, Foto: akg-images **107** Reichstagsgebäude an der Spree, 2019, Foto: A_Peach **108** Grundlicher Abriß, der königl. Haupt- und Residenz Stadt Berlin, 1712 **109** Der Pferdedieb von Berlin, Karikatur (Radierung), 1806; Lautsprecherwagen des Rias, 1948, Foto: Bundesarchiv/Hermann Krueger **110** Radialsystem V in Friedrichshain, Foto: Andreas Praefcke; Berliner Ringbahn, 1885 **112** Harro und Libertas Schulze-Boysen in Mühlheim, 1935, Foto: Gedenkstätte Deutscher Widerstand; Werbezug von Kindern für eine Kundgebung der »Deutschen Kinderhilfe«, 1920, Foto: akg-images **113** Rotes Rathaus, Foto: Leo Seidel **114** Jüdisches Kellergeschäft in der Grenadierstraße im Scheunenviertel, um 1930, Foto: akg-images **115** Marmorbüste von Karl Friedrich Schinkel von Ch. F. Tieck, 1819, Staatliche Museen Berlin – Alte Nationalgalerie, Foto: bpk-Bildagentur **116** Blick von der Schleusenbrücke zum Berliner Schloß, Gemälde von Albert Kiekebusch, 1892 **117** Haus der Kulturen der Welt, 2013, Foto: Avda; Sektorenschild an der Sebastianstraße, 1965, Foto: Willy Pragher **118** James Simon an seinem Schreibtisch zuhause, Gemälde von Willi Döring, 1901; Die Siegessäule im Berliner Tiergarten, Foto: KK nationsonline **119** In der Oranienstraße in Kreuzberg, Foto: Georg Slickers **120** Sowjetisches Ehrenmal im Treptower Park, Foto: Dr. Zeltsam **121** Plakat zum Film: »Spion für Deutschland«, 1965; Am Brandenburger Tor, Zeichnung aus dem Zyklus Spreeathener (1889) von Christian Wilhelm Allers **122** Springer-Hochhaus, 1970, Foto: Fortepan **123** Kanister mit verborgener Fototechnik, Stasi-Museum, Foto: Frankemann **124** Neue Synagoge in der Oranienburger Straße, Taxiarchos228 **125** Abhörstation Teufelsberg, 2020, Foto: Jedesto; Werbeplakat für Thermosgefäße **127** Trümmerfrauen bei der Arbeit, 1947, Foto: Bundesarchiv/Albert Kolbe **128** Turnplatz in der Hasenheide, 1903, Im Hintergrund das Denkmal für Turnvater Jahn, Foto: Berliner Leben, Jg. 1903, Heft 07; Friedrich Ludwig Jahn. Lithographie von Georg Engelbach, etwa 1852 **129** Umlauftank, Foto: Dreas **130** Logo Union **132** Radsport in der Rütt-Arena, 1926, Foto: akg-images **133** Rudolf Virchow bei einer Operation in einer Pariser Klinik, Foto: Historischer Bilderdienst, Berlin **134** Tänzerinnen am Wannsee-Strand, 1928, Foto: Bundesarchiv/Georg Pahl **136** Ehemaliger Wasserturm Prenzlauer Berg, Foto: A. Savin **137** In der Britzer Mühle, Foto: unbekannter Fotograf **138** Parkeisenbahn, Foto: André Ketzer **139** Myfest in Kreuzberg, 2013, Foto: Assenmacher **140** Zenners Gartenrestaurant um 1900, Foto aus: Berlin und die Mark Brandenburg, 1902; Das Zeughaus Unter den Linden, Foto: VollwertBIT **141** Heinrich Zille, Jungen üben Handstand, um 1900; Zitadelle Spandau (Luftbild), Foto: A. Savin **142** Flusspferde im Berliner Zoo, Foto: Zoo Berlin **143** Strausberger Platz, Friedrichshain, Foto: Michael Haddenhorst **UMSCHLAG HINTEN** siehe Nachweise zu den Seiten 10, 13, 30, 46, 70, 77, 96 und 107 **ALLE ANDEREN** privat